近代フランス大学人の誕生　大学人史断章

近代フランス大学人の誕生

——大学人史断章——

池端次郎著

知泉書館

M. Y. I. に

はしがき

本書は近代フランス大学史を思想史的観点や制度史的観点といったものからではなく、大学を構成する人的集団、つまり、主として大学人の歴史の観点から考察しようとしたものである。

近代フランス大学史には、大革命の約三〇年以前から始まり大革命における議論と創立事業をへてナポレオンの帝国大学に収斂していく時期、および、第二帝政末期から始まり、西欧諸国の大学、とりわけドイツ大学という鏡に自らを投射することを通じてつくり上げられた総合大学に象徴される時期という、二つの主要な段階が認められる。本書第Ⅰ部～第Ⅱ部は主として前者を扱い、第Ⅲ部～第Ⅴ部は後者の時期を対象としている。

第Ⅰ部では、ロラン・デルスヴィルを中心とするパリ高等法院主導のコレージュ改革の考察により、大革命前夜の約三〇年間に、（一）従来聖職禄の取得にいたるための一段階とみなされていた教授職に代わり、世俗性、コンクール、階層性、俸給制、名誉退職制を特色とする近代的キャリアーとしての教授職が姿を見せはじめたこと、（二）伝統的な私的、見習い奉公的訓練に基づく自家培養的教授養成に代わり、学業成績に基づき王国全体の教授養成を視野に入れた、組織的、全学部的教授養成機関の創出が試みられたこと、（三）コンクール・ダグレガシヨンの発足により、土木職団等、他の職団にも見られた家産制からメリトクラシー制への移行と同一線上において、コンクールによる教授の選任、教授としての知的、技術的能力の規範の確立、ひいては、知的側面における教授の専門職化が遂行されたことを明らかにし、帝国大学における大学人像の諸要素がすでにこの時期に素描されていることを指摘した。

第Ⅱ部では、（一）上記の変化を十分に踏まえていたと考えられるナポレオンの帝国大学に関して、これを規定する二つの主要立法（「帝国大学の名の下における教員団の創設に関する法律」および「大学の組織に関するデクレ」）に則って、職団としての帝国大学に、大学人およびその再生産様式に関する基本的規定が有機的に組み込まれていることを、A. -A. Carette, *Lois annotées* に基づく上記二法の全訳によって明らかにした。（二）「高等教育の自由に関する一八七五年法律」の審議過程の考察に基づき、大学人として基本的条件とされる学位の授与権の国立学部による独占を、主としてカトリック教会の主張する「高等教育の自由」との関連で考察し、共和派が、帝国大学に淵源する国立学部による学位授与権の独占により、中産階級の意識統一を図ろうとしたのに対し、自由主義者は、自由競争が教会と国家の分裂を解消するとみなしていたことを指摘した。

第Ⅲ部では、普仏戦争以後十九世紀末にかけて、調査・研修の目的をもってドイツ大学に派遣されたフランスの少壮エリート大学人の報告に見られるドイツ大学観を、学問分野を横断して、講義、学生、教授、およびゼミナールの側面から考察し、彼らの言説の両義性、ならびに、カウンター・モデルとしてのドイツ大学に投射されることによって明示化された彼らの隠れたプログラム――「人間の諸科学《シャンス・ド・ロム》」における職業的キャリアーの創出――に、当時のフランスの「大学界」において彼ら自身が占める位置から接近し、その解釈を試みた。

第Ⅳ部では、一八七〇～九〇年代のフランスで進行した「知識界」の再編成を、（一）形態学的変容、（二）イデオロギー的変容の両側面から考察し、この新たな「知識界」の構造化に際し、大学人がその量的規模の拡大を通じて「知識界」の形態学的変容の一翼を担ったのみならず、とくに科学者《サヴァン》という支配的な社会的表象の析出を通じて、「知識界」のイデオロギー的変容に決定的役割を果たしたことを明らかにし、「知識人《アンテレクチュエル》」の原型が科学者にあることを指摘した。

第V部では、(一) 一九〇一年におけるパリ大学人をその社会職業的、地理的出自から考察し、一八六〇年におけるパリ大学人の社会職業的出自との比較を通じて、十九世紀末のこの高等教育改革期に、パリ大学人が文化的にも地理的にも学校と国家に近い社会層に有利な選抜によって同質化された集団を形成するにいたっていたことを明らかにするとともに、このような同質化ゆえに彼らは、大学人として新たな職業的理想を共有するにいたったことを指摘した。(二) 上記パリ大学人をその軌道における差異化の観点から考察し、パリ大学人のキャリアー戦略が、知的優秀性に関する新たな可能的モデルの出現に伴って多岐化し(古典的、職業的・専門的、革新的)、大学人の理念像が「文人モデル」から「科学者モデル」へ転換しつつあったことを明らかにするとともに、現実の科学者=大学人と「知識界」における支配的な社会的表象としての科学者との乖離の進行を指摘し、この乖離が、部分的真理の専門家たらざるをえない、孤立した現実の科学者の職業的理想でありうると同時に、彼らの政治・社会的凝集の表徴ともなりうるような新しい集合的人物像=「知識人」の誕生を促したことを指摘した。

なお、補遺として、三次にわたる「国際高等教育会議」の『報告書』に基づき、第一回~第三回「国際高等教育会議」(一八八九~一九〇〇年) における「学業・学位の国際的等価性」に関する「提案」が、学生の国際的移動に関する国際的合意の形成を目ざしていたことを指摘するとともに、この「提案」が、世紀転換期ヨーロッパにおける国際的大学市場の出現ともいうべき状況を背景に提出されたことを、学生の国際的移動の計量的把握を通じて明らかにした。以上、本書が近代西欧大学・高等教育史、広くは文化史にいささかなりとも資することができれば幸いである。

目次

第Ⅱ部　基　本　法

第Ⅴ部　世紀転換期フランス大学人の変貌

近代フランス大学人の誕生

――大学人史断章

第Ⅰ部　近代フランス大学人史前史

はじめに

一八〇六年に創立された帝国大学は、その構成員の側面から見ると、全国的規模において高度にヒエラルキー化された職業人の世俗的団体＝「職団」である。これを構成する大学成員《マンブル・ド・リュニヴェルシテ》は、ヒエラルキーの底辺をなす第一九等級の生徒監《メートル・デチュード》からその頂点に位置する第一等級の大学総長《グラン・メートル》にいたるまで、その職務、学位、称号に従って配列されている。しかも、これら等級に対応する職務は、「帝国大学の最高の職級に到達する期待を知識と善行に対してあたえる」[1]とともに名誉退職をもって終止符を打たれる、ひとつのキャリアーを形づくっている。この職団の脊梁をなす教授は、原則としてコンクールを通じて選任され、やがて講座に叙任される。わけても、理学部、文学部、およびリセ等の教官は、全国的規模におけるコンクール・ダクレガシヨンを講座叙任の前提としているのみならず、転任、昇任、名誉退職等の対象とされ、その職はとくに明確なキャリアーを形づくっている。それは、量的に見てこの職団最大の勢力であると同時に、世俗性、コンクール、キャリアーによって規定されるこの職団の典型的存在であり、いわば、この職団の核心を構成しているといっても過言ではないであろう[2]。

本第Ⅰ部は、アンシアン・レジーム末期におけるコレージュ改革の考察を通じて、教授の職団としての帝国大学を規定する、上記の世俗性、コンクール、キャリアーという基本的要素が、大革命前夜の約三〇年間にすでに素描されていたことを指摘しようとする試みである。すなわち、宗教的、道徳的模範性に基づく聖職に代わる世俗的キャリアーとしての教授職の観念の形成、学校的知識の検証としての試験に基づくコンクールの成立、同一職団への所属意識の尖鋭化といった、この時期における教授職の社会的諸変化を明らかにし、教育装置の全体を帝国に奉仕させるという意図に基づいてナポレオンによってこれらにあたえられた法的表現の歴史的意味(3)を考察しようとするものである。

第一章　教授職と聖職禄

一　イエズス会の追放と教授職

一七六二年から一七六八年にかけてフランス全土にわたって行われたイエズス会の追放は、アンシアン・レジーム末期のフランスの教育に根本的な変革をもたらした。当時の全コレージュの約三分の一に相当する、同会傘下のコレージュ一〇六から、イエズス会士約一、二五〇人が追放され、その結果として、それまで教育界において最も重要な役割を果たしていた同会のコレージュの存廃と運営、および教授の空席の補充をめぐって、高等法院、大学、司教、都市自治体、教育修道会といった関係諸団体を中心に議論が沸騰したのみならず、教育問題は広く世論の関心の的となった。教育は国家的問題となった。(1) 以後、大法官モープー (René-Nicolas de Maupeou) による高等法院の追放にいたるまで、国民の教育を公役務《セルヴィス・ピュブリック》として発足させるための改革が、高等法院の主導の下に推進される。それは、全国的見地における統廃合を伴うコレージュの適正配置、教授養成機関の発足、アグレガシヨンの創設等、制度的側面における改革のみならず、教育内容面における改革(2)に及び、また、これと並行して、大学およびイエズス会とともにコレージュ教育の重要な担い手であった教育修道会や教団も、次第に変貌を遂げる。イエズス会の追放からモープーの司法改革にいたるこの約一〇年間に試みられた改革は、大革命前夜におけるさまざまな模索の試みのなかにあって、未完結ながらもひとつの同質的な全体を形づくっている。(3)しかし、この改革の断行に際して、最大の問題は教授の選任にあった。(4)イエズス会士に代わって教鞭をとるべき教授の性格、その養成、選任方式が問題にならざるをえないのである。

二　高等法院と大学の構想

アンシアン・レジームにおける最大の教育法規とされる一七六三年二月の勅許状の渙発からモープーによる司法改革の開始まで、国務会議の委員と提携して改革の推進にあたったのは、高等法院の委員たちである。彼らの基本的立場は、公役務としての国民の教育の創出にあった。(5)なかでも、これら委員を代表する人物は、パリ高等法院審理部部長ロラン・デルスヴィル（Rolland d'Erceville）である。

ロランの構想は、継続的教育改革のための終始一貫した「統一的」計画の必要性を前提とし、相互に関連する次の二つの原則に基づいている。(6)すなわち、（一）行政的側面における、大学を中心とした大学「管区」（territoire）の設置、および、各都市の行政的、人口的重要性に応じたコレージュの適正配置、（二）教授養成の側面における「教育舎」（Maison d'Institution）の創設、がこれである。

前者は、後者の行政的前提をなすもので、現存する各大学を中心として大学管区を設定し、都市の行政的重要性および人口的規模に応じた全国的水準における都市のヒエラルキー化に基づいて、コレージュの適正配置を試みるとともに、各大学管区内に所在するコレージュを、教師の選任においても教育内容においても、大学管区所在地の大学と「連携」（Correspondance）によって結び付けようとするものである。

後者は、各大学の本部所在地に、教授養成を目的とする「教育舎」を創設しようとする構想である。[7] この「教育舎」の定員は管区内のコレージュにおける教授の需要予測に基づいて定められ、志願者は、哲学、文学、文法に関する試験に基づくコンクールによって選抜される。入舎者《アグレジェ》（aggrégés〔表記法は原文による〕）は、最少限二か年の修練期《ノヴィシア》の間に、自由学芸のバシュリエ（Bachelier）、リサンシエ（Licencié）、メートル（Maître-ès-Arts）の学位・資格の取得、および最終試験を課せられる。次に、アグレジェの権利および義務については、アグレジェは「教育舎長」（Chefs de la Maison d'Institution）の指定するコレージュに赴任する義務を負い、これに従わない場合には、その資格を喪失する。また、管区内のコレージュの空席に際しては、アグレジェのみが志願しうるものとし、異動は、小都市から大都市へ、下級のコレージュから上級のコレージュへという原則に準拠して、「教育舎」によって決定される。最後に、一定年数コレージュで教鞭をとった教授には、名誉退職年金（pension d'Émérite）が給付される。

このロランの構想には、三つの斬新な要因が素描されている。まず第一に、コンクール、大学の学位・資格、最終試験といった、学校的尺度に即して測定される知識・能力に基づく教授の選任、第二に、同質的な知的集団としての教授の職団の創造、第三に、大学という中央的権威の下で、一定の原則に準拠して転任、昇任が行われ、名誉退職にいたる、漸進的キャリアーとしての教授職の規定、がこれである。

これに対して大学は、高等法院の諮問に応えて自らの要望を表明した『覚書《メモワール》』によると、全体としては高等法院の委員たちとほぼ同様な改革構想をもっている。[8] とくにパリ大学は、一七六二年起草の『覚書』によると、[9] 所属するコレージュ数の削減および都市の規模に対応する二種類のコレージュへの区分を説くとともに、「連携」下にあるコレージュ等の施設においては、パリ大学所属のコレージュと同一の学業・規律案が適用されるよう提案しており、これらの点では、一見、ロランの説く「連携」およびコレージュの適正配置という構想と同一線上にあるように見える。同じく、教職観についても、自由学芸教師資格（Maîtrise-ès-Arts）のみでは教授資格としては不十分であることが認識されている。すなわち、教授には、宗教・良俗と知識（「言語、技芸《デ・ザール》、および学問《シャンス》）のみならず、「教授する才能」（talent d'enseigner）が必要であり、これらを基準にして、優れた才能の持ち主が選任されるのでなければならないと説かれ、教職は準備を必要とする職業そのものとして把握されている。(10)

しかし他方、教師の任命に関しては、パリ大学は推薦権を留保することを主張している。すなわち、「連携」下のコレージュ等における欠員に際しては、パリ大学は自らの自由学芸教師（Maître-ès-Arts）三名を推薦し、これらの候補者から、「コレージュ理事会」(11)（bureau ou conseil d'administration）が選任するというものである。さらに、その任期についても、真摯な人物の確保という趣旨の下に、従来通り終身制の維持が説かれている。

したがって、パリ大学の提案は、一見ロランの構想と軌を一にしているように見えるが、実質的には、その教職観は根本的に異なっている。まず第一に、大学における伝統的な審査以外の、共通の試験によって教授としての能力を判定することは考慮されていない。第二に、同業組合としての自由学芸学部（faculté des arts）と競合する可能性をもつ、自律的団体としての教授の職団の観念は排除されている。第三に、終身制の主張に伴い、漸進的キャリアーとしての教授職の観念は否定されている。

このように、パリ大学が推薦に固執し、自らの学位・資格の所持者による教授職の独占を主張する理由は、ロランによれば(12)、パリ大学のレジャンの伝統的特権である、いわゆる「使徒的特権」（privilèges apostoliques）が、「連携」の名において管区内の全コレージュに委譲され、「連携」がこの伝統的特権を侵害することに対する懸念に求められる(13)。

この「使徒的特権」としては、まず第一に、学位・資格の授与権が挙げられる。原則として、バシュリエ、リサンシエ、ドクトゥールといった学位・資格の授与権は大学に属するが、「連携」の適用によって、「連携」下の全科コレージュ（collèges de plein exercice）は、当該大学の認可を得ることなく、哲学課程の生徒には自由学芸教師資格、神学課程の生徒には神学バシュリエ号を授与する権利をもつことになる。その結果として、学位・資格市場において有資格者が急増するのみならず、地方出身者は大学の学位・資格の取得のためにあえて首都に赴く必要がなくなり、パリのコレージュの空洞化が引き起こされることになる。使徒的特権の第二は、聖職禄に対する学位・資格所持者の「期待権」（expectative）、および、論理的にはこれから派生する「セプテニウム」（septennium）の特権である。学位・資格所持者の「期待権[14]」とは、聖職禄が空席もしくは空席予定の場合、聖職者身分の学位・資格所持者は非所持者に対して優先的に聖職禄を賦与されるという特権である。この特権は、文人および大学の庇護という趣旨の下に、聖職者身分の学位所持者に聖職禄の三分の一を充当することを定めたバーゼル公会議に発するが、この特権の対象となる学位所持者は、ブルジュの『プラグマティック・サンクシヨン』（一四三八年）によって「単なる学位所持者」（gradués simples）と「指名学位所持者」（gradués nommés）の二種類に大別され、さらに、『ボローニャの政教協約』（一五一六年）によって、聖職禄の具体的配分様式および対象となる学位所持者が定められた。すなわち、「著名な」大学で規約に定める年数学業を修めた上級諸学部のドクトゥール、リサンシエ、バシュリエ、および、五年間の学業を修めた自由学芸教師を対象とし（「キンケニウム」quinquennium の特権）、一月と七月に空席になった聖職禄は「指名学位所持者」に、四月と一〇月に空席になった聖職禄は授与権者の選ぶ任意の学位所持者に賦与される、というのがこれである。ところで、「連携」によって学位・資格の授与権が大学管区内の全コレージュに譲渡されると、哲学課程の生徒はほとんどすべて自由学芸教師資格を取得しうることとなり、自由学芸教師が急増する。その結果、「期待権」、とくに「キンケニウム」の特権によって学位・資格所持者に認められていた聖職禄取得上の優先権は実効性を失い、聖職禄市場は混乱に陥ることになる。(15)「セプテニウム」の特権は、自由学芸教師のレジャン就任を促すという趣旨に基づき、一五九八〜一六〇〇年の『パリ大学自由学芸学部規約』第五四条に規定された聖職禄取得上の優先権である。(16)すなわち、複数の学位・資格所持者が同一の聖職禄を請願した場合、継続して七年間パリ大学の自由学芸学部の全科コレージュに在職した自由学芸教師は、神学のドクトゥールを除き、その他のすべての学位・資格取得者に優先して聖職禄を賦与される、とするものである。したがって、「連携」の施行に基づいて、「連携」下にある管区内の全コレージュの教授およびレジャンにこの特権が適用されると、従来パリ大学の自由学芸学部の教師のみが独占してきた聖職禄取得上の排他的特権は、決定的な打撃を受けることが予想される。

要するに、パリ大学の提案の趣旨は、「連携」によって傘下のコレージュの学業・規律面における思想的統制を図るとともに、自由学芸学部の学位・資格授与上の独占権、およびそれに付随する、聖職禄に対する優先権を擁護することにある。大学は、当面の改革が組合としての求心力の強化に寄与するかぎりで、かつ、それが自らの存在理由となっている学位・資格および地位の分配システムに抵触しないかぎりでのみ、これに対処しようとしているのである。

したがって、高等法院の立場とパリ大学の立場は、一見酷似しているが、根本的にはその方向性を異にしている。高等法院は公役務としての国民の教育の確立という観点に立ち、その担い手として、新しい選抜方式に立脚した教授の新しい団体の形成を構想する。これに対して、パリ大学の意図は、同業組合としての特権の擁護とその拡大に置かれているのである。

三　教授職のキャリアー化

大学に依拠しつつ教育改革を推進しようとした、ロランを中心とする高等法院の委員の構想は[17]、大学自身の同業組合の論理のために制約される。したがって、大学に依拠することなく、アンシアン・レジームの構造的障壁に抗して公役務としての教育の画一性と等質性の確立を急遽試みるには、他の方法が模索されざるをえなかった。一七六三年二月の勅許状[18]は、高等法院の委員が国務会議の委員との協力の下で到達したひとつの妥協点を示すものといえよう。

この勅許状は、(一) コレージュの統廃合に基づき全国的視野においてコレージュの適正配置を行うこと、(二) 画一的な管理機構として「コレージュ理事会」を設置すること、を趣旨とするものである。前者に関しては、この勅令は、大学所属のコレージュ以外の全コレージュに対して、高等法院の検事総長に対する実情報告を求め、その報告に基づいて、国王が各コレージュの存続の可否を決定するとしている。しかし、このコレージュの統廃合に基づく適正配置については、国務会議と高等法院の委員の意図は地域的利害のために貫徹されるべくもなかった[19]。後者に関しては、大学および教育修道会所属以外の全コレージュに画一的な管理方式を確立するために、(大) 司教もしくはその代理、法官二名[20]、都市の市吏二名、都市の名望家二名、ならびにコレージュ校長をもって「コレージュ理事会」が組織され、この理事会に、各コレージュの一切の「世上権」、すなわち、基本財産およびその収入、収支、建物およびその営繕、校長・教授・レジャンの俸給および年金、ならびに、教学および規律、神学の講座を除く校長・教授・レジャンの選任、その職務内容等々に関する権限が委ねられる。したがって、この勅許状は行政組織面の改革に主眼を置くものである。しかしながら、理事会の管掌権限そのものから、この改革は校長・教授・レジャンの選任といった人事面をも射程に入れ、教授職のキャリアー化に一歩踏み込まざるをえない。すなわち、この理事会は人事に関して最高の権限を委ねられており、[21] 以後、教授およびレジャンの任免は、理事会の構成上、現地の聖職者、法官、都市代表、利用者代表といった、各社会的範疇の地方における利益代表の勢力関係によって左右される可能性を孕むことになる。したがって、理事会と地方的勢力の恣意に抗する対策として、まず、教授およびレジャンの身分に対する法的保障が規定される。すなわち、詳細にわたる罷免手続きの明文化に基づく雇用の安定への試みがこれである。[22] さらに、経済的側面における措置が講じられる。[23] まず第一に、存続を批准された約百余のイエズス会のコレージュは、逐一基金の検討に基づいて俸給（固定給）額が定められ、その額に応じて三段階のグループに大別される。『批准勅許状』[24] によると、第六学級《クラス》のレジャンの俸給は、コレージュ・ド・サン＝フルールでは三五〇リーヴル・トゥルノワであるが、基金の豊かなコレージュ・ド・リルやコレージュ・ド・ラ・フレーシュでは、その約三倍の九〇〇リーヴルとされている。さらに、同一コレージュ内においても、上記の段階にほぼ比例して、担当学級の上昇（すなわち、昇任）に伴う俸給の「等級化」が行われる。上記のコレージュに即していうと、修辞学の教授の俸給は、サン＝フルールでは五〇〇リーヴル・トゥルノワ、ラ・フレーシュでは一、一〇〇、リルでは一、二〇〇である。要するに、旧イエズス会のコレージュにおいては、教授およびレジャンの俸給額の指定、および俸給の「等級化」に伴うポストの「階層化」が試みられているのである。[25] 第二に、終身的保有を原則とする聖職禄に対応して、名誉退職年金制が大部分のコレージュで採用される。[26] 通常、名誉退職年金は二〇年の勤務後に最高額四〇〇リーヴル・トゥルノワが賦与されるが、[27] 教授が引き続いて勤務する場合には、俸給と兼ねられることができ、また、退職した場合には、聖職禄とも兼ねられうるとされている。なかでも、オルレアンのコレージュでは、急激な物価上昇への対策および長期在勤奨励策として、コレージュ理事会が俸給額および勤務年数に対応する累進年金制さえ採用している(28)。これら、俸給制による教授およびレジャンの等質化、俸給の段階化と「等級化」によるその「階層化」、ならびに、名誉退職年金制の導入は、経済的側面における教授職のキャリアー化の試みといえよう。

しかし、以上の法制面および経済面について進められたキャリアーとしての教授職の確立の試みは、とくに後者の経済的側面における措置に関して、二重の意味で限界が認められる。まず第一に、この措置の適用範囲が限定されていたことが挙げられる。すなわち、この勅許状の対象外とされていた大学や修道会所属のコレージュはいうまでもなく、勅許状の対象とされたコレージュにあっても、旧イエズス会所属以外の世俗のコレージュ（たとえば、都市のコレージュ）は、コレージュ理事会の設置にとどまり、レジャンの報酬の形態は、従来通り、生徒の謝礼と都市の支出する固定給からなっていたことがこれである。第二に、俸給もしくは報酬額の聖職禄に対する競争力の問題が挙げられる。まず、旧イエズス会のコレージュに関しては、高等法院が指定した俸給の聖職禄に対する競争力は、当該コレージュの基本財産に左右され、俸給が聖職禄と同額もしくはそれ以下の場合には、それは聖職禄市場に対して競争力をもたない。教授職は聖職禄の取得にいたるまでの暫定的段階としかみなされないのである(29)。これを、通常レジャンが期待していた聖職禄(30)である司祭職（とくに主任司祭《キュレ》、助任司祭《ヴィケール》、礼拝堂付き司祭《シャプラン》）との対比においてみると、一七六八年における主任司祭の最少年収額は五〇〇リーヴル、一七八六年には七〇〇リーヴルであるのに対して、中規模、小規模のコレージュの教授、とくに、文法学級のレジャンの多くは、これに匹敵する報酬をあたえられていない(31)。まして、いまだ完全な俸給制を採択するにはいたらず、生徒の謝礼に依存していただけでなく、報酬額そのものも著しく低い世俗のコレージュのレジャン（通常二〇〇

〜三〇〇リーヴル）についてはそうである。要するに、教授職が聖職禄に対して少なくとも経済的に競争力をもたないかぎり、それは、聖職者のキャリアーにおける暫定的一段階の域を出ず、聖職者の聖職禄に対する期待は、世俗的キャリアーとしての教授職の成立を妨げる主要な要因となりつづけたのである。[32]

第二章　教授養成機関の創設

一　自由学芸教授養成の慣行的形態

高等法院の委員の主導の下に推進された、教授職をキャリアーとして成立させようとする試みは、究極的には、聖職禄期待という抵抗に遭遇する。しかしながら、高等法院の委員たちは、ロランの「教育舎」の構想に基づきつつ、いまひとつの改革を断行する。パリ大学所属の小規模コレージュの「給費生《ブルシェ》」のコレージュ・ド・ルイ＝ル＝グランへの統合、および、同コレージュの教授養成機関化の試みがこれである。

当時、パリ大学のコレージュのレジャンの実質的供給源は「給費生」であり、[1] この「給費生」に依存したレジャン養成の慣行的形態が伝統的に形成されていた。すなわち、貧しい出身の学生は、自由学芸教師資格の取得のために給費（petites bourses）を賦与された場合、引き続いて、神学、法学、医学の学位の取得のために給費（grandes bourses）を請願しえたが、何らかの理由でその給費を請願しない場合には、「レジャン申請」（"pro regentia et scholis……"）を申請し、学業を修めた全科コレージュのレジャンに就任するのが常であった。[2] というのは、多くのコレージュの規約は、志願者の人物や学識に対する熟知、あるいは出身コレージュに対する志願者の愛着といった点を考慮して、空席の講座を当該コレージュで学んだ給費生に賦与することを定めていたからである。[3] これは、コレージュ単位の自家培養的教授再生産の慣行といってもかまわないであろう。しかもこの慣行は、私的な見習い修業的訓練という、いまひとつの慣行によって裏付けられていた。いみじくも、十八世紀におけるパリ大学の代表的な学頭のひとりシャルル・ロラン（Charles Rollin）が、コレージュにおける教育の成功、ひいては、その名声の確立に不可欠な、優れたレジャンの獲得のための「コレージュ校長の心得」として挙げている通り、貧困ではあるが「卓越した精神と熱意に恵まれた……生徒」を選んで、「私費で扶養する」のみならず、「学業修了後には、彼らが生徒を教えることを通じて自らを訓練しうるように、数名の生徒の世話を委ね、さらに、ときどき彼らに若干の韻文や散文の作文を試みさせて、機会が訪れたときに彼らがレジャンの職に就きうるようにすること」[4] がこれである。要するに、優秀な貧困学生（「給費生」）に私的な庇護と訓練をあたえ、これを自分のコレージュのレジャンに育てるという、貧困学生に対する私的な見習い修業的訓練に基づく自家培養的教授養成形態が、慣行として成立していたということができよう。

二　小規模コレージュの頽廃とコレージュ改革の構想

しかし、当時のパリ大学のコレージュのうち、全科コレージュ[5]はさておき、二八の小規模コレージュは、その管理においても、また給費生の学業においても頽廃していただけでなく、給費そのものの性格も変質していた。元来、これら小規模コレージュは、地方出身の貧困学生に食・住の場を提供するという趣旨に基づいて創設され、その後コレージュの学校化の時代をへてもなお、創立当初以来の伝統的な「給費生のコレージュ」（collèges des boursiers）としての性格を保ちつづけてきたもので、[6] 約四〇〇名近くの給費生が、[7] これら小規模コレージュに居住していた。しかし、これら「給費生のコレージュ」の管理は完全に頽廃していた。たとえば、コレージュ・ド・ランスでは、わずかにコレージュ校長一名と給費生一名が存在するだけであった。コレージュ・ダラスはアラスの大修院長によって私物化されており、大修院長とその傘下の修道士のパリにおける宿舎と化していた。また、コレージュ・ド・サン＝ミッシェルでは、給費生は、そのコレージュの家財をほとんど売却してしまった(8)。さらに、給費生の学業そのものも怠られていた。そこでは授業が行われていなかったから、助教師(sous-maître)も配置されず、給費生は授業のために大規模コレージュに通学するのみで、給費生間における「競争」も見られなかった。コレージュ校長は給費生にたいする「復習」および礼拝堂における訓育の義務を負っていたが、その義務はほとんど遂行されることはなかった。それのみならず、給費そのものの性格も変質していた。これら給費の財源は、時には不動産のこともあったが、その大部分は基金であった。したがって、給費の多くが創設された十四世紀以降、貨幣価値の長期的下落のために給費の実質的価値が低下し、給費は、パリで修学生活を送る上で、家族その他からの援助に対するささやかな補足の域を出ない額になっていた(9)。こうした給費の著しい価値低下は、一方では、本来の「貧困学生(10)」(pauperes)による給費の利用を制約し、他方では、古くから存在していた給費中約半数の非賦与（一七六三年現在）という現象をもたらした(11)。しかしその反面、一度賦与された給費は聖職禄の保有に類似したものになりつつあった。その保有者は、学業修了後もパリに滞在するために給費を保有しつづけ、やがて、これを自分の血縁者や同郷者に譲渡するという、給費の私物化が横行していた(12)。最後に、原則として、大多数の給費は法学、医学、とりわけ、神学の学位取得を目的として設けられており、レジャンの職そのものを目的とする給費が存在しなかったことが挙げられる(13)。こうした給費の創設者たちの意図は、給費生が聖職禄の取得のために学位を目ざし、ソルボンヌやナヴァールの博士号を最も高く評価する、という結果を招いていたのである。

こうした「給費生のコレージュ」の管理上、学業上の頽廃、あるいは給費の性格の変質に対して、一七三〇年には、大法官ダゲソー（Henri François d'Aguesseau）や検事総長ド・フルーリ（Joly de Fleury）の下で、給費の統合を中心とする小規模コレージュの改革が構想されていた。しかし、小規模コレージュの給費の統合が実行に移されるには、イエズス会の追放以降を待たなければならなかった。すなわち、一七六二年九月七日、旧イエズス会のコレージュ、ルイ＝ル＝グランの建物へのコレージュ・ド・リジユーの移転を契機として[14]、小規模コレージュの給費生が「通学生」（externes）としてコレージュ・ド・リジユーの学級に就学することが高等法院によって命令され[15]、それに伴って、コレージュの管理、給費と給費生、物的状態、資産と収入、認可書に関する報告書の作成がコレージュ校長たちに指示された（一七六二年一〇月一〇日）。この報告書の監査は、一七六三年二月四日付け裁決《アレ》によって、パリ大学の学頭および五名の旧学頭に委嘱され、『覚書』が起草された。そのうちのひとつ、『パリ大学に創立された小規模コレージュの統合に関する覚書』[16]（一七六四年公刊）には、給費生の統合にいたるための方式の各コレージュ独自の適用方法、ならびに、各コレージュの現状に関する彼らの見解が含まれているが、とくに、ルイ＝ル＝グランを教授養成機関とするという趣旨に基づいて、コレージュ校長による給費生の学業適性の組織的審査、怠惰な、あるいは学業に適さない給費生の退学とともに、実際の「貧しさ」の審査[17]が提案されている。すなわち、給費生を厳選することによって、ルイ＝ル＝グランを、「概してひとりの人間に教育という骨の折れる仕事を引き受ける決心をさせるとともに、それを彼に可能にする二つの条件、貧困と学問とを兼備する」（傍点筆者）給費生によって構成し、これを「パリおよび地方のための教師の温床とする」ことが提案されているのである。なぜなら、裕福階層の出身の子弟は「［教育という］不断の嫌悪感を伴う仕事を敬遠する気持ちしかもたない」（〔　〕内筆者）が、貧困と学業適性という二つの条件を兼備する給費生は、教授の講座を格好の社会的上昇手段とみなし、「優れた教師になるために必要な才能と知識を」ルイ＝ル＝グランで身に付けるべく最大限の努力をすると考えられるからである[18]。

三　自由学芸教授養成機関の発足

ルイ＝ル＝グランの教授養成機関化という学頭たちの提案は、高等法院および国務会議の委員起草の勅許状によって追認された。すなわち、一七六三年一一月二一日付け開封勅許状《レットル・パタント》は、「国家が必要とし、かつまた、朕の臣民の教育にとってかくも望ましいかの競争を至る所で広めるであろう、教師の豊壌な温床をコレージュ・ド・ルイ＝ル＝グランに形づくり……」、これを「……〔パリ〕大学、ひいては王国全体の全科コレージュの改革および……完成[19]」（〔　〕内筆者）に資するものとするとともに、そこに、スコットランド人コレージュおよびロンバルディア人コレージュを除く、二六の小規模コレージュの全給費生を移すことを布令している。すなわち、小規模コレージュの給費のルイ＝ル＝グランへの統合、および、王国内の全大学に対する先駆的な、模範的試みとしてのルイ＝ル＝グランの教授養成機関化である。次いで、ロラン起草の一七六七年八月二〇日付け開封勅許状はこれを補完し、給費目的の変更および給費額の均等化を図るとともに、給費生の採用条件の厳格化を規定している。前者に関しては、創設時以来大多数が神学生を対象としていた給費の目的を拡大し、給費生は上級三学部のいずれにおいても修学しうるとしている。すなわち、給費の対象となる学業の世俗化である。さらに、著しく相違のあった給費額を四〇〇リーヴルに均等化し、学年度を通じて食・住および学費に足る額としている[20]。後者に関しては、給費の志願資格、志願者の審査、給費の賦与期間等が定められている。すなわち、給費の志願資格は九歳から一二歳までで、第六学級に就学可能な学力を有する者とされる。その審査は、年二回、コレージュ校長および自由学芸学部の名誉教授四名で構成される審査委員会によって行われ、受け入れる学級が決定される。最終的な採否は、入寮から二か月間の修練期後の再審査によって決定される。原則として、給費の賦与期間は哲学級の修了までとされているが、ただし、神学の学業と自由学芸学部のアグレガシヨン志願者に関しては例外が認められる。すなわち、前者については、給費の授与権者からあらためて任命状を得るという条件の下で延長が認められ、後者については、コレージュ校長と試験官の交付する「適任証」を所持するという条件の下で、さらに一年間の給費の延長が認められる[21]。ここには、給費生の学業内容を世俗化するとともに、厳格な選択基準に基づいて学業成績優秀な生徒を給費生として採用し、ルイ＝ル＝グランを自由学芸の教授養成の拠点にしようとする意図が明らかに認められる。

しかしこの改革は、施行にあたって、給費の創設者の後裔である授与権者のみならず、パリ大学自身からも激しい抵抗を受けた[22]。まず第一に、審査委員会による給費生の選抜は、給費の授与権者の権利の侵害として、大多数が司教もしくは大司教からなる授与権者から抵抗を受け、給費目的の変更に伴う学業の世俗化は、授与権者のみならず神学部からも思想的批判を招いた。第二に、概して、外部勢力である高等法院が大学の同業組合的特権に容喙することに対するパリ大学自身の反発、とくに、「コレージュ理事会」および「規律委員会」[23]の設置によってルイ＝ル＝グランに対する監督権を奪われたことに対する抵抗が挙げられる。こうした抵抗の結果、一七六九年七月一日、モープーは高等法院の追放とともにこの改革を中断し、給費の授与権者にその権利を返還したのである[24]。

したがって、廃止された措置の一部が再度復活させられるには、それから一一年後の高等法院復権後における一七八〇年三月一九日付け勅許状を待たなければならなかった。すなわち、給費生の学業適性の審査に関する措置の施行、および、同コレージュに固有の給費の創設がこれである。後者は、このコレージュの「理事会」に加わっていたロランの尽力によって創設されたもので、彼自身が給費の賦与規則を定めている。すなわち、第四もしくは第三学級において修学可能な学力を有し、しかも、一斉学力試験「コンクール・ジェネラル」における受賞者を対象とする給費一二、および、賦与期間三か年で、自由学芸学部のアグレガシヨン受験者を対象とし、試験に基づくコンクールによって授与される給費六がこれである。

こうして、私的な見習い修業的訓練に基づく自家培養的教授養成に代えて、学業成績に基づき王国全体の自由学芸の教授養成を視野に入れた全学部的組織を創出しようとしたこの改革は、ルイ＝ル＝グラン固有の給費の創設と審査に基づく給費の賦与という、矮小化された結果に終わった。しかも、大革命にいたるまで、給費は上流・中産階級出身者によって占められたのみならず、[25]給費生の大部分は聖職を志向した。[26]アンシアン・レジームの構造的力、とりわけ、聖職者と大学同業組合の重力が、元来の教授養成機関創設の構想に、その意味の大半を失わせたのである。

第三章　選抜試験「コンクール・ダグレガシヨン」の発足

はじめに

ロラン・デルスヴィルを中心とするパリ高等法院と王権との提携に基づくコレージュ改革を通じて、キャリアーとしての教授職の確立の試み、給費制度の改革によるコレージュ・ド・ルイ＝ル＝グランの教授養成機関化と並んで、いまひとつの改革が推進される。パリ大学自由学芸学部に所属する、全課程を完備した一〇のコレージュの教授あるいはレジャンの選任を対象とする、コンクール・ダグレガシヨンの発足がこれである。

本章は、コンクール・ダグレガシヨンの構想、発足、意義および結果について考察し、帝国大学において法制的装備をあたえられた、メリトクラシーに基づく世俗的キャリアーとしての教授の職団の原型が、十八世紀末の四半世紀間に成立していることを明らかにしようとするものである。

一　コンクール・ダグレガシヨンの構想

一七六六年、パリ大学自由学芸学部におけるドクトゥール・アグレジェおよびコンクール・ダグレガシヨンの発足を定める開封勅許状が渙発される。勅許状の前文によると、その趣旨は、「コレージュの講座に就任すべき教師の選任に際して忍び込むにいたった若干の旧弊」に対処するとともに、「臣民の子弟に優れた教師を得させる」方策として、「パリ大学自由学芸学部にドクトゥール・アグレジェ（Docteurs aggrégés〔原綴は原文による〕）を設け」、「王国内のあらゆる大学の自由学芸教師に開かれたコンクールによってこれを任命する」ことにある。[1] それは、パリ大学自由学芸学部の教授あるいはレジャンの選任に関して、抜本的変革を目ざすものであった。

以下、ドクトゥール・アグレジェおよびコンクール・ダグレガシオンの発足をもたらすにいたった経緯を、当時における教授あるいはレジャンの選任の実情に即して検討し、次いで、その改革構想の展開を考察する。

（1）自由学芸教師資格

パリ大学自由学芸学部のコレージュのレジャンに就任するには、上級学部（ただし、教会法《デクレ》学部を除く）で学ぶ場合と同様に、パリ大学の自由学芸教師免状の所持が必要であった。[2]

ところで、この自由学芸教師資格は、パリ大学のコレージュのひとつで哲学課程を二年間修めていること、および修道会の一員ではないこと、という条件の下で、バカロレア、リサンスに続いて授与されるものであった。まず、バカロレアの試験は、哲学課程の修了者を対象として、原則として八月一日頃行われた。試験内容は、時によってはラテン詩人・弁論家やギリシア作家のテキストの「訳読」（explication）、修辞学、代数、幾何に関する試験が行われることもあったが、通常は哲学の講義、すなわち、論理学、倫理学、自然学、形而上学を主題とする、三時間に及ぶラテン語による口頭の「討論」であった。リサンスの試験は、バカロレアの試験から一か月後の九月、あるいは、志願者の都合によっては、八月に行われ、[3] ノートル＝ダム司教座聖堂のカンケラリウス（cancellarius）とサント＝ジュヌヴィエーヴ修道院のカンケラリウスが指名する、国民団につき各一名、計四名の審査員《テンタトーレス》（tentatores）により、哲学に関する「討論」を通じて行われた。ただし、試験の内容に関しては、リサンス固有のプログラムはなく、基本的にはバカロレアの試験の反復であった。これに対して、自由学芸教師資格の授与は、リサンスの試験の直後に行われるひとつの儀式であった。すなわち、リサンスの試験に合格した志願者は、その審査の直後に、「討論」が行われた同じ部屋で、新しい学位の表徴である自由学芸教師の「縁なし帽《ボネ》」を受け取るのであるが、それは、これまでの学ぶ者が教える者に変わったことを象徴する儀式であった。[4]

しかしながら、近世にはいって改革されたとはいえ、中世以来の伝統を受け継ぐ上記の試験[5]は、この十八世紀当時、必ずしもレジャンとしての資格を保証するものとはみなされていなかった。[6] まず第一に、リサンスの試験は事実上バカロレアのそれの反復、自由学芸教師資格の授与は儀式であったから、実質的な試験はバカロレアのみであったが、その内容は、主として哲学に関するものであったことが挙げられる。ところが、新たに採用されたレジャンが、まず担当させられるのは文法や古典人文学《ユマニテ》であり、しかも、レジャンの大多数は文法や古典人文学の担当者であった。[7] つまり、おそらくは彼らが生涯を通じて教えることがない哲学が二回にわたって試験され、実際に教えなければならない肝腎の文法や古典人文学に関する試験は、ほとんど行われていなかったのである。

次に、バカロレアの試験そのものが、「討論」を主としたいわゆる口述試験であったのみならず、その審査員が、志願者の所属する国民団の教師から選任される、いわば同族による内部試験であったことが挙げられる。したがって、まず落第は考えられず、登録簿に登録した志願者はごく稀な例外を除いて合格したから、[8] 最も無知な志願者にも自由学芸教師資格が授与されえたのである。

最後に、学位売買、および、学位売買対策としての形式的手続きの複雑化に伴う、試験の実質的空洞化が挙げられる。学位売買については十六世紀初頭から頻々と記録が見られるが、[9]儲けになる「商売《トラフィック》」としての学位売買の弊習は、ますます蔓延するにせよ衰えることはなかった。[10]そこで大学は、学位授与にいたる手続きの厳密化によって、これを阻止しようとした。しかしながら、この措置は結果的に主客転倒を招き、学位取得には、規約の定める学業期間の就学を証明さえすれば、規定に則った手続きを行うだけで十分とされるようになった。換言すれば、試験が、登録簿に登録し規約に定める学業時間を充足していることのみを重視する、手続き偏重に堕し、試験そのものが実質的には空洞化したのである。

要するに、自由学芸教師資格はコレージュの教授やレジャンにふさわしい資格を証明するものではなくなっていたといえよう。

(2)　レジャンの選任

他方、中世以来の慣行によると、[11]コレージュのレジャンは自由学芸教師中からコレージュ校長によって選任され、コレージュ校長の推薦に基づいて大学によって「叙任」された。すなわち、コレージュ校長によって選任されたレジャンは、「レジャン申請」を申請し、国民団の総会においてレジャンの一員として登録されないかぎり、レジャンとしての権限を享受しえなかった。ところで、当時におけるコレージュのレジャンの再生産は、コレージュ校長が貧しい給費生を選んで自らの手で育て、これを自分のコレージュのレジャンとして任命する、という慣行に基づいて行われていた。パリ大学学頭シャルル・ロランの言葉を借りると、「コレージュ校長にとって重要なことは、自らのコレージュにおいて自らの手で優れた学生を育て、これを早めにレジャンの職へと準備することである」。なぜなら、「学生が成長するのを間近に見る場合には、学生について全く別のことが、能力についてだけでなく、さらに重要なことであるが、品行や精神の性状についてもわかってくる」からである[12]。すなわち、貧しい給費生に対する私的な見習い奉公的訓練に基づく自家培養が、レジャン再生産の慣行的形態であったといえよう[13]。その結果として、大学による「叙任」は単なる形式にとどまり、レジャンの選任は、事実上コレージュ校長の特権と化していた。しかし、こうした選任の慣行は、レジャンの選任に関して、コレージュ校長に対する「懇請」の余地を大幅に認めるものであり、コレージュ校長は、コレージュには必ずしも稗益しないような人物をレジャンに選任することが起こりえた。事実、当時における実態からすれば、「保護なき才能《メリット》は悪だくみをする凡庸さよりも受け入れられることが少なかった[14]」と評されるような選任が現実に行われ、「自由学芸教師資格を拒絶され、懇願のあげくにようやくそれを授与された近親を講座に任命した」コレージュ校長も見られたと伝えられる[15]。要するに、このようなレジャンの選任における慣行は、コレージュ校長との恩顧関係や閥族関係に基づく選任に変質する可能性を常に胚胎していたのである。

(3) パリ大学の改革構想

自由学芸教師資格の不十分さ、あるいは選任における庇護関係《パトロナージュ》の介入に伴う教授やレジャンの質的低下に対する批判は、教師たち自身からも頻々と行われたが、そうした実情の改革は、とくに試験制度を通じて試みることが提案された。まず、一七二〇年には、哲学の旧レジャン、エドモン・プルショ（Edmond Pourchot）が「パリ大学自由学芸学部規約改革案[16]」において試験制度の改革を提唱し、レジャンを志望する自由学芸教師に対して、従来の試験に加えて特殊な試験を課すことを提案している。すなわち、コレージュ校長によって選任されたレジャンは、学級を担当するのに先立ち、学頭および四名の名誉教授の面前で、哲学、古典人文学、文法の教育のいずれを目ざすかに応じて異なる主題に関する試験を受けなければならない、というのがこれである。さらに、一七三六年には、学位売買の弊習に対し、王令によって国王が、大学自身がもはや尊重しなくなっていた自らの規約を遵守させようとしている(17)。

しかしながら、教授あるいはレジャンの選任様式の改革が焦眉の問題としてとり上げられるようになったのは、イエズス会追放事件を契機としてである。すなわち、一七六二年一月八日付け高等法院の告示に応えて提出された同年三月四日付けパリ大学の『覚書』には、具体案は提示されていないが、「競争を促進し学問の輝き……を増す」ための暫定策として、コンクールを採用することが大学人自身によって提案されている(18)。

さらに、一七六二年九月三日付け高等法院の裁決の遂行に際して提出されたパリ大学の『覚書』では、自由学芸教師資格は、「若者の教育に推奨されるにふさわしい教師という観念を必ずしも満足させるものではない」ことが認識されており、レジャンは、宗教と道徳に加えて「言語、技芸、および学問」を兼備することが必要であると説かれている。しかも、それだけでは十分ではない。「これらの知識そのものにしても、またこれらの才能も、……もし、獲得するには困難であるが、それなしにはその他すべての才能が虚しく不毛なものになるような、重要なたぐいまれな才能、すなわち、教授する才能を同時に兼ね備えていないならば、決して良い教師とはいえない学者や文学者をつくり上げるにすぎないであろう。その上、人びとが赴くさまざまな学業の種類、および人びとがそれに関して行う多かれ少なかれ著しい進歩は、それに専念する人びとの好みの多様性に大いに依存しているし、また、才能の大小にも依存している。ある者は、文学に関しては凡庸であるかもしれないが、哲学の優れた教師になるであろう。また、ある者は、文法を教えるには良いかもしれないが、文学の講座を占めても成功するとはかぎらないであろう」[19]。すなわち、レジャンは知識と教育適性という基準に基づいて選抜されなければならない、と主張されているのである。

最後に、一七六三年には、パリ大学に設けられている小規模コレージュのコレージュ・ド・ルイ＝ル＝グランへの統合をめぐって、パリ大学の学頭および旧学頭たちによって『覚書』が作成されているが、この『覚書』にも、この新しいコレージュのレジャンの選任に関する言及が見られる。すなわち、そこでは、講座の空席に際しては、従来のコレージュ校長の特権に代えてコンクールをもってすることが提案されており、コンクールの長所として、コレージュ自身については優秀な教師を獲得しうるという効用、レジャン自身については「才能《メリット》」に基づく選抜という名誉をもたらす効用、志願者については庇護関係に代わって自助の精神と競争心を発揚するという効用、が指摘されている。もちろん、この提案の直接の対象はルイ＝ル＝グランである。しかしそれは、パリ大学の「あらゆるコレージュの講座」に対しても、コンクールが適用されることを射程に入れているのである[20]。

要するに、パリ大学の改革案においては、レジャンの職は準備が必要な職業としてとらえられ、したがって、レジャンに就任するには自由学芸教師資格のみでは不十分であり、知識と教育適性という基準に基づき、コンクールによって最も優れた才能の持ち主がレジャンとして選抜されなければならない、と説かれているのである[21]。

もちろん、これらはパリ大学のごく一部を代表する見解であり、「大部分の教師たちは旧習の支持者で、慣行を乱されることを望まなかったから、過去の制度に固執しつづけ、あらゆる改革の試みは彼らのうちに明らかな敵対者を見いだし」[22]、こうした改革構想に対しては、大学人自身から夥しい批判が噴出した。わけても、次に触れるロラン・デルスヴィルを中心に構想されていたコンクール・ダグレガシヨンに関しては、とくに、これまで慣行的に教授やレジャンの選任権を独占していたコレージュ校長、および、王国の教育に対するイデオロギー的支配の維持を図る神学部によって強硬な抵抗が展開され、パリ大学は激しい分裂に陥ることになる。それはともかく、すでに見た通り、コンクールという構想そのものは元来大学人に由来するものであった。[23] そうしたコンクール制導入の構想が、とくにイエズス会追放事件に伴うコレージュ改革の開始とともに、パリ高等法院の意見聴取に対する大学の公式の意見表明として、さまざまな『覚書』の形で提出されたのである。したがって、後年ロラン・デルスヴィルの述べるところによれば、法案の起草委員たちは、そうした大学の意見を尊重しつつ勅許状の作成にあたったのである。[24]

(4)　ロランの改革構想

最後に、パリ大学の見解を考慮に入れて策定されたと説かれるコンクール・ダグレガシヨンの構想が、パリ高等法院主導のコレージュ改革の構想全体の中にどのように位置づけられるか、また、パリ大学自身の構想とどのような点で異なるかを考察する。

この開封勅許状およびコンクール規則の起草にあたったのは、パリ高等法院審理部部長ロラン・デルスヴィル、財務総監ド・ラヴェルディ（De L'Averdy）、評定官ダゲソー（d'Aguesseau）、およびジルベール（Gilbert）である。[25]

なかでも、起草にあたって中心的な役割を果たしたロランは、「とくに、あらゆる自由学芸学部におけるアグレジュの設置」を、一七六三年二月付け勅許状をもって始まるコレージュ改革構想の「主要な基礎のひとつ……[26]」として位置づける。すなわち、イエズス会追放事件以来、高等法院が王権との提携の下に推進してきた一連のコレージュ改革は、絶対王政という条件の下にあって、公役務としての国民の教育を創出すること、具体的には、文化的均質性をもつ「市民」を育成することを目ざすものであった(27)。ところで、改革が目ざす「市民」の育成には、自らが「市民」であるような教師による教育が必要であった。しかし、それを教育修道会や教団に所属する教師に期待することはできない。なぜなら、まず第一に、修律聖職者は祖国よりも所属する修道会に、ひいてはローマ教皇庁に結び付いているから、彼らの関心は必ずしも公益とは一致しないからである。第二に、その当時、修道会や教団は新入会員の徴募に関して困難な局面にあったから(28)、最も優秀な人材は修道会や教団自身に留保し、教育には二流の人材しか配さないと考えられるからである。

したがって、「市民」を育成するには、「若い植物を彼らに委ねる国家の期待に応えるような教師(29)」が不可欠であった。しかし、そのような教師は、在俗の自由学芸教師であるというだけでは足りない。「すべての自由学芸教師はこの（教授という〔筆者〕）資格に値するであろうか。それに、たとえそうであったとしても、彼は無差別に公教育の職務に充てられなければならないであろうか(30)」。「私は、パリ大学の慣行を知っているすべての人に尋ねたいのだが、若者が自由学芸教師名簿に登録される学力証明書（actes probatoires）は、文法や文学、さらには哲学における彼の能力を証明するのに、はたしてふさわしいであろうか(31)」。コレージュのレジャンに就任するには、自由学芸教師資格のみでは十分ではない。レジャンの選任は、自由学芸教師中より、「知識《リュミエール》」に基づいて行われなければならない(32)」。さらに、「若者の教師という職業《プロフェッション》は、最も重要かつ最も困難な職業のひとつに数えられる以上、その職業を志望する人びとには、試練の期間、すなわち、修業に関する、そして、彼らの能力が十分に確認される証書に関する、強力な試練の期間を要求しないわけにはいかない(33)」。つまり、ロランは、パリ大学自由学芸学部にアグレジェの「席《プラス》」を設け、コンクール・ダグレガシヨンを発足させることによって、在俗聖職者であれ俗人であれ、在俗の人物で、専念すべき職業に対して訓練され、共通の理念によって相互に結び付けられた教授の団体を発足させようとしたのである。[34] しかも、パリ大学におけるこの改革は、単にパリ大学自由学芸学部のみにおける改革には終わらず、全国の大学の自由学芸学部への波及効果をも見透したものであった。[35] なぜなら、パリ大学は王国内の大学に対して模範的な性格をもつのみならず、コンクール・ダグレガシヨンそのものが、修律聖職者の下で哲学課程を修めた者を除き、王国内の大学のすべての自由学芸教師に公開されるからである。したがって、パリ大学におけるコンクール・ダグレガシヨンの発足に伴うコレージュの教授やレジャンの選任様式の変革は、イエズス会追放事件以来、高等法院が王権との提携によって推進してきた、公教育という役務の確立という課題の核心そのものにかかわる問題としてとらえられているのである。

以上、プルショの改革案から一七六三年代の『覚書』にいたるパリ大学の改革構想、および、ロランを中心とする委員会の構想を考察した。前者にあっても後者にあっても、自由学芸教師資格の不十分さの認識およびコンクールによる知識と教育適性の検証（あるいは、この職業にふさわしい試練の期間の必要性）といった点に関しては、基本的な一致が認められる。これに対して、両者の相違は、前者がさまざまな社団[36]のひとつとしての大学という枠組みの範囲内にとどまり、自らの自由学芸学部のコレージュのみにその視野が限定されていたのに対して、後者は全国的観点に立ち、パリ大学の模範的性格による改革の全国的波及効果および志願者の全国的募集を通じて、共通の理念に貫かれた世俗的な教授の団体を全国的規模において創出することを志向していた点にあるといえよう。

二　コンクール・ダグレガシヨンの発足

パリ大学自由学芸学部におけるコンクール・ダグレガシヨンは、ドクトゥール・アグレジェの設置について定める、「パリ大学自由学芸学部に関して郵便・逓送業務の賃貸料の二〇分の八の使用に関する、また、上記学部におけるドクトゥール・アグレジェの設置をもたらす開封勅許状」（一七六六年五月三日付け）、ならびに、上記勅許状第一三条の規定に基づき、コンクール・ダグレガシヨンの施行およびドクトゥール・アグレジェに関する規則の詳細を定める、「自由学芸学部のアグレジェに関する規則の施行を命ずる開封勅許状」（一七六六年八月一〇日付け）[37]、およびこれに付随する、「一七六六年五月三日付け開封勅許状第一三条の施行に際し、パリ大学自由学芸学部におけるアグレジェの設置に関して国務会議において定める規則[38]」をもって発足する。

以下、大学における教師の範疇としてのアグレジェ、およびその選任方式としてのコンクールの沿革を簡単に振り返り、次いで、上記勅許状および規則に則して、パリ大学自由学芸学部におけるドクトゥール・アグレジェおよびコンクール・ダグレガシヨンについて考察する。

（1）　コンクール・ダグレガシヨン前史

歴史的に見ると、大学の教師の名称は学部の類型に応じて異なるが、この十八世紀には、四つの学部類型が並存している。伝統的類型の学部、博士《ドクトゥール》の学部、教授《プロフェッスール》の学部、ならびに混合的類型の学部である。まず、中世以来の伝統的類型の学部は、教師と学生を国民団の形で一括しており、その典型は、パリ大学自由学芸学部やオルレアン大学法学部に見られる。博士の学部は伝統的学部の近代化した形態で[39]、学部はドクトゥールのみによって構成され、各ドクトゥールが交替で一定の期間教鞭をとるものである。たとえば、パリの医学部やペルピニャンの法学部がそうである。第三の類型は、講座の担当教授のみによって構成される学部である。この類型は、十四世紀のパリ法学部における講座制の成立をもって始まり、アンリ四世の時代以降急増し、十七、八世紀には主流を占めるにいたる。最後に、混合的類型の学部は、たとえばパリ神学部に見られるもので、神学部から学位を授与されたドクトゥールは団体として学位授与に参加するが、正規の授業は、ソルボンヌおよびコレージュ・ド・ナヴァールの講座担当者のみに限定されている。したがって、当時における大学の教師の範疇は、このような学部の類型に応じて、基本的にはドクトゥール・レジャン（docteur régent）および教授（professeur）の二種類に大別されうる。ドクトゥール・アグレジェは、これらに対して新しい第三の範疇として登場したものである。すなわち、「一六七九年四月付け勅令《エディ》[40]」および「一六八〇年三月二三日付け国務会議裁決[41]」による、法学部におけるドクトゥール・アグレジェの制定がこれである。後者の規定によると、ドクトゥール・アグレジェは「私的復習」を行うが恒常的な授業は担当せず、バカロレアの「提題」（thèse）を交替で主宰するが、リサンスおよび博士号《ドクトラ》の「提題」の主宰は、ドクトゥール・レジャンの依頼による場合に限られる。また、彼らは学部という団体の一員であり学部総会において投票権を認められるが、総数ではドクトゥール・レジャンの二倍を超えることはできない。さらに、アグレジェは特定の学部に終生任命されるが[42]、そのポストは「席《プラス》」であって講座ではなく、その報酬も、もっぱら審査料に依存している。昇任に関しても、彼らは別のコンクールをへることなしには講座への就任を認められない[43]。要するにアグレジェは、教授あるいはドクトゥール・レジャンを補佐するものとして、正規の授業の代講、復習、および学年度末に急増する試験や「提題」の主宰を趣旨として登場してきたのである。[44]

ドクトゥール・アグレジェの選任については、コンクール制が採用された。コンクール制の導入についても、中世以来のフランスの大学におけるドクトゥール・レジャンもしくは教授の選任様式の史的変遷の延長上にある。すなわち、彼らの選任様式もまた学部類型によって異なり、中世における伝統的類型の学部あるいは博士の学部においては、「形成されたドクトゥール」(docteur formé)中からの同僚による「互選」(cooptation)が慣行であった。しかし、ルイ十四世の時代から、王権の圧力の下で、「討論」に基づくコンクールによる「選挙」(élection)が奨励され、十八世紀には「選挙」に基づく学部もしくは大学全体による選任が一般化する。法学部のアグレジェの選任におけるコンクール制の導入も、この「互選」から「選挙」へという、ドクトゥール・レジャンもしくは教授の選任様式の変容を反映している。すなわち、「一七〇〇年一月二〇日付け宣言」[45]は、将来においては、ドクトゥール・アグレジェは年齢三〇歳以上の「形成されたドクトゥール」中よりコンクールによって任命されることを定めている。コンクールは「授業」(leçon)と「提題」からなり、前者についてはローマ法二、教会法二、計四つの「授業」が課される。次いで、午前ローマ法、午後教会法に関する「提題」の支持が志願者によって行われ、終日その「提題」をめぐって「公開討論」(argumentation publique)が行われる。以後、志願者の年齢の切り下げ[46]あるいはコンクールにおける「授業」の時間数の増加等[47]、若干の修正が加えられるが、伝統的な「討論」を主とした口述試験に基づくコンクールによる「選挙」という、コンクール・ダグレガシヨンの基本的性格は変化しない。

要するに、ドクトゥール・アグレジェという大学の教師の新しいひとつの範疇は、教授もしくはドクトゥール・レジャンを補佐するものとして、コンクールによる「選挙」という新しい選任様式の下で、近代化の最先端に立っていた法学部においてまず現われてきたのである。

この法学部におけるドクトゥール・アグレジェおよびコンクール・ダグレガシヨンが自由学芸学部において新たにとらえ直されたものが、パリ大学自由学芸学部のコレージュにおけるドクトゥール・アグレジェおよび自由学芸教師を対象とするコンクール・ダグレガシヨンであるといえよう。[48]

(2)　パリ大学自由学芸学部におけるコンクール・ダグレガシヨンの発足

一七六六年五月三日付け開封勅許状「前文」によれば、ドクトゥール・アグレジェの「席」の新設およびコンクール・ダグレガシヨンの創設の趣旨は、「コレージュの講座を占めるべき人材の選任」に際して「若干の弊害」を伴うにいたっていた従来のコレージュ校長の推薦に代え、広く王国内の自由学芸教師から志願者を募り、彼ら「……教育を志す人びとの間に競争を促す」ことによって、「臣民の子弟に優秀な教師を得させる」ことにある。[49]同時に、この「前文」では、報酬の増額、あるいは、名誉退職者に対する年金の賦与および宿舎の供与等についても言及されている。

以下、本勅許状および八月一〇日付け規則の条項に従って、教授の一範疇としてのドクトゥール・アグレジェ、ならびに、コンクール・ダグレガシヨンにおける試験の形式および内容について考察する。

(1)　ドクトゥール・アグレジェという範疇

まず、ドクトゥール・アグレジェの定員については、予定される「席」は全体で六〇である。ただし、同年一〇月に予定されている最初のコンクール[50]においては、そのうち三〇の席のみが充てられ、続く五回のコンクールにおいて、各六名のアグレジェが逐次選任される。

ドクトゥール・アグレジェを選任するコンクール・ダグレガシヨンは唯一ではなく、哲学、文学、文法の三種類に区別され、予定されるアグレジェ六〇名はそれぞれ哲学、文学（修辞学級、第二学級、第三学級）、文法および古典人文学の諸基礎の教育（第四学級、第五学級、第六学級）に三等分して各二〇名選任される。[51] したがって、アグレジェは哲学、文学、文法の三つの「等級」にヒエラルキー化されることになる。[52]

審査委員会は学頭を委員長とし、自由学芸学部のドクトゥール六名、計七名の委員によって構成される。ただし、六名のドクトゥールのうち、三名は、志願者が配属を予定される学級における教授経験をもつ名誉退職教授あるいはレジャン、もしくはコレージュ校長から選任され、三名は、該当する学級に配属されている教授、レジャン、およびアグレジェから選任される。[53]

コンクールの志願資格は、修律聖職者は除き、[54] パリ大学のみならず王国内の全大学の自由学芸教師とされる。ただし、志願者の年齢的条件は異なり、哲学のアグレガシヨンは二二歳以上、文学二〇歳以上、文法一八歳以上とされている。なお、志願に際しては、カトリック信仰、良俗および善行の証明が要求される。[55]

アグレジェの職務等については、[56] 今後パリ大学自由学芸学部の全課程を完備した一〇のコレージュ（アルクール、ルモワヌ枢機卿、ナヴァール、モンテーギュ、プレッシ、リジユー、ラ・マルシュ、グラッサン、マザラン、ルイ＝ル＝グラン（ドルマン＝ボーヴェを含む））の教授あるいはレジャンは、ドクトゥール・アグレジェ中からしか選任されえないとされる。[57] ただし、これらアグレジェは、即刻教授もしくはレジャンに就任するのではなく、二か年の修練期のあいだ[58]パリに居住し、自由学芸学部の総会に列席し、病気等の教授もしくはレジャンの代理に任ずるとともに、「大学の賞」（les Prix de l'Université）のための作文の加筆・修正を行い、哲学の「提題」および「公開演習」に参加して志願者に対し反対討論を試みる義務を負う。[59] 他方、アグレジェは、上級学部のドクトゥールとなった場合にはアグレジェとしての資格を失うが[60]、本務を妨げないかぎりにおいては、上記コレージュの学監(censeur)、自習室監督(Maitre de quartier)、あるいは私的な家庭教師等に就任することができ[61]、また一年以内に限って、アグレジェの身分を留保の上、パリ大学の司書補、地方のコレージュの校長、学監、教授あるいはレジャンに就任することができる[62]。アグレジェの報酬は年額二〇〇リーヴルで、他の収入とも兼ねられうる[63]。

以上から、試験に基づくコンクールによる選任、聖職禄システムに代わる俸給制、コンクールによる選任に始まり名誉退職をもって終わるキャリアーとしての教授職[64]、均質的であると同時にヒエラルキー化された世俗的な職業的範疇としてのアグレジェ団等が構想されていることが理解される。

(2) コンクールにおける試験

次に、試験の形式および内容を考察する。まず、試験の形式は「作文」(Composition)、「公開提題」(Thèse publique)もしくは「公開演習」(Exercice publique)、「授業」(Leçon)の三種類に大別され、志願者が教鞭をとる学級に対応する三つの「等級」に即して行われる[65]。

「作文」は最大限一日にわたる筆記試験で、哲学の志願者に対しては、論理学、形而上学、ないし倫理学を主題とする論文(dissertation)、ならびに、物理学および数学を主題とする論文、計二編の論文をラテン語で作成すること、文学に関しては、ラテン語演説(discours)一篇およびラテン語詩一篇を作成すること、文法では、「通常第四、五、六学級で訳読される著者のうち三名」[66]について羅文仏訳、仏文羅訳、希文仏訳が課せられる。

これら筆記試験においては、文法ではラテン語およびギリシア語に関する知識、文学では修辞学の技法に関する知識および韻律法の駆使、哲学では言説論理への通暁がとくに審査される。

これに対して、「公開提題」、「公開演習」、および「授業」は、伝統的な「討論」の延長上にある口述試験である。まず、「公開提題」は哲学の志願者を対象とするもので、論理学、形而上学、ないし倫理学に関する「提題」、ならびに、物理学および数学に関する「提題」を、それぞれ二時間にわたる二つの「公開審査《アクト》」において支持することが課せられる。「公開演習」は文学および文法の志願者を対象とし、二時間にわたって行われる。文学の「演習」にあっては、指定された弁論家、詩人、歴史家各一名、計三名の著者を「訳読」すること、文法では、上記の範疇より二名の著者を「訳読」することが課せられる。なお、「提題」においても「演習」においても、最初の一時間には、一人につき半時間以内でアグレジェ二名が、次の一時間には、競争相手の志願者二名が反対討論ないし質疑を行う（ただし、第一回のコンクールにかぎり、志願者のみが反対討論ないし質疑を行う）。「授業」は試験時間一時間で、その主題はコンクールの「等級」別、志願者別に定められる。志願者は最初の半時間にテキストの「訳読」を行い、残りの半時間に二名の競争相手の志願者と質疑を行う。なお、「作文」の主題は当日指示されるのに対して、「提題」、「演習」、「授業」に関しては、あらかじめ二週間の準備期間があたえられる(67)。

　これら口述試験を通じてとくに審査されるのは、「それら（提題、演習、授業（筆者））が行われるやり方」および「志願者たちの反対討論あるいは質疑(68)」、換言すれば、言説の展開、および「討論」におけるゆとりと敏捷な応答である。

　試験の内容、とくに口述試験における主題については、一七六六年から一七九一年におけるコンクールの記録の調査が、パリ大学所蔵の文書に基づいてD・ジュリア（Dominique Julia）によって行われている。それによると、まず、哲学の「提題」では、その当時の哲学級でとり上げられていた主題が出題されている。次に、文学および文法については、ギリシア作家とラテン作家の出題比率は一対二となっており、これは、コレージュの学課課程においてギリシア語の地位が相対的に低い反面、ラテン作家が圧倒的に優勢であることを物語っている。文学では、弁論家、詩人、歴史家からの出題がほぼ均衡しているが、とくに弁論家、詩人、歴史家別の出題頻度から見ると、ギリシア作家ではデモステネス、ホメロス、プルタルコス、ラテン作家ではキケロ、ウェルギリウス、ティトゥス・リヴィウスの頻度が高い。他方、文法に関しては、とくに文学と異なる特色として、弁論家と詩人の占める比率が高く歴史家は僅少であること、および、著者の選択にあたって道徳的考慮が働いていることが指摘されうる。すなわち、『聖書』（「使徒行伝」および「ルカによる福音書」）がギリシア作家からの出題の約三〇％を占めているだけでなく、弁論家の中でも、ギリシア作家ではイソクラテス、ラテン作家ではとくにキケロが著しく高い出題率を占めており、これは、テキストの道徳的意義という観点に基づく選択によるものと思われる。一方、歴史家の占める比率は僅少で、ギリシア作家ではクセノフォン、ラテン作家ではクィントゥスが中心であるが、それぞれ一〇％台にとどまる。これに対して、ギリシア作家かラテン作家かを問わず、詩人の出題率は高い。とくにウェルギリウスに代表されるラテン詩の比率は著しく高く、出題されたラテン作家全体の四〇％を占めている。

右の出題傾向は、その当時におけるパリ大学のコレージュの教育における模範的作家を示しているだけでなく、パリ大学のコレージュにおける学課課程の主たる傾向を反映している。[69] そこには十八世紀末の三〇年間における学校的文化が表現されているのである。

以上から、コンクール・ダグレガシヨンにおける試験は、コレージュにおける教育、すなわち、十七世紀末以降、学年制と明確な学課課程を備えるのみならず、次第に純粋な教養と人間形成を趣旨とするようになり、近代的学校としての姿を徐々に整えてきたコレージュにおける教育[70]を基準とし、これを反映したものといえる。それは、教授もしくはレジャンがその「等級」に応じてそれぞれの学級で教えるべき学業、換言すれば、将来教授やレジャンの職務の遂行に際して不可欠とみなされる教育に準拠しており、そうしたコレージュにおける教育を基準として客観的に観察され相互に比較されうる知的適性を測定しようとするものである。したがって、コンクール・ダグレガシヨンは、将来、教授に必要とされる知的、技術的能力の規範化に基づいて、その規範に適合した、したがってまた均質的な、職業人の範疇を創出しようとする試みといえる。その意味では、十八世紀末の三〇年間に進行しつつあった、宗教的意図から峻別された「特定のキャリアーとしての教師職」という観念の成立が、このコンクール・ダグレガシヨンの発足に典型的に表れているのである。(71)

三　コンクール・ダグレガシヨンの意義および結果

(1)　コンクール・ダグレガシヨンの意義

従来の、要するに家産的、入社式的な教授やレジャンの養成・選任に対し、試験に基づくコンクールによる選任すなわち、教授やレジャンの選任におけるメリトクラシーの導入と、それに基づくアグレジェという均質的職業人の範疇の形成への胎動は、大学のみに限定された現象ではない。そうした趨勢は、この時代に絶対主義国家の主導下で大学と並行して設けられた、専門職を志向する学校にも見られる。(72) たとえば、橋梁・舗道学校(Ecole des Ponts et Chaussées)は、旧来の職人に代わる均質的な科学・技術的訓練を受けた「技師」からなる橋梁・舗道技師の職団を再生産する目的をもって、一七五六年に創設された。その学生は、コンクールによって学業を認定され、最終的には「技手」の資格を授与される。(73) なかでも、築城技師の職団の再生産という趣旨に基づいて、一七四八年から一七五一年にかけて発足した王立メジエール工兵学校（Ecole Royale du génie de Mézières）はその典型的な例であろう。

A・ブランシャール（A. Blanchard）によると、メジエール工兵学校は、「新しく徴募された若者を担当していた主任技師たちが彼らの血縁関係の内部で行っていた、閉鎖的な家産的、入社式的訓練という殻を、突如として、しかも決定的に断ち切るものである。それに代えてこの学校は、画一的な学校教育を行い、数か月にわたって生徒を出身環境から引き離し、二か年の学業期間で彼らを新しい枠組みの中に再編成……する(74)」ことを目ざしていた。すなわち、「築城技師」の採用が、閉鎖的な血縁関係の範囲内における主任技師による家産的、入社式的訓練に代わって、メジエール工兵学校への入学試験（コンクール）を通じて行われるようになったのである(75)。パリ自由学芸学部におけるコンクール・ダグレガシヨンの発足は、これらその他の職団にも見られる、コンクールに基づく「技師」の職団の再生産の開始と同一線上にある。それは、全国的性格をもつ、教授の世俗的職団の形成への志向という、いまひとつの意味をも担っていたのである。

このようなコンクール・ダグレガシヨンのもつ意味については、いち早く大学人も看取している。したがってそれは、大学内外に夥しい反響を呼び起こさずにはいなかった。とくにパリ大学では、五月三日付け勅許状の渙発から数日後（五月一二日）、この勅許状をめぐって開催された自由学芸学部臨時総会におけるノルマンディー国民団の、「上記勅許状の若干の条項が大学の諸利益および組織にもたらすと思われる攻撃に対して、国王およびその国務会議に……抗議(76)」するという留保から、コレージュ・ダルクールの校長ルーヴェル（Louvel）のコンクール批判の『覚書』の公刊、およびこの『覚書』をめぐる応酬が招いた紛糾の鎮静化のための発禁命令の渙発(77)にいたるまで、夥しい論議が噴出した。これらコンクールに対する批判は、主としてノルマンディー国民団(78)、医されうる。すなわち、(1)ルイ＝ル＝グランに対する敵愾心(ノルマンディー国民団)、(2)コレージュのレジャンもしくは教授の選任権および就任資格に関する既得権の侵害に対する抗議(コレージュ校長、神学部、ソルボンヌ、医学部)、(3)コンクールの有効性に対する疑義(コレージュ校長、神学部、ソルボンヌ)、(4)世俗化に対する懸念(神学部、コレージュ校長)がこれである。ところで、ルイ＝ル＝グランに対する敵愾心はさておき、医学部(既得権の侵害)およびソルボンヌ(既得権の侵害、コンクールの有効性に対する疑義)の批判は、神学部およびコレージュ校長の批判の一部と重複している。したがって、論旨から見ると、コンクールに対する批判は、慣行的にレジャンおよび教授を選任する特権を独占していたコレージュ校長、および、教授と聖職者の同一視を通じて、王国の教育に対するイデオロギー的支配を貫徹しようとする立場にあった神学部の批判によって代表されているといえよう。以下、これらコレージュ校長および神学部の抗議の論旨を検討する。

まず、コレージュ校長は、従来の自由学芸教師資格に基づく選任に代えて試験に基づくコンクールをもってすることに、自らの教授ないしレジャンの選択の自由に対する制約を看取し、すでに一七六三年から夥しい『覚書』を提出している。そうしたコレージュ校長たちの『覚書』の論旨は、当時コレージュ・ド・ドルマン＝ボーヴェの哲学教授であったフランソワ＝ドミニク・リヴァール(François-Dominique Rivard)の『若者の教育に関する覚書集成』における「覚書第七、教授の任命[82]」に典型的に見られる。リヴァールの趣旨は、コレージュ校長による選任とコンクールに基づく任命の長短を比較考察し、「教授の席をコンクールに付すことによって、それを獲得するのに必要な才能をもった人物によって充足されるであろう」というコンクール擁護論に対して、コレージュ校長による選任に内在する欠陥を補うために、「尊敬すべき第三者」の判断を求めるという措置を採用するならば、「コレージュにおける教授の選任はコレージュ校長の手で行われるほうが……コンクールに委ねるより比較にならないほど優れている」ことを提案することにある。そこで展開されているコンクール・ダグレガシヨンに対する批判は、以下の三点に要約されうる。すなわち、（1）コンクールは教えるべき学問《シャンス》に関する能力を検証しうるとしても、「……教師にあっては、ある種の学問に劣らず必要である」「若者の指導に必要な才能」、「その職業に対する好み」は判断しえない。つまり、コンクールは教育上の才能や職業的使命感を判定しえない。（2）「コレージュにおける教授は……孤立した人間ではない。彼は同じコレージュに住む同僚やその他の教師と一緒に生活しなければならない」から、教授は「社交性と平和の精神」を備えていなければならないが、コンクールはコレージュの運営上必要な「社交性の精神」の有無を判断しえず、これの欠落した人物をコレージュに送り込む危険性がある。（3）無信仰が風靡している当今にあってはとくに重要なことであるが、コンクールはキリスト教信仰の有無を検証しえない。したがって、「コンクールは、宗教の敵がそこ（コレージュや大学〔筆者〕）に侵入してくる扉となる」、というのがこれである。このリヴァールの批判は、基本的には、同業組合としての大学の特権から派生した、コレージュ校長の慣行的特権の擁護論であるが、しかし同時に、そこには、試験に基づくコンクールという可視的手続きが教育的「才能」、職業的「使命感」、「社交性と平和の精神」、あるいは「キリスト教信仰」の有無を判定しうるか、というコンクールの有効性そのものに関する問題が提起されている。さらに、それと表裏一体になった形で、コンクール・ダグレガシヨンがコレージュの教授やレジャンの思想的解放をもたらすのではないか、という懸念が看取される。それは教授やレジャンおよび教授内容の世俗化に対する懸念といえるが、とくにそうした観点からの批判は、パリ神学部のコンクール反対論に典型的に表現されている。

パリ神学部のコンクール・ダグレガシヨン批判は、一七六六年五月三日から八月一〇日にかけて起草されたと推定される、国王に対するパリ神学部の抗議[83]に見られる。その中で神学部は、コンクール・ダグレガシヨンについて、自由学芸教師資格の相対的価値低下に伴う神学生の質的低下、ならびに、教授の世俗化およびそれに伴う教授内容の世俗化という、二重の意味における世俗化を指摘している。すなわち、（1）自由学芸教師資格に代わってコンクール・ダグレガシヨンが教授資格を規定すると、自由学芸教師資格は、自由学芸学部の学課課程における最高学位ではなくなるだけでなく、知識や能力を証明しない単なる「虚名」にすぎなくなる。すなわち、コンクール・ダグレガシヨンは自由学芸教師資格の価値低下をもたらす。その結果、自由学芸教師は、コンクール・ダグレガシヨンを目ざす、「コレージュで教鞭をとるはずのより学問のある自由学芸教師……と、神学の学位を取得するはずのより学問の乏しい自由学芸教師……」という二つのグループに分かれ、実質的に、神学生の質的低下がもたらされる。（2）さまざまな「知《サヴォワール》」は、それぞれ社会的評価のヒエラルキー上に位置づけられている。そこで、神学のリサンス所持者やバシュリエは、そのヒエラルキーにおいて彼らよりも下位に定位されている単なる自由学芸教師とコンクールにおいて対等に競争することを屈辱とし、コンクールを受験することを拒否するであろう。その結果、教授やレジャンは、自由学芸学部の学業を修めただけの「俗人あるいは聖品を拒否する単に剃髪を受けたにすぎない人びと」によって独占され、世俗的な教授団が発生する。しかも彼らは、カトリックの公認教義の教育に必要な宗教性も、また「知識」も身に付けていないから、コレージュは教授の側面においてのみならず、教授される内容の側面においても世俗化されることになる。すなわち、コンクール・ダグレガシヨンは教授の側面においても教授される内容の側面においても世俗化をもたらすことになる。

神学部がとりわけ重視したのは、後者の世俗的教授団の出現とそれに伴う二重の意味における世俗化であった。

コンクール・ダグレガシヨンは、教授が聖職者であるという原則を廃棄することによって、コレージュに対する神学部のイデオロギー的支配に終止符を打ち、ひいては、教育システム全体に対するカトリック教会の影響力を減殺することになる。それだからこそ神学部は、自らの思想的後見の下に置かれていない、自律的な世俗的教授団の発生をもたらす制度、コンクール・ダグレガシヨンを容認するわけにはいかないのである。

これらコンクールの有効性およびコンクールのもたらす世俗化に対する批判は、新たに発足したコンクール・ダグレガシヨンの意味を逆照射するであろう。すなわち、ロランを中心とする委員会は、教授が聖職者身分をもつか否かということよりも、まず「市民」であることを重視する。それは、一定の規範に準拠した試験に基づくコンクールという、教授に対する新しいコントロールの様式を通じて、国家という「世俗的」権威に服し、「市民」によって構成される、知的技術者としての教授の団体をつくり上げることを目ざしているのである。

(2)　コンクール・ダグレガシヨンの結果

それでは、このコンクール・ダグレガシヨンの趣旨はどの程度実現されたであろうか。第一回コンクールが施行された一七六六年から革命期一七九一年にいたるコンクールの受験者および合格者に関しては、D・ジュリアによって調査が進められ、その一部については分析が行われている。以下、その調査および分析を紹介しつつ考察を試みる[84]。

(1)　志願状況

まず、この四半世紀間における合格者は二〇九名であるが、これは受験者総数二九三名のほぼ七〇%にも相当する。コンクール・ダグレガシヨンは多数の志願者を集めえなかったといえよう。その理由としては、一七七一年以降における国王の教育政策の転換、すなわち、教育修道会や教団への依拠という政策転換[85]と同時に、コンクールに付されるアグレジェの「席」の総数が限られていたこと、さらには、コンクールの権威の維持に対する考慮から、審査委員会が提供されている「席」を完全には充足しようとしなかったことが挙げられる。しかし、さらにいうならば、この事実は、概して教師というキャリアーが成立しつつあった十八世紀末の三〇年間においてもなお、教師に関する通念が基本的にはシャルル・ロランの『学業論』の延長上にあり、教師というキャリアーが決して魅力的とはみなされていなかったことを物語るものであろう。

(2) 受験者の年齢および聖職者身分

次に、受験者の年令は、一七六六年八月一〇日付け規則によれば、少なくとも文法一八歳、文学二〇歳、哲学二二歳と定められている。受験者の年齢は史料的制約のために全体の四三%についてしか確認されていないが、そのかぎりでは、受験時における平均年齢はどの「等級」についても同一で、ほぼ二五歳である。すなわち、該当する学業の標準修了時から受験時までの期間が、哲学に比して文学、文法では相対的に長い。しかも、哲学の志願者の五〇%近くは神学部の何らかの資格の所持者である。したがって、哲学の志願者と文学、文法の志願者の間には質的相違があることが推定されうる。

さらに、志願者の聖職者身分について考察すると、哲学の志願者の約六〇%が副助祭以上の上級聖品を叙品されているのに対して、文学、文法では、それぞれ一五%、八%がそうであるにとどまる。文学の八三%、文法の八九・五%は、俗人であるか単に剃髪を受けているにすぎない。哲学と文学、文法におけるこうした相違は、哲学の志願者の四八%が神学のバシュリエ（三四%）かリサンス所持者（一四%）であるという事実によって、さらに強調される。神学部の世俗化に対する懸念については先に指摘したが、結果から見ると、哲学の志願者は神学および聖職者身分と強く結び付いている。「哲学は神学への入門である」[86]という、伝統的なパリ神学部の主張は明らかに維持されているのである。これと対照的に、文学および文法においては世俗化が著しい。教授やレジャンの世俗化は、下級の「等級」から進行していったといえるであろう。

⑶　学業成績との関連

最後に、合格者のコレージュ在学中における学業成績との相関について考察する。学業成績の指標として、一七四七年よりパリ大学の全課程を完備した一〇のコレージュの在学生を対象として行われた一斉学力試験「コンクール・ジェネラル」[87]をとると、「コンクール・ジェネラル」における受賞者とコンクール・ダグレガシヨンの合格者との相関は著しく高い。したがって、概してアグレガシヨンの合格者は、コレージュにおける学業成績の優秀な生徒であったといえる。しかしその場合、文学と文法では相違が認められる。文学では、合格者の約六〇%が「コンクール・ジェネラル」における受賞者であるが、文法では約三五%にとどまる。すなわち、コレージュにおける学業成績の優秀さという尺度に照らして見るとき、文学と文法との間には構造的相違があり、この相違が、文学と文法のポストにおける教授のヒエラルキー上の区別を規定しているのである。この点に関しては、コンクール・ダグレガシヨンは、学業成績の優秀さを基準とした教授のヒエラルキー化、という趣旨に応えるものであったということができる。

したがって、コンクールの施行に伴う結果として、一方では、学業成績の優秀さに応じた教授の選抜とヒエラルキー化が、ロランを中心とする委員会の意図を実現して進捗しているが、他方では、哲学と文学、文法では教授の性格は質的に異なり、文学と文法では教授の世俗化が進むのに対して、哲学に関しては世俗化は進捗せず、聖職者文化が継受されているといえよう。

結び

以上、コンクール・ダグレガシヨンの構想、発足、意義および結果について考察し、(一)教授のキャリアーの公開性、(二)教授としての知的、技術的能力の規範化、およびその規範に準拠した、能力に基づく教授の選抜、(三)国家という「世俗的」権威に服し「市民」によって構成される、知的技術者としての教授の職団の創出を指摘した。換言すれば、アグレジェという均質化されるとともにヒエラルキー化された、全国的性格を志向する職業人としての教授の世俗的な団体は、新たにとり入れられたキャリアーの公開性、知的、技術的能力の規範化、および、能力に基づく選抜というメリトクラシーの原理と表裏一体になった形で成立したのである。それは、コレージュ校長の慣行的特権や神学部のイデオロギー的支配に代わって、新たに国家が教師をコントロールする様式の開始を示すものでもあった。それだからこそ、この絶対王政下においてつくり上げられた教授としての知的、技術的能力の規範は、大革命以後も帝国大学という教育装置において復活され、ほとんど無修正のまま継受されえたのである(88)。こうした意味で、コンクール・ダグレガシヨンおよびドクトゥール・アグレジェの発足は、十八世紀末の約三〇年間に進行した教師というキャリアーの成立へと赴く、さまざまな「界」(champ)における変化を、最も凝縮した形で表現していたといえよう。一方、コンクールの発足当初の実情に眼を向けると、能力に応じた教授の選抜およびヒエラルキー化は進捗し、世俗化も下級の「等級」から進行している。しかし、上級の「等級」では聖職者文化が継受された――「ハビトゥス」の重みというべきか。

第Ⅱ部　基本法

第一章　ナポレオンの帝国大学法

はじめに

本章は、ナポレオンの帝国大学法、正確には、「帝国大学の名の下における教員団の創設に関する一八〇六年五月一〇日の法律」(Loi relative à la formation d'un corps enseignant, sous le nom d'Université impériale) および「大学の組織に関する一八〇八年三月一七日のデクレ」(Décret portant organisation de l'Université) の翻訳である。その他、これらを補なう一連の立法措置[1]、なかでも Décret concernant le régime de l'Université（一八一一年一一月一五日）は、中等教育、および大学の行政裁判権に関して重要な規定を含んでいる。しかし、これは帝国大学体制の徹底を意図したものと考えられるので、ここでは省略する。なお、テキストには、A.-A. Carette, *Lois annotées, ou Lois, Décrets, Ordonnances, Avis du Conseil d'État, etc. (1789-1830)*, Paris, 1843 に収録のものを使用した。

一八〇一年、教皇との間にコンコルダを締結し、国内の精神的統一を推進しつつあったナポレオンは、「確固たる原則を備えた教員団なしには政治的安定はない[2]」ことを看取し、一八〇六年の初め、公教育局長A-F・

ド・フルクロワ（Antoine-François, *Comte* de Fourcroy）と立法院長L・ド・フォンターヌ（Louis de Fontanes）をサン＝クルーに招いて、教員団（corps enseignant）を組織する意図を告げる。この意図に応ずべく、一八〇六年の法案が、フルクロワによって作成される。一八〇六年の法律と一八〇八年のデクレは、この法案を出発点として、帝国大学を組織したものである[3]。

しかし、帝国大学は、これを構成する諸要素から見るとき、その大部分が、すでに共和暦一〇年花月一一日（一八〇二年五月一日）の法律とその施行下で準備されていたと思われる。すなわち、ナポレオンの教育政策の最初の具体化であったこの法律は、共和暦四年の法律の施行下における教育界の混乱を、ひとまず収拾したのであるが、同時にそれは、中央学校（écoles centrales）に代わるリセ（lycées）と中学校（écoles secondaires）の設置によって、のちの帝国大学の教育施設の核心をつくり上げ、またその行政機構を素描する。さらにそれは、中等教育の自由（liberté de l'enseignement secondaire）の撤廃を通じて、大学の独占（monopol d'université）を予告する。学位制度の復活も、医業に関する共和暦一一年風月一九日の法律、および法学校を設置する共和暦一二年風月二二日の法律と同補足日第四日のデクレによって行われる。また、教育修道会を復活して、これに初等教育を委ねる措置、あるいは国の監督の下で宗教教育を行い、カトリック教会の教育活動を制する方針[4]も、すでにこの時期に発する。したがって、これらの諸要素をひとつの有機的な全体として組織すること、これが一八〇六年の法律と一八〇八年のデクレの課題であった。

こうして、一八〇六年の法律は、「帝国大学の名の下に、全帝国内の教育と公共的訓育を一任される団体を設ける」（第一条）と規定し、帝国大学を教員団として発足させる。続いて、一八〇八年のデクレが、帝国大学の組織を具体的に規定する。まずそれは、帝国大学の行政機構を、ほぼ次のように定める。すなわち、その中央の機構は、大学の行政一般に広範な権限を行使する皇帝任命の大学総長（grand-maître）とその諮問機関兼大学成員の懲戒機関である大学評議会（conseil de l'Université）からなる。一方、地方は、控訴院管区と同数の学区（académie）をそれぞれ総括する総長任命の学区長（recteur）、およびその諮問機関兼学区の懲戒機関である学区評議会（conseil d'académie）によって構成される。大学の教育施設——学部、リセ、コレージュ、アンスティテュシヨン、パンシヨン、小学校——は、これら学区に所属し、学区長のほか、学区視学官（inspecteurs d'académie）と中央派遣の総視学官（inspecteurs généraux）から、その行政、教育、風紀の全般について厳重に監督される。つまり、帝国大学は、その組織の末端にいたるまで総長の意志を反映しうるように、中央集権的な全国的機構をあたえられるのである。次に、帝国大学は基金、遺贈、贈与、教育施設固有の収入に基づく独自の経済的基礎をあたえられ、一種の財政的自治を享受する。第三に、それは学位、称号、職務に基づく階級組織と一定の義務条項を通じて、大学成員（membres de l'université）の団体として組織される。最後に、帝国大学は、学位授与権の独占と学校開設の認可権によって特徴づけられる。すなわち、学位は学部によってのみ授与され、また、教職に就くには所定の学位を、学校の開設には総長の認可を必要とするのである。こうして、帝国大学は、総長を頂点とする中央集権的な行政機構を完備し、財政的自治を享受し、また一定の独占権を行使する、大学成員の団体を形づくることになる。

ところで、そこには、異質的な二種類の要因の共存が認められる。ひとつは、アンシアン・レジームにおける旧大学の遺産の継承(5)、つまり、帝国大学が高等教育だけでなく中等教育も——原則としては初等教育も——包括し、また私立学校の開設を認可し、さらに学位授与権も独占する点である。他は、世俗的権力による教育権の管理という、大革命の定立した原則の援用、つまり帝国と同じく唯一不可分な帝国大学に対して教育権が委託される点である。この二つの要因の統合は、ほぼ次のように説明されることができよう。すなわち、ブルジョワジーを基盤として独裁制を形成していったナポレオンにとって、このブルジョワジーの要求に応えて、大革命の原則を借用することと同時に、また、その子弟を自らの政治体制への奉仕者として養成し[6]、いわば、教育を独裁制維持のための有力な武器とするには、旧大学の主要な側面を復活させることが必要であった、と。つまり、ナポレオンは、一方で帝国大学に教育権を委ねながら、また他方で、この教育権を学位授与の独占権と学校開設の認可権と転釈して、帝国大学を唯一の教育組織とし、さらに総長の任免権とその中央集権的機構を通じて、帝国大学を全面的に掌握する。次いで、そこにおける教育の基礎を、「皇帝、帝国……およびナポレオン王朝への忠誠」(第三八条)に求めて、教育を政治権力に対する忠誠の絆によって結び、こうして教育を自らの独裁制貫徹の具たらしめようとしたのである。――その意味で、帝国大学法はまた、共和暦一〇年法――ナポレオン体制への奉仕者の供給源とすべく、リセを設置し、そこにブルジョワジーの子弟を糾合しようとした――以来の教育政策の徹底と、その到達点を示すものでもあった。

この帝国大学法は、政治体制の変化とともに修正を受けることになる。そのうち主要なものだけでも、初等教育の自由(一八三三年)、中等教育の自由(一八五〇年)、高等教育の自由(一八七五年)、財政的自治の廃止(一八三四年)等々、枚挙にいとまがない。しかし、それにもかかわらず、帝国大学法は、全国的な行政機構の組織、国立学部による学位授与権の管理、学位制度と学部の復活、師範学校の組織等を通じて、十九世紀以降のフランスの教育組織を、その大綱において決定したものといえよう。

一　帝国大学の名の下における教員団の創設に関する法律

一八〇六年五月一〇日(7)

第一条　帝国大学（Université impériale）の名の下に、全帝国内の教育と公共的訓育を一任される団体を設ける。

第二条　教員団（corps enseignant）の成員は、民事上の特定な時間的義務を負う。(8)

第三条　教員団の組織は、立法院の一八一〇年度の会期に、法律の形式で提案する。(9)

二　大学の組織に関するデクレ

一八〇八年三月一七日(10)

第一章　大学の一般的組織

第一条　全帝国内の公共の教育は、大学に一任される。

第二条　いかなる学校も、またどのような知育施設も、帝国大学外に、また帝国大学の長の認可なしに設置することはできない。

第三条　何人も、帝国大学の一員たることなく、また、その学部のひとつによって学位を授与されていないかぎり、学校を開設し、また、公けに教育を行うことはできない。ただし、神学校[11]（séminaires）における知育は、各所属教区の大司教と司教に依存する。これらは、神学校の校長と教授を任命し、また罷免する。なお、大司教と司教は、われわれの認可する神学校規則に服さなければならない[12]。

第四条　帝国大学は、控訴院と同数の学区[13]（académies）によって構成される。

第五条　各学区に所属する学校[14]は、次の順序とする。

（一）学部（facultés）――高度な学術と学位の授与を目的とする。

（二）リセ（lycées）――古代語、歴史、修辞学、論理学、および数学・物理学初歩の教育を目的とする。

（三）コレージュ（collèges）、すなわち、公立中学校――古代語の初歩および歴史と科学の初歩的原理の教育を目的とする。

（四）アンスティテュシヨン（institutions）、すなわち、初等科教員（instituteurs）私個人の経営する学校――コレージュのそれに近い教育を行う。

（五）パンシヨン（pensions）、すなわち、教師私個人に所属する寄宿学校――アンスティテュシヨンのそれを超えない程度の教育に従事する。

（六）小さい学校（petites écoles）、すなわち、小学校――読み方、書き方、算数初歩を教える。

第二章　学部の構成

第六条　帝国大学に、次の五種類の学部[15]を置く。（一）神学部、（二）法学部、（三）医学部、（四）理学部、（五）文学部。

第七条　学区首邑の司教または大司教は、総長（grand-maître）に神学博士を推薦し、教授はこのうちから任命される。各推薦は、少なくとも三名について行うものとし、これらの間で選抜試験を行い、それに基づいて神学部の全成員により決定が下される。(16)――総長は、上記の通り、大司教または司教の推薦する博士から、はじめて、学部長および教授を任命する。――その他の学部の学部長および教授は、総長がはじめて任命する。――最初の組織以後、これらの学部における教授の空席は、選抜試験に基づいてあたえられる。

第八条　首都大司教座聖堂と同数の神学部(17)を置く。なお、改革派教会のそれは、ストラスブールとジュネーヴに(18)、各一学部を置く。――各神学部は、少なくとも、教授三名によって構成する。ただし、生徒の数に鑑みて必要の認められるときには、この定員を増加する。

第九条　これら三名の教授のうち、一名は教会史、他の一名は教義、最後の一名は福音的道徳《モラール・エヴァンジェリック》を教授する。

第一〇条　各神学部の筆頭に学部長を置く。学部長は教授から選任する。

第一一条　現行の法学校は、同一名称の一二の学部を構成し、その位置する郡が該当する学区の所属とする。これらは、今後とも、共和暦一二年風月二二日の法律および同年補足日第四日のデクレによって組織されつづける。

第一二条　現行の医学校五校は、同一名称の五つの学部を構成し、その置かれている学区の所属とする。これらは、共和暦一一年風月一九日の法律の定める組織を維持する。

第一三条　学区首邑の各リセに、理学部を設置する。該当するリセの数学の首席教授は、必ずこれに所属しなければならない。さらに、数学の教授一名、博物学の教授一名、第三に物理・化学の教授一名の、教授三名をこれに加える。リセの校長および学監も、これに加わるものとする。――これらの教授のうち、一名は学部長となる。

第一四条　パリにあっては、理学部は、コレージュ・ド・フランス（collège de France）の教授二名、自然史博物館（muséum d'histoire naturelle）の教授二名、エコル・ポリテクニク（école polytechnique）(19)の教授二名、およびリセの数学の教授二名の結集によって組織される。――これらの教授のうち、一名は学部長に任命される。その所在地は、文学部のそれと同じく、大学の長が定める。

第一五条　学区首邑の各リセに、文学部を置く。[20] これは、リセの文学の教授およびその他二名の教授によって組織される。――リセの校長および学監も、これに加わることができる。ただし、学部長は、はじめの成員三名から選任される。――パリにあっては、文学部は、コレージュ・ド・フランスの教授三名およびリセの文学の教授三名によって組織される。――その所在地は、パリ理学部の議事録保管地と同じく、大学の長が定める。

第三章　学位、学部、および学位取得の方法

第一節　学位一般

第一六条　各学部の学位は、次の三種類とする。すなわち、バシュリエ号（baccalauréat）、学士号（licence）、および博士号（doctorat）である。[21]

第一七条　学位は、試験と公開審査《アクト・ピュブリック》ののち、学部が授与する。

第一八条　学位は、大学成員（membre de l'université）の資格をあたえない。ただし、これらは、その資格の取得に必要とされる。

第二節　文学部の学位

第一九条　文学部のバシュリエ号[22]の試験に受験を認められるには、（一）少なくとも一六歳に達し、（二）リセ上級の学級で教える全事項に答えなければならない。

第二〇条　同学部の学士号の試験に受験するには、（一）取得後一年を経過したバシュリエ証書を提出し、（二）所定の時間内に、一定の主題について、ラテン語およびフランス語で論文を作成することを必要とする。

第二一条　文学部において、博士号は、学士証書を提示し、二種類の論文――ひとつは修辞学と論理学に関するもの、他は古代文学に関するものとし、とくに前者は、ラテン語で作成し、また支持しなければならない――を審査に付すこと(23)によってしか取得することができない。

第三節　理学部の学位

第二二条　理学部のバシュリエ号は、文学部で同名の学位を取得ののち、算数、幾何、直線三角法、および代数とその幾何への応用について答えることによってしか授与されることができない。

第二三条　理学部の学士号を授与されるには、静力学と微分・積分学について答えることを必要とする。

第二四条　当学部の博士号を授与されるには、二つの論文を審査に付すことを必要とする。ただし、これらは、下記の学問のうち、本人がその教育に志すことを申告するところに応じて、力学と天文学、あるいは物理学と化学、あるいは博物学の三部門のいずれかに関するものとする。

第四節　医学部および法学部の学位

第二五条　医学部と法学部の学位は、この種の学校に対して定める法律および規則に則って授与を続ける。

第二六条　一八一五年一〇月一日以降、法学部および医学部においては、少なくとも、文学部のバシュリエの学位を所持することなくしては、バシュリエ号の試験に合格しえないものとする。

第五節　神学部の学位

第二七条　神学バシュリエ号の試験に受験を認められるには、（一）二〇歳に達し、（二）文学部のバシュリエであり、（三）神学部のひとつで三年間学業を修めることを必要とする。バシュリエ証書は、公開の論文を審査に付したのちにしか取得することができない。

第二八条　神学学士号の試験に受験するには、少なくとも取得後一年を経過したバシュリエ証書を提出しなければならない。——当学部の学士号は、二つの公開の論文を審査に付したのちにしか授与されることができない。なお、論文のひとつは、必ず、ラテン語で作成しなければならない。——神学博士号を授与されるには、最終的な一般的論文を審査に付さなければならない。

第四章　大学成員の間に定める序列——職級、および職務に伴う称号

第一節　職員の職級

第二九条　帝国大学職員の職級は、下記の順序とする。

職級	行政職	教育職
第一等級	総長（grand-maître）	
第二等級	法官（chancelier）	
第三等級	財務官（trésorier）	
第四等級	終身評議員（conseillers à vie）	
第五等級	一般評議員（conseillers ordinaires）	

第六等級　大学視学官（inspecteurs de l'université）
第七等級　学区長（recteurs des académies）
第八等級　学区視学官（inspecteurs des académies）
第九等級　学部長（doyens des facultés）
第一〇等級　学部の教授（professeurs des facultés）
第一一等級　リセの｛校長（proviseurs des lycées）
第一二等級　　　　　学監（censeurs des lycées）
第一三等級　リセの教授（professeurs des lycées）
第一四等級　コレージュの校長（principaux des collèges）
第一五等級　アグレジェ（agrégés）[24]
第一六等級　コレージュの教官（régents des collèges）
第一七等級　アンスティテュションの校長（chefs d'institutions）
第一八等級　パンシヨンの校長（maîtres des pensions）
第一九等級　生徒監（maîtres d'études）[25]

第三〇条　帝国大学の最初の組織以後、職員の任命は、職級の順序に従うものとし、それゆえ、何人も、より下級の地位をへることなく、新しい地位に迎えられることはできない。――また、これらの職は、知識と善行に対して、帝国大学最高の職級に到達する希望をあたえる経歴を形づくるものである。

第三一条　右に列挙した職務の遂行には、各種の学部において、これらの職務の性質と重要性に応じた学位を取得することを必要とする。[26]（一）　生徒監およびパンシヨンの校長の職は、文学部でバシュリエの学位を取得した者しか、これに就くことができない。(二) アンスティテュションの校長となるには、文・理両学部のバシュリエであることを必要とする。(三) コレージュの校長と教官、リセ[27]の第六・第五学級、第四・第三学級のアグレジェと教授は、言語を教えるか、数学を教えるかに応じて、文学部あるいは理学部のバシュリエの学位を所持しなければならない。(四) リセの第二・第一学級のアグレジェと教授は、担当する学級に関係する学部で、学士号を授与されていなければならない。(五) リセの文学級と数学級のアグレジェと教授は、文学部または理学部の博士でなければならない。(六) リセの学監は、これら両学部の学士でなければならない。(七) リセの校長は、文学部の博士の学位に加えて、理学部のバシュリエの学位を所持しなければならない。(八) 学部の教授と学部長は、それぞれ該当する学部の博士でなければならない。

第二節　職務に伴う称号

第三二条　学位を所持する大学の職員の間に、その顕職を区別し、また教育に対して尽くされた功績に報いるため、敬称を設ける。――この称号は三種類とする。すなわち、(一) 本官 (titulaires)、(二) 大学勲章受勲者 (officiers de l'université)、(三) 学区勲章受勲者 (officiers des académies) である。

第三三条　これらの称号は、(一) 総長の授ける年金、(二) 勲章――左胸部に二葉の棕櫚を刺繍したもの――を伴う。なお勲章は、本官は金糸、大学勲章受勲者は銀糸、学区勲章受勲者は青と白の絹糸で刺繍する。

第三四条　帝国大学の本官は、次の順序とする。(一) 大学総長、(二) 大学法官、(三) 大学財務官、(四) 大学終身評議員。

第三五条　権利上の大学勲章受勲者は、大学一般評議員、大学視学官、学区長、学区視学官、学部長および教授とする。――また、大学勲章受勲者の称号は、その才能と功績から最も推薦に値するリセの校長、学監、および最上級の二学級の教授に対しても、総長によって授与されることができる。

第三六条　権利上の学区勲章受勲者は、リセの校長、学監、および最上級の二学級の教授、ならびにコレージュの校長とする。――また、学区勲章受勲者の称号は、リセのその他の教授、およびコレージュの教官とアンスティテュシヨンの校長に対しても、これら各種の職員が抜群の功績によってこの殊勲に値する場合には、総長によって授与されることができる。

第三七条　上記の称号をもたないリセの教授およびアグレジェ、コレージュの教官、アンスティテュシヨンの校長は、パンシヨンの校長および生徒監と同じく、大学成員の称号のみを帯びるものとする。

第五章　大学所管の学校における教育の基礎

第三八条　帝国大学所管のすべての学校は、教育の基礎を次の点に求めるものとする。（一）カトリック教の掟。[28]（二）皇帝、人民の福利の保障者たる帝国、および、フランスの統一と憲法の宣言する自由主義理念の保護者たるナポレオン王朝に対する忠誠。（三）知育の画一化をその目的とし、また、国家のために、彼らの宗教、君主、祖国、および家族と堅く結ばれた市民の形成を目ざす、教員団規約（statu du corps enseignant）への服従。（四）すべての神学の教授は、一六八二年のフランス僧族宣言[29]に含まれる四個条の命題に関して、同年の王令の規定に服する義務を負う。

第六章　大学成員の負う義務

第三九条　一八〇六年五月一〇日の法律第二条の明文に従って、帝国大学の成員は、その就任に際し、彼らを教員団に結びつけるべき民事上の特定な時間的義務を宣誓の上で負う。

第四〇条　大学成員は、大学の規約および規則の厳格な遵守を誓わなければならない。

第四一条　大学成員は、われわれの役務と教育の福利のために総長が命ずるあらゆる事項に関して、総長に服従を約さなければならない。

第四二条　大学成員は、のちに定める形式によって総長の承認を得てのちにしか、教員団とその職務を去らないことを誓わなければならない。

第四三条　総長は、大学成員からその義務を解除し、また、大学成員に教員団を去る許可をあたえることができる。総長の拒絶にもかかわらず、大学成員において大学を去る決意の堅固な場合、総長は、二か月おきに引き続き三度請願が繰り返されたときには、本人に解任許可証（lettre d'exeat）を交付しなければならない。

第四四条　これら正規の手続きを踏むことなく教員団を去った者は、大学名簿（tableau de l'université）から削除され、また、この除名（radiation）に伴う罰を受ける。

第四五条　大学成員は、総長からの正式の許可なく、公または私の有給の職務に就くことができない。

第四六条　大学成員は、公共の知育施設において認知しえたかぎりで、教員団の教義と原則に反するすべての事項を、総長およびその属僚に通報する義務を負う。

第四七条　職責および義務の違反に伴う懲戒は、次の通りとする。（一）謹慎（arrêts）、（二）学区評議会における訓告（réprimande）、（三）大学評議会における戒告（censure）、（四）降等、（五）俸給の全額またはその一部の剥奪を伴う、あるいはこれを伴わない、一定期間の停職、（六）免職（réforme）、または、退職年金より少額の俸給を伴う停年以前の退職（retraite）。最後に、大学名簿からの除名（radiation）。

第四八条　除名を受けたすべての個人は、いかなる公職にも就くことができない。

第四九条　罰と職責に反する不法行為との関係は、種々の職に応ずるこれら罰の段階と同じく、規約によって定める。

第七章　大学総長の職務および権限

第五〇条　帝国大学は、総長が統括し、また統督する。ただし、総長の任免はわれわれが行う。[30]

第五一条　総長は、行政職、およびコレージュとリセの講座に対して任命を行う。同じく総長は、学区勲章受勲者と大学勲章受勲者を任命し、また教員団の内部におけるあらゆる昇任をつかさどる。

第五二条　総長は、大学評議会の定める選抜試験の様式に基づいて学部の講座を獲得した者を任命する。

第五三条　総長は、給費の全額または一部を得るために競争した生徒を、リセに任命し、また配置する。

第五四条　総長は、教育を行い、また、知育施設を開設する許可を総長に請願する大学の学位取得者に対して、規則が求める条件を満たしているときには、この許可をあたえる。

第五五条　総長は、（一）知育施設、とくにパンシヨン、アンスティテュシヨン、コレージュおよびリセの一覧表、（二）学区勲章受勲者と大学勲章受勲者名簿、（三）勤務状況によってその資格を認められた教員団成員の昇進順名簿を提出の上われわれの裁可を仰ぐため、内務大臣によって毎年われわれに紹介される。[31] 総長は、学年度の初め、これらの表を公布する。

第五六条　総長は、評議員三名の意見を徴した上、自治体が経営するコレージュの教官と校長、およびリセの職員と教授を、一学区から他の学区へ転任させることができる。

第五七条　総長は、譴慎、訓告、戒告、降等、および停職（第四七条）に相当する由々しい職責の怠慢を犯した大学成員に対して、これらの罰を課する権利をもつ。

第五八条　総長は、試験により、また、学区長の署名する学部の好意的報告に基づき、合格を批准する。この批准を拒否すべきと考える場合には、総長は、これをわれわれの内務大臣に一任するものとし、内務大臣は、これをわれわれに報告し、われわれが、国務院において、適切とみなされる方針を決定する。——総長は、規律維持の上でその必要を認めるときには、学位取得のための試験のやり直しを求めることができる。

第五九条　学位、称号、職務、講座、概して帝国大学のすべての職は、大学印璽を捺印した総長の授ける証書によって、この団体の成員に授与される。

第六〇条　総長は、各種の学校に対して規律維持規則を授ける。なお、この規則は大学評議会が討議する。

第六一条　総長は、この評議会を召集し、また主宰する。また、総長は、次の諸章に定める通り、学区評議会の評議員と同じく、その評議員を任命する。

第六二条　総長は、知育施設の収支状況に関して報告を受け、これを財務官を通じて大学評議会に提出する。

第六三条　総長は、その権限に属する決議および大学評議会の決議を公示し、また公布する権利をもつ。これらの決議は、このデクレに添付する範例に従って、棕櫚をくわえた鷲を表す大学印璽が捺印されなければならない。

第八章　大学法官および財務官の職務および権限

第六四条　総長の次席に、帝国大学本官を二名置く。法官の称号をもつ者一名、財務官の称号をもつ者一名とする。

第六五条　法官および財務官の任免は、われわれが行う。

第六六条　これらは、総長の不在に際し、その職級の序列に従って評議会を主宰する。

第六七条　法官は、大学の記録および印璽の保管と管理に任ずる。法官は、総長および大学評議会の発するすべての決議に署名し、またすべての職務に対して授与される証書に署名する。法官は、本官、大学および学区勲章受勲者、ならびに宣誓義務を負うすべての職員を総長に推薦する。法官は、第一二章に定める大学成員総年鑑（grand registre annuel des membres de l'université）の編纂を監督する。

第六八条　財務官は、とくに大学の収入と支出に任ずる。財務官は、全帝国内で大学の収益として徴収される賦課金が忠実に大学会計に払い込まれるよう監視し、大学職員の俸給と年金の支払命令を発し、リセ、コレージュ、および各学区のすべての施設の会計を監督する。なお財務官は、これに関する報告を、大学総長と評議会に提出しなければならない。

第九章　大学評議会

第一節　評議会の組織

第六九条　大学評議会（conseil de l'université）は評議員三〇名をもって構成する。

第七〇条　これら評議員のうち一〇名は、大学終身評議員あるいは大学正評議員（conseillers titulaires de d'université）とし、六名を視学官から、また四名を学区長から選任する。――その認可はわれわれが行う。――一般評議員二〇名は、視学官、学部長と教授、およびリセの校長から採用する。

第七一条　各年度の評議会を補足すべき一般評議員二〇名の名簿は、毎年、総長が作成する。

第七二条　終身評議員となるには、少なくとも二〇年間大学団に在職し、五年間学区長または視学官の任にあり、この資格で評議会に列した者であることを要する。

第七三条　事務総長は、一般評議員より選任し、総長が任命する。これは評議会議事録の作成にあたるものとする。

第七四条　大学評議会は週二回、または、総長がその必要を認めるときには、二回以上招集される。

第七五条　評議会は、討議に際して、五部門に分かれる。――第一部門は学業の状況とその完成、第二部門は学校の行政と治安、第三部門は学校の会計、第四部門は訴訟、第五部門は大学印璽業務にそれぞれ専従する。——各部門は、総長の委託する問題を検討し、その報告を評議会に対して行い、評議会はこれを審議する。

第二節　評議会の権限

第七六条　総長は、各種の段階の学校に対して作成されうるすべての規則および学則案の討議を、評議会に提案する。

第七七条　学部、リセ、およびコレージュの治安、会計、および一般的行政に関連する一切の問題は、評議会が裁定する。また、評議会は、大学財務官の報告に基づいて、これらの学校の予算を決定する。

第七八条　評議会は、上級者からの告訴および下級者からの抗議を裁定する。

第七九条　評議会のみが、免職および除名の宣告に相当する違反《デリ》の予審と審理に基づいて、大学成員にこれらの罰（第四七条）を課することができる。

第八〇条　評議会は、生徒が所持を許されたか、または所持を許されるべき書物、あるいは、リセおよびコレージュの図書館に備えられたか、または備えられるべき書物を公認し、あるいはこれを禁止する。また、評議会は、上記の学校における教育のために提案される新刊書を審査する。

第八一条　評議会は、巡察《ミッション》より帰還した視学官から報告を聴取する。

第八二条　学区、および学区管内の学校の一般的行政に関連する係争事件、および、とくに職務上、大学成員に関係するそれは、大学評議会へもたらされる。討議を尽くしたのち、絶対多数で採択された決定は総長が執行する。ただし、決定に対する上告は、われわれの内務大臣の報告に基づいて、われわれの国務院に対して行うことができる。

第八三条　総長の提案により、またわれわれの内務大臣の推薦に基づき、大学評議会の委員会は、諸規則の改訂と法律の解釈に基づく決定を促すため、われわれの国務院に加わることができる。

第八四条　大学評議会の議事録は、毎月、われわれの内務大臣に送達されなければならない。なお、評議員は、評議会採択の意見とその見解を異にするときには、同議事録にその理由の記載を求めることができる。

第一〇章　学区評議会

第八五条　各学区の首邑に、評議員一〇名をもって構成される評議会を設置する。評議員は、学区職員および学区勲章受勲者中より、総長が指名する。

第八六条　学区評議会（conseils académiques）は、学区長が主宰する。これらは、月二回、または、学区長が適当と認めるときには、二回以上招集される。視学官（inspecteurs des études）は、学区首邑に在留するときには、これに列席する。

第八七条　学区評議会の取り扱う事項は、（一）各学区管内の学校の状況、（二）これらの学校の規律、財政、あるいは教育の上で発生しうる弊害とその対策、（三）管内の学校一般、または管内在住の大学成員に関係する係争事件、（四）これら大学成員の犯す違反、（五）管内に所在するリセとコレージュの会計検査、とする。

第八八条　これら評議会の議事録と報告は、学区長が総長に送達し、総長はこれを大学評議会へ通達する。大学評議会は、これに基づいて、指摘のあった弊害についてはその対策を講じ、また第七九条に定める通り、違反および不法行為については書面による予審によって審決するため、審議を行う。学区長は、学区評議会の議事録に個人的見解を附加することができる。

第八九条　パリにあっては、大学評議会が学区評議会の機能を兼ねるものとする。

第一一章　大学視学官および学区視学官

第九〇条　大学総視学官（inspecteurs généraux de l'université）は、総長が任命し、大学勲章受勲者から選任される。ただし、その定員は、少なくとも二〇名以上とし、また三〇名を超えることができない。

第九一条　総視学官は、学部と同じく五部門に分かれる。総視学官は、特定の学区に所属することなく、総長の命によって、学部、リセ、およびコレージュの学習と規律の状況を査察し、教授、コレージュの教官、および生徒監の服務と能力を確認し、生徒を審査し、また最後に、これらの行政と会計を監督するため、交互に学区を巡察する。(32)

第九二条　総長は、何らかの重要事件を審理し、また予審する必要のあるときには、特命視察の目的で、大学視学官以外の評議員を学区に派遣する権利を有する。

第九三条　各学区に、学区視学官を一名ないし二名置く。これらは、学区長の命によって、所轄管内の学校、とくにコレージュ、アンスティテュシヨン、パンシヨン、および小学校の巡察と監督を担当する。これらは、学区長の推薦に基づいて、総長が任命する。

第一二章　学　区　長

第九四条　各学区は、総長の直接の命令の下に、学区長が統督する。総長は、学区長を任期五年をもって任命し、学区勲章受勲者から選任する。

第九五条　学区長は、総長が有益とみなすかぎり、再任されることができる。――学区長は、学区首邑に居住しなければばならない。

第九六条　学区長は、学部の試験と合格に立ち会う。学区長は、学位取得者の証書に署名し、また交付する。ただし、これら証書は、引き続いて、総長の批准を待つものとする。

第九七条　学区長は、学部長、リセの校長、およびコレージュの校長から、その施設の状況について報告を受ける。また、学区長は、とくに風紀の粛正と支出の節減の見地から、これらの施設の行政を指導する。

第九八条　学区長は、特定の学区視学官を学校、とくにコレージュ、アンスティテュシヨン、およびパンシヨンの視察と監督にあたらせ、また、学区長自らも、可能な限り頻繁に巡察を行うものとする。

第九九条　各学校は、学区長の命令によって、年鑑を作成し、これに各行政官、教授、アグレジェ、コレージュの教官、および生徒監は、その姓名、年齢、出生地、および、本人が占めた地位と本人が学校で果たした職務を、各欄ごとに、自筆で記載する。――学校の長は、これら年鑑の副本一部を学区長に送達し、さらに学区長は、これを大学法官に届ける。法官は、これら学区の一覧をもとに、該当年度の総年鑑を作成させ、これは大学文書館に保管されるものとする。

第一三章　リセ、コレージュ、アンスティテュシヨン、パンシヨン、および小学校に授与する諸規則

第一〇〇条　総長は、大学評議会に対して、リセおよびコレージュに関する現行の諸規則を再検討し、討議し、また布告するよう求める。これらに加えられうる変更または修正は、次の規定に則らなければならない。

第一〇一条　将来、大学の組織の完了後に、リセの校長および学監、コレージュの校長および教官、ならびにこれらの学校の生徒監は、独身を守り、また、共同生活《ヴィ・コミューヌ》に服さなければならない。[33]――リセの教授は、結婚することができる。ただしその場合には、これらの教授は、リセ外に居住することができる。独身の教授は、リセに居住し、また共同生活を利

用することができる。——いかなるリセの教授も、パンシヨンを開設し、またリセ外で公開の授業を行うことができない。ただし、教授が、それぞれ、リセの授業を受ける生徒一名ないし二名を自宅に寄宿させることは差し支えない。

第一〇二条　女子は、何人といえども、リセとコレージュの屋内に居住し、また立ち入ることができない(34)。

第一〇三条　アンスティテュシヨンの校長およびパンシヨンの校長は、その施設を運営する能力を証明する証書を大学の総長から授与されることなく、職務を遂行することはできない(35)。この証書は、有効期間を一〇年とし、更新することができる。彼らは、いずれも、総長が大学評議会において審議し、また決定させたのち、彼らに適用する規則に服するものとする。

第一〇四条　いかなるものも、趣意書および綱領を学区長と学区評議会に提示の上、その同意を得ることなしには、履習、規律、および寄宿条件を公示する目的で、また、学校における生徒の訓練に関して、印刷され、また公刊されてはならない。

第一〇五条　学区長の提案に基づき、視学官の意見を徴し、また、学区評議会からの通報により、総長は、大学評議会に諮問してのち、重大な弊害、および、大学の宣言するところに反する原則の認められるアンスティテュシヨンおよびパンシヨンを閉鎖することができる。

第一〇六条　総長は、帝国のあらゆる地域において、可能なかぎり画一的に教育を授け、また、学業の向上に裨益する競争心を生むために、各種の学校に割り当てるべき知育の諸段階に関係する問題を大学評議会に討議させる。

第一〇七条　大学は、小学校において読み、書き、および計算の初歩概念を教える術が、すべての人間に必須なこれらの基礎知識を易しく、また、正確に伝達するに足る識見を備えた教師によってしか今後行使されることのないよう、さまざまな措置を講じるものとする。

第一〇八条　この趣旨により、各学区のコレージュまたはリセに、ひとつないし複数の師範級（classes normales）を設置する[36]。そこでは、読み、書き、算数を教える術を完成するのに最も適した方法が解説されるものとする。

第一〇九条　キリスト教学校修士会[37]（Les frères des écoles chrétiennes）は、総長によって認可され、また奨励される。総長は、その会則に署名し、修士会に宣誓を許し、これに特定の着衣を規定し、またその学校を監督させる。――これら修道会の会長は大学成員となることができる。

第一四章　大学の職員および教授の更新様式

第１節　候補生（aspirants）および師範学校（école normale）

第一一〇条　パリに全寮制師範学校（pensionnat normale）を一校設置する。その定員は、青年三〇〇人までとし、これらは、文学と科学の教授法上の訓練を受けるものとする。

第一一一条　視学官は、毎年、審査と選抜試験に基づき、その進況と善行の最も恒常的、かつ行政と教育に最大の適性を示す者の中から、少なくとも一七歳以上の一定数の生徒を、リセより採用する。

第一一二条　この選抜試験を受ける生徒は、教育界（carrière de l'université）にはいることについて、父親または後見人の同意を得なければならない。これらの生徒は、少なくとも一〇年間教員団にとどまることを誓約することによってしか、全寮制師範学校に入学することができない。

第一一三条　これら候補生は、文学を教えることを志望するか、または種々な部類の科学を教えることを志望するかに応じて、コレージュ・ド・フランス、エコル・ポリテクニク、あるいは自然史博物館の授業を聴講する。

第一一四条　候補生はこれらの授業のほか、上記の専門学校で教える課業を復習し、物理学と化学の実験を行うため、また、教授法の訓練を受けるために、最古参かつ最優秀の同窓生の中から選ばれた復習教師[38]（répétiteurs）を寮内であたえられる。

第一一五条　候補生は、全寮制師範学校に二年以上在学することができない。同校において、候補生は、大学の費用により扶育され、また、総長が大学評議会に討議を求める規則に従って、共同生活に服する義務を負う。

第一一六条　全寮制師範学校は、学区長身分の終身評議員四名中、その一名の直接の監督下に置かれる。この者は、学内に居住し、またその下に、学業指導教官一名を擁するものとする。

第一一七条　毎年リセより採用し、パリ全寮制師範学校へ進学させる候補生の員数は、コレージュおよびリセの状況と需要に鑑みて、総長が規正する。

第一一八条　候補生は、二か年の全寮制師範学校在学期間中、もしくはその終了時に、パリの文学部または理学部で学位を取得しなければならない。候補生は、学区に奉職するよう、総長により順次促されるものとする。

第二節　アグレジェ

第一一九条　リセの生徒監とコレージュの教官は、リセ教授資格を得るため、相互に競争することを許される。

第一二〇条　アグレジェ選抜試験[39]に必要な審査様式は、大学評議会がこれを定める。

第一二一条　リセの教授の後任となるのに十分な数のアグレジェを、継続的に採用する。ただし、その員数は教授の数の三分の一を超えることができない。

第一二二条　アグレジェは、年俸四〇〇フランを支給され、本人がリセの講座に任命されるときまでこれを得る。アグレジェは、総長によって各学区に配属され、病欠の教授を代行する。

第一五章　名誉退職および各種退職

第一二三条　第二九条に定める最初の一五等級に該当する大学職員は、勤続三〇年ののち、名誉退職《エメリット》を宣告され、大学評議会が種々の職務に応じて定める退職年金を得ることができる。――三〇年を超える勤務年数は名誉退職者に支払われ、その退職年金の二〇分の一を増すものとする。

第一二四条　退職年金は、大学の何らかの職務に伴う俸給に累積されることができない。

第一二五条　大学の費用によって名誉退職者を収容し、また扶養することのできる養老院《メゾン・ド・ルトレット》を設置する。

第一二六条　大学職員は、その職務の遂行中に疾病に冒され、以後継続して職務を行うのを妨げられたときには、名誉退職期の以前でも、上記の養老院に収容されることができる。

第一二七条　上記の条項の事例に該当する六〇歳以上の旧教育同業組合の成員は、その資格を総長に申告の上、総長の決定を待って、大学の養老院に収容されるか、または年金を得ることができる。

第一六章　制　服

第一二八条　大学の全成員に共通な制服は、左胸部に青色の絹糸で棕櫚を刺繍した黒衣とする。

第一二九条　コレージュの教官および教授は、授業に際して、黒色の平織薄布の長衣を着用する。長衣の左肩には、肩章を佩用する。ただし、その色は、学部に応じて、またその縁取りは、学位にのみ応じて異なるものとする。

第一三〇条　法学および医学の教授は現行の制服を維持する。

第一七章　大学の収入

第一三一条　公教育に所属する、台帳記載の定期収入《ラント》四〇万フランを帝国大学の基金とする[40]。

第一三二条　神学部、文学部、および理学部の学位授与のために支払われるすべての謝礼金は、大学会計（trésor de l'université）に払い込まれる。

第一三三条　法学校および医学校において、試験と合格のために徴収する賦課金の一〇分の一は、上記会計の収益として徴収される。なお、残余の一〇分の九は、これらの学部の支出に充当されつづける。

第一三四条　帝国のすべての学校において、各生徒がその教育のために支払う謝礼金の二〇分の一は、大学の収益として徴収される。――この徴収は、各学校の長によって行われ、これら学校の長は、少なくとも三か月毎に、帝国大学財務官に対してこれを決算する。

第一三五条　生徒の教育のために支払われる謝礼金に寄宿料が含まれる場合、各寄宿生につき大学会計に徴収すべき額は、学区評議会が定める。

第一三六条　大学評議会の提案に基づき、また公共行政規則の採用する形式に従い、大学法務局（chancellerie de l'université）が発行する総長署名の一切の証書、免状、許可証等に対し証明料を設ける。この証明料の全額は、大学会計に払い込まれる。

第一三七条　大学は、公共行政規則に規定する形式に従い、大学に対して行われる贈与（donations）ならびに遺贈（legs）を受けることができる。

第一八章　大学の支出

第一三八条　法官および財務官は、それぞれ、一五、〇〇〇フラン
評議会事務総長は　一〇、〇〇〇フラン
終身評議員は　一〇、〇〇〇フラン
一般評議員は　六、〇〇〇フラン
視学官および学区長は　六、〇〇〇フラン
の年俸を得るものとする。
なお、巡察費は別途に支給される。

第一三九条　諸学区に設置される文学部と理学部の年間維持費として、それぞれ年額五千フランから一万フランまでを支給する。

第一四〇条　師範学校の候補生三〇〇名の扶育費、教授の俸給、およびその他の支出のために、年間三〇万フランの資金を提供する。

第一四一条　養老院の維持と退職年金の支払いのための総額は、初年度においては、一〇万フランと定める。――以後の各年度に関しては、総長が大学評議会においてこの資金を規正する。

第一四二条　帝国大学の収入のうち、支出支払い後の剰余額は、総長が、（一）とくに勤務および大学団の原則の遵奉の面で最も卓越した大学団成員の年金として、（二）大学の基金を増すための有利な投資として、これを使用する。

第一九章　一般的規定

第一四三条　われわれにより、全帝国内の公共の訓育と知育の配慮を一任された帝国大学ならびに総長は、あらゆる種類の教育を完全なものとし、また教本の編纂を促進するために、不断に努めるものとする。これらは、常に科学教育が既得の知識水準に遅れることなく、また、体系の精神《エスプリ・ド・システーム》が科学の進歩を阻むことの決してないよう、とくに監督しなければならない。

第一四四条および最終条　われわれは、人民の知育のために大学成員が果たす偉大な奉仕に対して、特別な形で感謝の意を表明し、またこれに褒賞をあたえる権利、および、大学評議会または総長の発するあらゆる決定、規約もしくは決議を、国家の福利に有益と認める都度改正する権利——これは、われわれの評議会が採択するデクレにより行う——を留保する。

第二章　「高等教育の自由に関する一八七五年法律」に関するラブーレ委員会法案と国民議会

——高等教育の自由の原則をめぐって——

はじめに

本章は現代[*]フランス高等教育法制の基本的原理のひとつである「国の学位授与権、国立学部による国定学位の授与[1]」の成立過程の一端を、高等教育の自由の原則との関連の下に考察しようとするものである。

大革命以降、フランスの学位制度は二つの段階をへる。専門学校の発足から帝国大学にいたる時期[2]、および初期第三共和政下における一八七五〜八〇年代の時期がこれである。前者は、国家免状としての国定学位の発足、国立学部による学位授与の独占、および高等教育の国家独占の成立をもってその特徴とし、後者は、高等教育の自由の確立、および、国立学部による学位授与の独占の再確認をその特色とする。

ところで、国の学位授与権・国立学部による学位授与の独占という原則は、すでに国立総合大学の組織の時点において、教学上の画一化を招くことが懸念されていたのであるが[3]、とくに現代にあっては[*]、（一）国立大学の教学上の自治の拡大[4]、（二）大学学位の拡充や大学学位と国定学位との中間的学位（grades homologués）の新設[5]、（三）私学と国立間における交流[6]、等々の面から再検討を迫られている。そこで、国の学位授与権・国立学部による学位授与の独占という原則をめぐる、こうした状況を顧みるとき、現代フランス[*]の学位制度の直接的基盤をなす第三共和政期の法制の成立過程を考察することが必要と思われる。

学位制度に関連する第三共和政期の法律は、一八七五年七月二五日「高等教育の自由に関する法律」[a]（同二七日付け官報に公布）、および、一八八〇年三月一八日付け同名の法律（同三月一九日付け官報に公布）である。前者は王党派勢力、したがってまた、親カトリック教会勢力の顕著な国民議会で採択されたもので、高等教育の自由の確立、および、国立学部による独占的学位授与の解消をその特色とする。これに対して、後者は、議会における共和派の優位がほぼ確立された時点で可決され、高等教育の自由の原則に関しては一八七五年法律を継承するが、学位授与については国立学部の独占を再確認するものである。ただ、法律の名称そのものにも見られる通り、これらの法律は高等教育の自由を対象とし、学位授与権の問題を直接の対象とするわけではない。学位授与権の問題は、高等教育の自由の原則をめぐる具体的措置のひとつ——その最も重要な措置のひとつ——として提出されるのである。そこで、この時期における学位授与権の問題は、高等教育の自由の原則を背景として把握されることが不可欠と思われる。

したがって本章では、高等教育の自由の原則を提起する一八七五年法律を中心として、一、本法律にいたる高等教育の自由の運動の展開の概要、二、本法律の原案作成にあたったエドゥアール・ド・ラブーレ（Edouard de Laboulaye）委員会提出の法案における高等教育の自由観と学位授与観、三、国民議会の一般討論における、高等教育の自由の原則をめぐるカトリック教会と共和派の立場を明らかにし、さらに、学位授与に関する委員会と共和派の見解の分岐点を把握することを試みたい。

一　高等教育の自由の運動

（１）高等教育の自由の運動の展開

高等教育の自由を確立する試みは、すでに一八三〇年憲章および一八四九年のモレ（Molet）院外委員会[7]に認められる。ただ、この運動が最高潮に達したのは、ルイ・パストゥール（Louis Pasteur）やエルネスト・ルナン（Ernest Renan）らの提言[8]を通じて高等教育改革への潮流が高まった自由主義帝政期のことである。一方ではカトリック教会が、ローマの指令に基づき[9]、初等教育・中等教育の自由に続いて高等教育の自由を獲得すべく、反国家独占のキャンペーンを開始する。彼ら聖職者は、国立学部の沈滞を批判するのみならず、そこにおける教育の原理を非難し、こうした高等教育を復興するには、カトリック教会の協力が不可欠であるとして、「公共的道徳、社会秩序、良心の自由、学問の進歩」[10]の旗幟の下に、高等教育の自由を要求するのである。こうして一八六七年には、高等教育の自由が上院に請願され、上院も、最終的にはこれを却下したが、彼らの要求する自由にある種の共感を禁じえなかったと伝えられる[11]。他方、政府当局も、高等教育の自由に対して必ずしも敵意をもつものではなかった。一八六三年には、時の公教育大臣ヴィクトル・デュリュイ（Victor Duruy）が、皇帝ナポレオン三世に対し、高等教育の自由に関する法律案作成の勅許を仰ぎ、一八六七年一二月一三日には、その原案が枢密院の十人委員会の審議に付されている[12]。さらに、一八七〇年には、上院議員となったデュリュイが、高等教育の自由に関する法案を上院に提出している。しかし、カトリック教会の高位聖職者らが、高等教育に関してファルー（Falloux）法を再現し、高等教育の自由の名の下に、高等教育の独占を国家と共有することを意図したのに対して、デュリュイの意図は、私立高等教育機関との競合による国立学部の振興、権威主義的帝政期に課された束縛（たとえば、公的教理信奉の義務）からの解放、および、私立高等教育機関との競合に耐えうる諸保障の賦与（教授の地位および公的資格授与の特権の強化）にあった[13]。すなわち、デュリュイは、国家とカトリック教会による独占の共有よりもむしろ、自由主義的文教政策の一環として、国立学部の振興を意図していたといえよう。したがって、高等教育の自由という同一の表現によりながらも、教会側と政府側のあいだには、根本的な相違が存在していたといえる。一八七〇年三月一日、帝政最後の公教育大臣スグリ（Segris）の下で、高等教育の自由について決定的な提案を試みるべく院外委員会が発足したとき、その背後には、このような基本的不一致が隠されていたのである。

（2） ギゾー委員会

この院外委員会は、自由主義者フランソワ・ギゾー（François Guizot）を委員長とし、王党派のド・ブローイ（de Broglie）、テュロー＝ダンジャン（Thureau-Dangin）、自由主義者のプレヴォ＝パラドル（Prévost-Paradol）、ラブーレ、聖職者のP・カプティエ（P. Captier）、アドルフ・ペロー（P. Adolphe Perraud）を含む二六名で構成された[14]。この委員会は、国立学部による高等教育の独占を廃止するという意味で高等教育の自由を確立するという目的に関しては、基本的合意にいたる。だが、そうした表面的合意の背景には、二重の潜在的不一致が見られた。まず第一は、高等教育の自由を高等教育の内的側面からとらえるか外的側面からとらえるか、という対立がこれである。前者は、「自由」をもって高等教育内部に自由を導入すること、と解する立場であり、相対的にはデュリュイの企図の延長上にあるといえよう。この立場は、委員会に意見を求められたルナンに代表されるが、委員の大多数の同意を得るにはいたらなかった。元来、高等教育の自由の運動の主たる担い手がカトリック教会であり、教会が要求してきたのは、私立教育機関の開設権であったから、委員会の趨勢は、高等教育の自由を個人の権利とみなし、国立学部に対する私立高等教育機関の開設権と解する方向に赴いた。すなわち、「委員会は、自覚的にか無自覚的にかはさておき、高等教育の自由に、国家とは別に高等教育施設を開設する権利を看取したのである」(15)。

だが、高等教育の自由＝高等教育機関の開設権と解するとき、高等教育にとって最も根本的な問題のひとつが提起されざるをえない。すなわち、従来、国立学部が独占してきた学位授与権が、私立施設にも賦与さるべきか否か、という問題がこれである。

委員会は、この問題をめぐって、二つの陣営に分裂する。まず、学位授与と高等教育の自由とは全く別のものと見る、大学人出身の委員を中心とした立場がある。彼らによれば、執政政府の下で復興された学位は単なる学業証明書ではなく、職業適任証でもある。この学位＝職業適任証を、社会の全体的利益の擁護を目的として、従来のギルドに代わって授与するのは国家であり、国立学部は、国家によって付託された公的役務として、学位授与権を行使している。したがって彼らは、学位授与と私立機関の開設権とは論理的に無関係である、と説く。これに対して、カトリック聖職者を中心とする陣営は、私立施設の学位授与を、高等教育の自由の必然的帰結として要求する。すなわち、学位を授与する者が試験を支配し、試験の支配者は、学課課程・学説・教授法の支配者である。したがって、学位授与が私立施設に認められないならば、私立施設における教育は国立のそれに準拠せざるをえなくなる。さらに、学位授与権をもたない私立施設は、精神的権威においても現実的効用においても、国立学部に劣るという印象をあたえることになる。以上の理由で、彼らは、学位授与を伴わない高等教育の自由は、形式的自由、教育の自由の虚構にすぎないとするのである。

学位授与を高等教育の自由の必然的帰結とみなすか、それとも、自由とは無関係とみなすか、というこの二陣営の対立裡で、まず委員会は、この対立を解消しようと試みる。すなわち、学位を廃止し、国の職業試験をもって代えようとするド・ブローイ案がこれである。だが、この案は、国立学部と私立施設間の平等を実現する上では長所をもつが、職業国家試験の審査委員会および試験の学課課程が国家によって組織され、試験の主導権を握るのは常に国家である、という点、とくに、国立学部の教授で組織される審査委員会と国の任命する審査委員会との間には本質的相違は存在しない、という点を指摘される。いうなれば、この案は、「学部に具現された国家」(État-faculté)よりも「行政組織としての国家」(État-administration)[16]を信頼する、ということにすぎない、として退けられる。

結局、委員会が採択したのは、ギゾー提出の妥協案、「特設審査委員会」(jury spécial)方式であった。この折衷的方式は、国立学部の審査委員会と、国立学部の教授も私立施設の教授も加えられない特設審査委員会とを並設し、国立学部の学生は従来通り国立学部の審査委員会のみに出頭するが、私立施設の学生は、これら二つの委員会のいずれかに出頭しうるとするものである。対立する二陣営の妥協によって成立したこの折衷的方式によって、ギゾー委員会は最大の難関であった学位問題にひとまず決着をもたらし、一八七〇年六月二八日、高等教育の自由を施行するための諸規定および国立高等教育の改革のための要望を盛り込んだ答申を採択する。[17]しかし、この答申は、普仏戦争と第二帝政の崩壊に伴う混乱のために、上院で審議されるにはいたらなかった。だが、ギゾー委員会の答申は、高等教育の自由を私個人の高等教育機関開設および教育の権利の観点から取り扱った点において、国民議会が発足させたラブーレ委員会の基本的枠組となっただけでなく、また、学位授与権は高等教育の自由の系か否かをめぐる両極的対立が、妥協と折衷によってしか解決されえないことを示した点において、国民議会における論争をも先取していたのである。

二　ラブーレ委員会提出の法案

ギゾー院外委員会の作成した法案は、普仏戦争の敗戦とコミューンに伴う政局の混乱の中で忘れ去られるかに見えた。だがそれは、国民議会総選挙（一八七一年二月八日）に基づいてティエールの臨時政府が成立（二月一三日）してからまもなく、いわゆる保守的共和政期の議会でとり上げられる。すなわち、一八七一年七月三一日、国民議会議員ジョベール伯（le comte Jaubert）はこの法案を採択するよう提案し[18]、この提案の検討を委ねられた議員立法第六委員会は、ジョベール伯の提案を容れるよう議会に答申する[19]。こうして、同年一二月三一日「ジョベール伯提案の、高等教育の自由に関する法案」の検討委員会が発足した。すなわち、サン＝マルク＝ジラルダン（Saint-Marc-Girardin）を委員長とし、デジャルダン（Desjardin）（事務局長）、パスカル・デュプラ（Pascal Duprat）、ヴァロン（Wallon）、ビダール（Bidard）、ドゥロルム（Delorme）、デュ・ギロー（du Guiraud）、シューレル＝ケストネール（Scheurer-Kestner）、アドネ（Adnet）、バルドゥ（Bardoux）、デバッサン伯（le comte Desbassayns de Richemont）、ロベール・ド・マッシー（Robert de Massy）、ラブーレ（委員長の死によって、途中から委員長に就任）、フーリエ（Fourrier）、ジュール・フェリー（Jules Ferry）の一五名をもって組織された委員会がこれである[20]。

この委員会は、ギゾー委員会答申を参照しつつ審議し、ほぼ二年後の一八七三年七月二五日、「高等教育の自由に関する法律」の法案[a]を国民議会に提出した。以下に、「委員会報告」に基づきつつ、まず法案の主旨を明らかにしておきたい[21]。

委員会提出の法案は三節二三条からなり、高等教育の自由の原則の確認、独立講座の自由、私立高等教育施設に対する公益性の認可、ならびに、私立施設に対する学位授与権の法律による認可をその骨子としている。

(1) 高等教育の自由の原則

委員会報告は、まず冒頭で、「君主をもって自分の子どもを恣に規制する家父とみなす君主制的理念」や、「市民を共和国の奴隷とみなす古代的伝統」、あるいは、「大学」をもって「政治的、道徳的見解へ誘導する手段」とするナポレオン的理念を退け、委員会が自由主義的国家観に立つことを明らかにする。もちろん、この立場は、国家が教育に関与することを否定するものではない。「国家は教育に関心を払う権利および義務を負う」。だが、「国家は、良心の自由に干渉し、地方の発展を阻害し、競争を排することによって学問の停滞を招くような、独占を享受する権利をもたず」、その本来の任務は「一般的安全」の保証と「私的自由の保障」にある[22]。委員会は、高等教育の自由をこの「私的自由」の一環として把握し、これをさらに明確に、「共通の権利としての自由」と規定する。この点で、委員会はギゾー委員会の基本的立場を継承・発展させたものといえよう。

(2) 私立高等教育施設 (établissements)、コンフェランス (conférences)、独立講座 (cours isolés) の自由

高等教育の自由＝個人の共通の権利の立場から、私立高等教育機関の開設およびその教育権は、女子を含むあらゆる成人に対して認められる。ここで注目すべきは、開設の主体が、個人のみならず、結社、県、およびコミユーンに拡げられている点である。この点に、高等教育機関の創設が個人を超えた組織に依拠する必要性、および、芸術・文化の伝統的パリ集中に対する、地方分権化（décentralisation）の必要性に対する委員会の認識を看取することができる。

開設される機関は、施設、コンフェランス、および独立講座である。施設はほぼ国立学部に対応し、国立学部に相当する諸条件を満たす場合には、それぞれ設立主体に応じて私立、県立、自治体立学部の名称を許される。ただ施設は、教授陣容あるいは学課課程の面で制約を受ける可能性がある。この欠陥を補い、直接的な社会的効用に左右されることなく新しい諸学問を普及・発展させるために、委員会は独立講座を提案する。それのみならず、この独立講座は、個人の権利から出発して高等教育の自由を構想する委員会の意図を具現するものとして、予定される諸機関中に中枢的な地位を占めるものである。

委員会は、高等教育の自由の行使を全面的に保証しようとする。施設および講座の開設は、学区長もしくは学区視学官に対する申請のみで十分であり、申請に関する違法の審理は、行政当局ではなく司法当局に委ねられる。それは、委員会が、「……権利の濫用は罰せられるべきと考えるが、いかなる予防的、抑制的措置も自由の行使を妨げることのないよう望む[23]」ことによるものである。

（3） 高等教育施設あるいは結社（association）に対する公益性（utilité publique）の認可

フランスでは、大革命によるギルドの廃止以来、結社は禁止されてきた。だが、委員会によれば、英・米の大学にも見られる通り、大規模な施設は私個人の能力をはるかに超えた存在であり、多くの場合、結社によってしか創立・維持されえない。その意味で、結社は「自由の砦[24]」といえる。そこで委員会は、高等教育を目的とするものに限って結社を承認し、その活動を保証するために、法人格として構成する（公益性の認可）という、特別措置を提案する。この提案から、私立施設を積極的に育成しようとする委員会の意図を読み取ることができるが、そうした意図は、さらに、公益性認可の手続きにも認められる。すなわち、公益性の認可は、当該施設または結社の要求により、公教育最高評議会の意見に基づいて行政権によって行われるが、いっぽう、公益性の取り消しは法律によって行われる。そこに、公益性認可を容易ならしめるためのデクレ主義、抹消に際しては慎重たるべき法律主義、を看取することができよう[25]。

(4) 私立施設に対する学位授与権の付託

ギゾー委員会と同様に、高等教育の自由を高等教育機関開設の権利として扱うとき、学位授与は不可避の問題となる。

ところで、ナポレオン体制以来、学位は二重の性格を帯びてきた。すなわち、学業証明書であると同時に職業適任証でもある、という性格がこれである。学位が後者の性格をもつために、その授与権は国に帰属し、学位授与権を私立施設に付託するか否かは国の判断に依存する。したがって、論理的には、高等教育の自由は私立施設に対する学位授与権の付託に直結するものではない。しかし、国立学部のみが独占的に学位授与権を付託されるのに対して、私立施設はこれを認められないとすれば、それは条件の均等の原則に反し、高等教育施設としての威信や就学上の現実的効用、あるいは学位審査料等の収入面で、その存続にかかわる問題となる。そこで委員会は、学位授与権の問題を、現実的には「〔高等教育の〕自由の必然的帰結[26]」とみなし、私立施設に学位授与を認める方策を検討する。

まず第一に、学位授与権に関する伝統的原理との矛盾を回避する方法が検討される。すなわち、学位の職業適任証という側面を廃止する、効用廃止論がこれである。この場合、職業の全面的自由を認めるか、あるいは国家による職業試験を創設するか、のいずれかであるが、前者の方法は、国が公共的責任を果たさないという根本的欠陥をもつ。また、後者の場合には、試験の主体たる「国定審査委員会」(jury d'État)は、国立学部の審査委員会と大同小異の構成になるであろうし、そのメンバーを職団から選任するとしても、学問的水準の維持、あるいは学問とは無関係な政治的考慮の介入の可能性、という面で難点がある。

そこで委員会は、学位の二重性を保持しつつ私立と国立間の条件の平等を実現する方法を検討する。すなわち、(1)混合審査委員会方式、(2)特設審査委員会方式、がこれである。(1)はすでにベルギーで実施されていた方式で、私立大学と国立大学の教授をもって構成される同数委員会方式である。ただ、この方式は、国立学部、市立学部、カトリック系学部が予想されるフランスでは、委員会構成が複雑化すること、また、ベルギーの先例では、学力水準の低下が生じたこと等の理由により、採択されない。(2)はギゾー委員会の採択した方式であるが、これも現職教授の排除という点で、職団の成員をもって国定審査委員会を組織する方式と同じ欠陥を胎んでいる。結局、委員会の過半数の同意を得て採択されたのは、法律によって私立施設に学位授与権を付託する、という方式であった。すなわち、(i)国立学部を発足させるのは法律である、(ii)立法府は行政府よりも公正さの点では信頼性が高い、(iii)公権力の付託に関する決定は、諸外国においても立法府に委ねられている、等の理由によって、委員会はギゾーの妥協的方式を退け、公教育最高評議会の意見に基づいて、法律が私立施設に対する学位授与権の付託を決定する、という提案を試みるのである。

以上、委員会の法案は、高等教育の自由を個人の共通の権利として定位し、私立高等教育機関の活動を保障するために、結社・施設の公益性認可への道を開き、私立施設に対する学位授与権の付託を高等教育の自由の必然的帰結とみなしたのみならず、その決定を立法権に委ねた点で、ギゾー委員会の自由主義の立場を一層徹底したものといえよう。ただ、委員会は、単に高等教育の自由の確立のみにとどまるものではなく、私立高等教育機関との競合による国立学部の振興をも射程に入れていたと思われる。すなわち、委員会報告は、その結論において、ドイツ大学に見られる「諸学問の集中」と「不断の競合」を賞揚しつつ、高等教育に対する物的財産の賦与、その地方分権化および自治、ならびに、学部の結集による総合大学の組織を国に建議する。ラブーレ委員会は、高等教育の自由の確立を通じて、高等教育全体を賦活することを意図していたのである。

三　国民議会における一般討論

委員会提出の法案の審議は一八七三年一一月一〇日に予定されていたが、実際に第一回審議が開始されたのは、委員会報告より一年数か月後の一八七四年一二月三日であった。第一回審議は一二月三、四、五日の三日間行われ、ポール・ベール（Paul Bert）、エミール・ボーシール（Emile Beaussire）、デュパンルー（Dupanloup）、シャルメル＝ラクール（Challemel-Lacour）、シュヴァンディエ（Chevandier）、バルドゥ、ルイ・ブラン（Louis Blanc）が順次一般討論を行った。(27) 内容から見ると、一般討論は、高等教育の自由をドイツ的な大学自治の角度から考察しようとする立場と、ギゾー委員会やラブーレ委員会に共通な、高等教育の国家独占に対する権利の見地から考察する立場に大別される。いうまでもなく、議会の大多数は、法案に対する賛否の如何を問わず、後者の立場をとり、前者の立場は、ポール・ベールに代表される限られた少数にすぎない。

（１）ドイツ的大学自治論（ポール・ベール、医学部教授、共和派）

ポール・ベールの立場は、高等教育の全面的改革の見地から、総合大学の自治に真の自由の具現を見出そうとするものである。もちろん彼は、「政治的理由やその他の見地から[28]」高等教育の自由を求める党派に属するものではなく、「あらゆる学説が生み出され、あらゆる学説が是認される[29]」高等教育の自由が、その他すべての自由と同様に認められるべきであるという意味で、高等教育の自由を積極的に支持する。だが彼は、この自由の実現に関して、委員会とは全く異なった方式を主張する。すなわち、彼は、権利の問題としての自由は、貧弱な国立学部に対する弱小私立学部の簇生か、「国立大学の競合による私立大学の圧殺[30]」をもたらすにすぎず、「競争は決して学問水準の向上をもたらしはしない[31]」と説き、国立と私立の競合による高等教育全体の発展という委員会の構想を批判する。それのみならず、競争は、実質的には、カトリック陣営と自由思想的、世俗的陣営へと国内世論をより深く分裂させる危険を胚胎している。むしろ、「高等教育の自由の真の実現は、教える自由と学ぶ自由(Lehr-u. Lernfreiheit)を備えた総合大学の組織にある[32]」と説くのである。

彼の総合大学構想は、ギゾーおよびヴィクトル・クーザン(Victor Cousin)以来の改革路線に立脚し[33]、近くはルナンの大学論に代表されているもので、共和派による共和国の確立後に推進される改革を先取しているといえる。ただ、この時期に組織される国立総合大学は、市民的権利としての高等教育の自由と国立学部に対する学位授与権の独占的付託を前提としているのであり、カトリック教会を中心とする権利要求の形で高等教育の自由が問題にされている現時点では、総合大学に自由の実現を見出すという彼の自由観は、到底受け入れられえない。

判するのである。[34]

委員長ラブーレも、ポール・ベールの自由観には深い共感を示しつつも、領邦の独立性の強いドイツとフランスとの政治組織の相違を指摘し、総合大学構想は市民的権利としての自由の問題に直接答えるものではない、と批判するのである。[34]

（2） 権利としての高等教育の自由

これに対して、一般討論の大多数は、高等教育の自由を権利の観点から考察する。それらは、（1）賛成論、（2）原則的反対論、（3）時機上の理由による反対論、（4）条件つき賛成論に大別されうる。

⑴ 賛成論

オルレアン司教デュパンルーは、議会右翼の支持の下に、若干の点を除いて法案を支持する。

彼は、フランスの学問と高等教育の「嘆かわしい現状」[35]の因を、高等教育の国家独占と中央集権に求める。彼によれば、高等教育の復興には「予算」のみならず「競争」と「魂」[36]が必要であり、そのためには、高等教育の自由を通じて、教会の協力を可能にすることが不可欠である。しかも、こうした教会の参画は、中世以来、教会の伝統的権利であり、その意味で、この法案は「補償的法案」[37]である。デュパンルーは、この法律によって教会の権利が回復され、君主政と教会の間の「伝統的連帯」[38]が復興される必要性を説くのである。だが、デュパンルーの立場は、賛成討論の形をとっているけれども、その主旨においては、委員会の自由主義的見地とは似て非なるものであった。まず、彼の「自由」は、ポール・ベールのいう、個人の権利としての「立証されうるすべてのことを講ずる自由」ではなく、道徳的に制約された自由にすぎない。[39] さらに、高等教育に対する教会の参画を、「大革命の暴政と不敬虔」[40]によって退けられた教会の歴史的使命の回復とし、したがって、この法案は「補償的法案」であるとするとき、大革命の確立した市民的自由の一環として高等教育の自由を解する委員会の見解とは原理的に異なる。最後に、君主政と教会の「伝統的連帯」の復興の主張にいたっては、ラブーレの真意を解したものとはいえないであろう。

デュパンルーに代表される教会の見解と委員会の自由主義的法案とを隔てる距離は、国民議会におけるデュパンルーの盟友シェヌロン（Chesnelong）の率いる「カトリック委員会」（Comités catholiques）の動きを見るとき、なお一層明らかになる。すなわち、ラブーレ委員会報告が提出されるや、非妥協的カトリック精神の支配するパリの「カトリック委員会」は、一八七三年一一月二一日付け回状により、委員会報告の批判を試みるよう地方の全「カトリック委員会」に指令を発し[41]、さらに、翌一八七四年四月に開催された総会では、イエズス会士マルキニー（Marquigny）神父の起草した「七か条の請願」が満場一致で可決される[42]。ところで、この「七か条」は、共通の権利としての高等教育の自由を全面的に拒否し、教会の高等教育機関が学位授与に関して国立学部と全面的に対等な権利をもつことだけでなく、教会の施設が特典を得ることをも求めるものであった[43]。しかも、この「七か条」は、「今や、教皇が大学を通じて真実の諸原理を高等教育に蘇らせ、社会の上流階級の思想的指導権を掌握する好機[44]」という政治的認識、ならびに、カトリック大学の創立をもってローマの教義の普及の武器とするという布教的意図[45]に基づいていたのである。

「カトリック委員会」のこの非妥協的立場に比べれば、デュパンルーの主張はなお妥協の余地を残すものといえる[46]。だが、君主政および教会の権利の復興を基調とする彼の賛成討論が、カトリック教会のみの特権としての自由、国家と教会による自由の独占を本来意図するものであったことは否定できないであろう。

これに対して、次の二つの反対討論は、法案がカトリック教会に裨益する点を指弾するものである。

(2) 原則的反対論

これは社会主義者ルイ・ブランの一般討論に代表される立場である。ルイ・ブランは、高等教育の自由の原理そのものを問題にするのではなく、市民的諸自由さえ宣言されていない現段階で高等教育の自由のみがとり上げられることに、議会右翼王党派の親教会的な政治的底意を看取し、法案に反対するのである(47)。

(3) 時機上の理由による反対論

ルイ・ブランが、高等教育の自由のみがとり上げられること自身を指弾するのに対して、高等教育の自由を実質的に享受しうるのはカトリック教会のみである、という観点から批判を展開する立場がある。すなわち、シュヴァンディエおよびシャルメル＝ラクール（文学部教授、共和派）の一般討論がこれである。

シュヴァンディエによれば、この法律が自由の名において規定する諸措置、とくに結社の公益性認可と私立施設への学位授与権の付託を現実に活用しうる組織は、カトリック教会以外には存在しない。しかも、この法案の「自由」とはカトリック教会の意図する「自由」である。ところで、教会のいう「自由」とは、ある医学部教授に対する「唯物論者」という批判からも明らかなように、ポール・ベールのいう「立証されうるすべてのことを講ずる」自由ではなく、「不寛容」にすぎない。したがって、この法案は、「自由」の名の下に、カトリック教会の利益を意図するものにほかならない。

シュヴァンディエがこの法案に親教会的意図を指摘するのに対して、シャルメル＝ラクールは、とくに、現在の政治情勢において「自由」がもたらす結果の重大さを指摘する。まず第一に彼は、フランスの精神的統一性に対する危険を懸念する。すなわち、高等教育の意義は単に知的職業人を養成することだけでなく、民族の中核たるべき「中産階級」の育成にある。ところで、高等教育の自由によって教会に独占の共有を許すならば、初等教育から高等教育にいたるカトリック教会の教育系統が完成し、中産階級は、カトリック教会の精神の浸透した層と世俗的精神を涵養された層とに両極分解することになる。第二に、大革命の原理に則った市民政府に対する危険が指摘される。すなわち、カトリックの聖職者らは、第一回ヴァチカン公会議によって支持された『シラブス』(Syllabus) に見られる通り、大革命と市民的諸自由を断罪している。ところで、教会の高等教育の原理は、この『シラブス』に依拠する。そこで、教会の高等教育施設は、「真の秩序に到達するには、われわれの近代社会の基盤たる諸原理と戦い……破壊することから始めなければならないと信ずる人びとの輩出する温床となるであろう」[48]。それはとりもなおさず、大革命以来の原理に立脚する市民的政府そのものの危機にもつながるのである。第三に、ヨーロッパの政治的趨勢にたいする逆行が指摘される。すなわち、彼は、「世俗的精神」の台頭こそ現代ヨーロッパの趨勢であるにもかかわらず、この法案の親教会的措置はこの趨勢に逆行するものである、と説く。

以上の三つの危険を指摘し、シャルメル＝ラクールは、カトリック聖職者が近代市民社会の原理と和解するまで、高等教育の自由の検討を控えるべきである[49]、と主張するのである。

ルイ・ブランの反対論はさておき、カトリック教会を代表するデュパンルーの主張と共和派のシャルメル＝ラクールやシュヴァンディエの主張との間には、和解しがたい対立が認められる。すなわち、前者は、国家とカトリック教会による高等教育の独占を目ざし、「復権としての自由」、「国・私競合の利益」、および「君主政と教会の提携」を標榜する。これに対して、後者は、「自由」の背後にある教会の意図を察知し、「反自由」、「国・私競合による中産階級の精神的分裂の危機」、および「世俗的精神」を旗幟に法案に反対し、第二回審議への移行を阻止しようとする。

だが、自由の原則をめぐるこの対立は、ラブーレの真意を解するものではない。ラブーレによれば、この対立は、教会陣営と自由思想陣営《リーブル・パンスール》がそれぞれ「閉ざされた場」[50]に跼蹐することに起因するのである。彼によれば、「自由」には三種類の解釈がありうる[51]。まず第一は、多数の議員に見られるものであるが、「高等教育の自由をもって、学部を設置し国立学部と競争する権利」とする狭義の解釈である。この解釈では、「高等教育の自由は、国家と若干の私立学部間における独占の共有」にすぎない。第二の解釈は、ポール・ベールの主張したドイツ大学に見られる種類のものである。だが、ラブーレは第三の解釈を主張する。すなわち、「独立講座の自由」に具現される、「宗教・出版の自由と同質の」、「個人の教える権利、自分の思想を伝達する権利に発する」自由、「共通の権利としての自由」[52]がこれである。

ラブーレは、上記の対立が「自由」の狭義の解釈に依拠することによるものであるとし、そうした対立を解消するために、双方が「共通の権利としての自由」の立場に立つ必要性を説く。この「自由」の解釈をとるならば、「すべての人にたいする自由」であるかぎりで、「教会がその分け前を得ることは至極当然であり[53]」、教会がその自由をカトリック教会の布教的目的・政治的意図のために利用するならば、大革命を支持する側も、そのための施設を作る自由をもちうるのである。さらに、シャルメル＝ラクールやポール・ベールの指摘する「中産階級の分裂」や「世論の分裂」についても、ラブーレは、「この分裂は束縛があるから生じる。われわれに自由を話させ行動させるならば、ひどく分裂しているように見える人びとも相互に認め合える[54]」として、いわゆる「世論の分裂」が「自由」によって解消されうる、と説く。したがって、シャルメル＝ラクールの主張するように、「聖職者が近代社会の原理と和解するまで待つ」ことが必要ではなく、「共通の権利としての自由」をすすんで承認することこそ、「聖職者を近代社会と和解させる手段」なのである。すなわち、高等教育の自由をめぐる賛成論と反対論の対立、あるいは、反対論の指摘する「世論の分裂」は、「共通の権利としての自由」によって解消されることができる。自由をめぐる対立の解決を自由そのものに求めることこそ、「国内の平和[55]」への道であり、「死における統一」ではなく「光明の中における統一[56]」への道だとするのである。

「共通の権利としての自由」に基づく「協調」(concorde) というラブーレの立場は、教会に対する国家の関係に関する考察にも明瞭に現われている。彼によれば、教会に対する国家の態度は、教会に権力をあたえるか、教会を支配するか、あるいは、教会に自由をあたえるか、のいずれかである。歴史の教えるところでは、最初の二つは失敗に終わらざるをえない。したがって、取るべきは、第三の道、すなわち、「すべての市民にあたえられる平等な自由を教会にも認めること[57]」なのである。

ラブーレの、いわゆる「教会と自由思想の対立の解決を自由そのものに求める[58]」という立場は、高等教育の自由の原則に関して、カトリック教会とシャルメル＝ラクールら共和派急進グループとの共軛点たろうとするものである。だが、「共通の権利としての自由」を積極的に支持しつつも、委員会法案に対して明確な一線を画する立場がある。温健共和派のバルドゥとボーシール（文学部教授）の一般討論に見られる、条件付き賛成論がこれである。

(4)　条件付き賛成論

ボーシールとバルドゥの一般討論は、前者がとくに結社の公益性認可をとり上げ、これを私立施設に対する特権的措置として批判する点で、後者と異なる。しかし両者は、高等教育の自由を市民的自由の一環として積極的に承認するが、学位授与は高等教育の自由の系ではない、とする点で全面的に一致する。

バルドゥによれば、高等教育の自由は良心の自由に基づき、何よりもまず家父《ペール・ド・ファミーユ》に属するもので、国家に優先する。これに対して、国家は監督者あるいは、教育手段の不十分さを補う補足者として介入するにすぎない。したがってバルドゥは、「共通の権利としての自由」を全面的に支持する。「だが、学位授与は高等教育の自由と何ら共通点をもたない[59]」という。すなわち、フランスの学位は学業証明書であると同時に、一定の自由業および公職に就くための職業適任証であり、国家は社会に対して学位所持者の適性を保証する。したがって国家は、「社会的権力のこの部分を、国が認知し、任命し、監督し、必要に際して罷免する教授らに付託する」「合法的権利[60]」をもつ。それゆえ、学位の授与は高等教育の自由の系ではないのである。バルドゥとボーシールの一般討論は、委員会と同一の立場で「自由」を支持するものであるが、しかし、学位授与に関しては、これを「自由」の必然的帰結とみなし、法律に基づいて私立施設に学位授与権を付託しようとする委員会の提案とは鋭い対立を示している。この対立は、私立施設に対する学位授与権付託の結果に関する考察に、一層鮮明に現われる。すなわち、委員会が、私立と国立の自由競争は高等教育全体の発展に裨益する、という基本的前提に立脚しているのに対して、バルドゥやボーシールは、私立施設への学位授与権の付託に関して、そうした楽観的結果を期待しえない。彼らは、①すでにシャルメル＝ラクールやシュヴァンディエの一般討論にも見られたように、学位の威信および学業水準の低下を招くこと、②学位授与権を付託された私立施設が堕落する可能性があり、その場合にも、授与された学位を失効させえないこと、③学位授与権を付託されるに足る施設を設置しうる組織は、実質的にはカトリック教会のみであるから、私立施設間の不平等が前提されていること、といった問題点を指摘する。だが、彼らが最も懸念するのは、④行政・司法官《マジストラチュール》における「わが国の近代的法律の本質的基盤」、「公共的精神の統一性[61]」の崩壊の危険である。すなわち、委員会が、社会の精神的分裂は自由によって解消されうる、という楽観的認識に立つのに対して、温健共和派のバルドゥらは、私立施設に対する学位授与権の付託が公共的精神の統一性を破壊する可能性に危惧を抱くのである。したがって、委員会と温健共和派を隔てる一線は、学位授与が自由の系か否かという法的論理はともかく、私立施設への学位授与権の付託がもたらすであろう社会的、精神的結果の認識の相違にあったと思われるのである。

結び

以上、一八七五年法律の原案たるラブーレ委員会法案が、ギゾー委員会法案を継承して自由主義の立場に立つことを指摘し、さらに、この法案をめぐる一般討論の立場をそれぞれ明らかにした。ルイ・ブランとポール・ベールの所説を別とすれば、それらは次の様に要約されうる。まず、委員会法案は、教会と自由思想の対立の解決を自由そのものに求めようとする立場に立ち、共通の権利としての高等教育の自由、国立と私立の自由競争、および、法律に基づく、私立施設への学位授与権の付託を提案する。これに同調するカトリック教会は、復権としての自由、国立と私立の自由競争、および私立施設に対する無条件の学位授与権の付託を主張し、ローマの教義の普及と国内指導者層の掌握、すなわち、カトリック化を意図する。これに対して、共和派の態度は二つに分裂する。すなわち、シャルメル＝ラクールらの急進的グループ[62]は、自由の背後に教会の意図を察知して、反自由、反自由競争、世俗化を主張する。一方、バルドゥら温健派グループ[63]は、共通の権利としての自由を積極的に支持するが、学位授与に関しては、国立学部による独占の維持を説くのである。

ところで、高等教育の自由の原則に関しては、温健共和派は、共通の権利としての自由の立場に立つ委員会案を支持し、カトリック教会もまたこれに一応加担する。これに対して、共和派急進的グループおよび社会主義者らは原案反対の態度を堅持する[64]。一方、学位授与権の付託の問題に関しては、三つの立場が認められる。すなわち、私立施設に対する学位授与権の無条件の付託を求めるカトリック教会、法律に基づく付託を提案するラブーレ委員会原案、および、国立学部の学位授与権独占を説く温健共和派がこれである。これらの立場は、学位授与権を自由の系と見るか否かによって、二つの立場に分かれる。すなわち、温健共和派は、学位授与権が自由の系ではないとする純粋に法的な論理に拠り、反自由競争を唱えるその他の共和派と同一の立場に立つ[65]。これに対して、学位授与権をもって自由の必然的帰結とみなす委員会の立場は、カトリック教会の教育施設にも学位授与の可能性を認めるという意味で、教会の要求を容れうる立場にあるといえよう。だが、学位授与権の付託が自由の系か否かという選択の背後には、思想的相違が存在している。すなわち、カトリック教会側は、『シラブス』を原理とする高等教育によって、「社会の上層階級の思想的指導権を掌握する」ことを目ざし、これは、王政を志向する正統王朝派の利害ともほぼ一致するものである。この教会の意図に対して共和派は、「中産階級」、ひいては、官界・法曹界の意識が親教会的（王党的）陣営と自由思想陣営に分裂することに市民社会の危機を看取し、「公共的精神の統一性」を志向しようとする。一方、委員会、とくにラブーレは、共和派の危惧する分裂が自由によって解消されるとし、共和派の意図する「公共的精神の統一性」は「暗闇の中における統一[66]」にすぎないと説く。共通の権利としての自由という原則に関しては同一の立場にあったラブーレ委員会と温健共和派を、学位授与権問題を通じて訣別させた契機のひとつは、国立学部による学位授与の独占を公共的精神の統一性の拠り所として堅持しようとするか[67]、それとも、自由競争がすべてを解決すると見るか、という認識の相違にあったのである。

第Ⅲ部　ドイツ大学という鏡

第一章　「講義」、「学生」

はじめに

　第三共和政初期における高等教育改革に際して諸外国の大学、とくにドイツ大学が参照されたことは周知の通りである。[1] いうまでもなく、大学を構成する要素はひとつの全体としてのシステムに依存し、しかもそのシステムそのものは、国民の知的、文化的、社会的習慣を指し示しているだけに、システムとしてのドイツ大学がフランスに移植されたわけではないであろう。[2] しかしながら、フランスにおける総合大学の組織に際して、ドイツ大学を範に移植されたと思われる具体的事例は、セミネール、講座併設のアンスティテュ、新しい学位、教授のカテゴリーの多様化、研究グループの発足、高等教育を対象とする叢書や教科書の出現等、枚挙にいとまがない。

　ところで、第二帝政末期におけるデュリュイの改革に始まり第三共和政初期における総合大学の組織にいたる一連の高等教育改革の遂行には、三つの次元が不可欠であった思われる。まず第一に、知的次元においては、帝国大学学制に淵源する教育・研究体制の限界の認識、およびこれを改革するための議論の沸騰である。第二に、政治的次元においては、上記の議論に基づいて高等教育改革を政策課題として遂行することである。第三に、理論的次元においては、改革における具体的諸措置を方向づけるに際し、諸外国の高等教育システム（とくに独、英、米）に関する調査に基づいてカウンター・モデルを創り上げることである。

最初の二つの次元に関しては、すでに研究が蓄積されてきた。[3] しかし、第三の次元の問題、すなわち、フランスと諸外国、とりわけドイツ大学との比較に基づくカウンター・モデルの創出については、十九世紀末の大学人や行政官によって頻りに論じられているにもかかわらず、[4] 組織的な研究の対象となることはなかった。[5] 彼らの言説が、独仏文化交流史の成果をとり入れつつ、改革の当事者たちのイデオロギーや彼らの深層における心性という観点から研究の対象とされるようになったのは、ごく近年のことである。[6]

本章は、普仏戦争以降に調査・研修の目的をもってドイツ大学に派遣された大学人について、彼らがドイツ大学をどのように見ていたかを、彼らの論説ないし報告に基づき、学問分野を横断して考察しようとするものである。

一　調査・研修報告

上記の考察にあたっては、ほぼ一八八〇年代から一九〇〇年代にかけて『国際教育評論』誌（*Revue internationale de l'enseignement*）およびその前身の「高等教育問題研究協会」[7] 誌『エチュード』（*Etudes*）に掲載されたドイツ大学派遣者の論説ないし報告（以下、報告と略称）をとり上げる。報告掲載の媒体として上掲誌をとり上げるのは、上掲誌が、（1）史料的性格から見ると、「外国の教育上の革新をフランスにおいて公にするだけでなく、外国の隣人たちにフランスの高等教育の成果について知らせることにある」（定款）[8] という趣旨に基づいて刊行され、当時高等教育に関する国際的情報誌として、フランス国内はいうまでもなく全欧的にも他に類を見ない貴重な集成となっていること、（2）思想的性格から見ると、「大学改革理念の形成と普及に最も力があり[9]」、積極的に改革の推進にあたった集団を思想的に代表する「高等教育問題研究協会」（Société pour l'étude des questions d'enseignement supérieur）および「高等教育協会」（Société de l'enseignement supérieur）によって刊行され、思想的統一性をもつのみならず、その寄稿者は改革の当事者と思想的に近い関係にあること、（3）媒体としての性格から見ると、上記協会の会員を中心とした広義における大学人を主たる読者としており、したがって、そこに掲載される論文は、専門的学術書における秘教的論説と通俗誌における啓蒙的論説[10]との中間的性格をもち、大学の場における世論の平均的コンセンサスを反映するものとなっていること、等によるものである。

検討の対象とした上掲誌所載の報告および内容は以下の通りである（「高等教育問題研究協会」誌『エチュード』および『国際教育評論』誌掲載順に整理〔　〕内は筆者補記）。

シャルル・セニョーボス（Charles Seignobos）（F・モンタルジ F. Montargis と共著）、「ゲッティンゲン大学」（*Le Bulletin de la Société pour l'étude des questions d'enseignement supérieur. Etudes de 1878*, 1878, pp. 159–217）。

ジョルジュ・プシェ（Georges Pouchet）、「比較解剖学コレクションの研究を目的とするドイツ派遣に関する報告」、（*Revue internationale de l'enseignement*, t. 1, 1881, pp. 486–503）。

Ⅰ〔比較解剖学コレクションおよび実験室の組織〕Ⅱ〔教育における比較解剖学と隣接生物諸科学との関連〕Ⅲ〔比較解剖学コレクションの施設および展示〕。

シャルル・セニョーボス（Charles Seignobos）、「ドイツ大学における歴史教育」（*Revue internationale de l'enseignement*, t. 1, 1881, pp. 563-600)。

第一章　聴講者、第二章　教授、第三章　教授内容、第四章　教授形態、第五章　歴史補助学、第六章　図書館、第七章　試験、第八章　教授の一般的性格。

マックス・コリニョン（Max Collignon）、「ドイツ大学における古典考古学の教育と石膏複製コレクション」（*Revue internationale de l'enseignement*, t. 3, 1882, pp. 256-270）。

Ⅰ　考古学教育　1　講座の数および性格　2　教授形態　Ⅱ　石膏複製コレクション　1　歴史　2　物的組織。

ガブリエル・セアイユ（Gabriel Séailles）、「ドイツにおける哲学教育」（*Revue internationale de l'enseignement*, t. 6, 1883, pp. 957-976）。

〔ドイツ大学の考察における基本的態度、ギムナジウムおよび大学における哲学教育、大学における哲学教育の内容、哲学教育の方法――講義、ゼミナール、フェライン――大学の教師養成に対する配慮、ひいては教育学への関心〕。

カミーユ・ジュリアン（Camille Jullian）、「ドイツ大学における歴史学および文献学のゼミナールに関する覚書」（*Revue internationale de l'enseignement*, t. 8, 1884, pp. 289-310）。

1　〔ゼミナールの定義〕　2　国家ゼミナールの組織。

カミーユ・ジュリアン（Camille Jullian）、「ドイツ大学における歴史学および文献学のゼミナールに関する覚書」（*Revue internationale de l'enseignement*, t. 8, 1884, pp. 403-424）。

3　私的ゼミナールの組織　4　教育におけるゼミナールの役割。

ジョルジュ・ブロンデル（Georges Blondel）、「ドイツ大学における法学教育について」（*Revue internationale de l'enseignement*, t. 9, 1885, pp. 433-451）。

Ⅰ〔大学の自治、教授のリクルート様式〕 Ⅱ〔教える自由・学ぶ自由〕。

ジョルジュ・ブロンデル（Georges Blondel）、「ドイツ大学における法学教育について」（*Revue internationale de l'enseignement*, t. 9, 1885, pp. 521-544）。

Ⅲ〔学業、学生生活〕 Ⅳ〔ゼミナール、ユープウンゲン〕。

ジョルジュ・ブロンデル（Georges Blondel）、「ドイツ大学における法学教育について」（*Revue internationale de l'enseignement*, t. 10, 1885, pp. 38-56）。

Ⅴ〔試験〕。

ジョルジュ・ブロンデル（Georges Blondel）、「ドイツ大学における法学教育について」（*Revue internationale de l'enseignement*, t. 10, 1885, pp. 89-103）。

Ⅵ〔政治学の教育〕 Ⅶ〔法学部における教育改革構想〕。

ジョルジュ・ブロンデル（Georges Blondel）、「ドイツにおける法学教育改革」（*Revue internationale de l'enseignement*, t. 13, 1887, pp. 8-21）。

エミール・デュルケム（Emile Durkheim）、「ドイツ大学における哲学」（*Revue internationale de l'enseignement*, t. 13, 1887, pp. 313-338）。

Ⅰ 教育組織に関する考察 Ⅱ 教授様式 Ⅲ 教材および教授の精神。

エミール・デュルケム（Emile Durkheim）、「ドイツ大学における哲学」（*Revue internationale de l'enseigne-*

ment, t. 13, 1887, pp. 423–440）。

Ⅳ　学生　Ⅴ　ゼミナール　Ⅵ　ヴントの実験室　Ⅶ　哲学「フェライン(11)」。

アベル・ルフラン（Abel Lefranc）、「ライプツィヒおよびベルリン大学における歴史教育に関する覚書」（*Revue internationale de l'enseignement*, t. 15, 1888, pp. 239–262）。

〔ライプツィヒ、ハレ、ベルリン大学〕。

レオン・ル・フォール（Léon Le Fort）、「ドイツとフランスにおける医学教授職」（*Revue internationale de l'enseignement*, t. 23. 1892, pp. 71–74（「ニュース」欄所載））。

モーリス・コルリー（Maurice Caullery）、「ドイツ大学における動物学」（*Revue internationale de l'enseignement*, t. 27, 1894, pp. 399–420）。

Ⅰ　〔動物学の教育〕　Ⅱ　〔動物学教育に関する独・仏比較〕　Ⅲ　〔動物学の研究組織〕。

ジョルジュ・ブロンデル（Georges Blondel）、「ドイツ大学における社会科学教育に関する覚書」（*Revue internationale de l'enseignement*, t. 29, 1895, pp. 133–145）。

L・ユグナンク（L. Hugounenq）、「ドイツとフランスにおける医化学の教育」（*Revue internationale de l'enseignement*, t. 33, 1897, pp. 97–105）。

エマニュエル・ド・マルトンヌ（Emmanuel de Martonne）、「ドイツ大学における地理学教育に関する覚書」（*Revue internationale de l'enseignement*, t. 35, 1898, pp. 251–262）。

Ⅰ　〔ドイツ大学の組織概要〕　Ⅱ　〔地理学教育の組織〕　Ⅲ　〔地理学教育の特色〕　Ⅳ　〔実用的結論〕。

ジャン・ブリュンヌ（Jean Brunhes）、「ドイツにおける地理学研究所と商業会議所」（*Revue internationale de l'enseignement*, t. 41, 1901, pp. 34-39)。ルネ・クリュシェ（René Cruchet）、「大学における医学」（*Revue internationale de l'enseignement*, t. 47, 1904, pp. 247-253（「教育通信　ドイツ」の項目所載））。

二　報告の主題および執筆者

（1）主　題

右記の報告は、発表時期から見ると、改革が集中的に展開される一八八〇～九〇年代にとくに集中しているが、その主題から見ると、個々の学問分野を超えて一大学を全体として対象とした報告と複数の大学にわたって執筆者自身の専門分野を対象とした報告とに大別される。

前者に関しては、モンタルジ（F. Montargis）との共著によるセニョーボスのゲッティンゲン大学に関する報告が挙げられる。『国際教育評論』誌およびその前身誌『エチュード』に掲載された個別大学に関する代表的モノグラフィーとしては、ドイツ大学の革新の揺籃となるゲッティンゲン、優れた地方的大学の代表としてのボンおよびハイデルベルクに関する報告があるが[12]、セニョーボスの報告は、これらドイツの地方的大学に関する報告の一環をなすものである。そこに、大学人としてのキャリアーを開始するにあたり、まず地方の大学やリセから始めなければならなかった若い世代の関心、すなわち、中央としてのパリによって圧倒されていた地方大学の復興に対する関心を看取することができる。

後者に関しては、報告数は一六篇に上る。全体として見ると、文学を主題とする報告が圧倒的に多く、理学、法学、医学を主題とする報告は少ない。まず、理学の分野では、動物学に関するモノグラフィー一篇が数えられるにとどまる。これは、理学にあっては、すでに一八七〇年代からシャルル・アドルフ・ヴュルツ（Charles Adolphe Wurtz）、パストゥール、あるいはマルスラン・ベルトロ（Marcelin Berthelot）といった代表的な学者によって世論に対する呼び掛けが行われていたこと[13]、および、学部における研究機能の必要性に対する認識がいち早く定着し、高等教育の教員と中等教育の教員との相対的分離も比較的早く進んでいたことによるものであろう[14]。法学に関する二篇は浩瀚ではあるが、同一人物の手になるものである。また、医学は四篇に上るが、そのうち一篇の執筆者はすでに地位を確立した、旧世代に属する自然史博物館教授（プシェ）であり、その他は、量的にごく短いだけでなく匿名の報告が含まれ、公表年代も遅い。これは、それぞれ該当する学部の改革の時期が遅く、この時点では、外国の状況にあまり関心が払われていなかったことによると思われる[15]。これに対して、文学を主題とする報告の圧倒的多さは、この時期にはとくに文学の分野においてドイツ大学に対する関心が深かったことを物語る。事実、改革に際して、この分野では、過去の遺産の重圧との熾烈な闘争が遂行されなければならなかった。すなわち、一方では、伝統的な古典人文学と強く結び付いた世論一般との闘争、他方では、希＝羅＝仏という学部およびリセにおける古典的三領域を代表し、旧套然たる高等教育観を墨守する人びととの闘争がこれである。それは、『国際教育評論』誌に古典文学を主題とする報告が全く見られない事実からもうかがわれる通りである。古典文学の専門研究者はドイツに学ぶべきものはないとし、アテネ・フランス学院やローマ・フランス学院で研修を行っていたからである。したがって、報告の主題は、文学の分野中でも、この三領域の支配からの解放を志向する被支配的学問分野（哲学、歴史学、考古学、地理学、社会科学、文献学）に限られている。伝統的アプローチからの解放を意図する被支配的学問分野に属する人びとのみが、ドイツ大学に対する批判的評価を試みるべくラインを渡ったといえようか。

（2） 執筆者（次頁、報告執筆者のプロゾポグラフィー（医学を除く）[16]を参照）

まず、年齢については、これら伝統的アプローチを刷新しようとした報告の執筆者たちは一八四九年から七三年にかけて誕生しており、執筆時点においては、高等教育終了後間もない二五歳（ド・マルトンヌ）から三三歳（コリニョン）の若い世代が中心である。したがって彼らは、ドイツ大学を礼賛したガブリエル・モノ（Gabriel Monod）に代表される世代と、そこに過去の遺産の余光のみを看取した世紀末におけるリュシアン・エル（Lucien Herr）とのほぼ中間に位置している[17]。

出身校は、ブロンデル（歴史学アグレジェ、法学博士）とルフラン（古文書学校）を除き、いずれも高等師範学校である。入学時の席次は一五位（ジュリアン）以内、アグレガシヨンは八位（ド・マルトンヌ）以内であり、古文書学校におけるルフランの入学、卒業席次も四位および六位である。彼らはエリート養成機関において将来を嘱望される学業成績優秀な学生であったといえよう。

執筆時の職業については、二名が正教授である（ボルドー、フリブール）が、それ以外は地方の高等教育機関に奉職中かその直前の段階、もしくは、パリにおける高等教育機関のポストを待機中の段階にある。しかし、一五年から二〇年後には、彼らは高等教育の当該分野における支配的地位に就いている。すなわち、セニョーボス、コリニョン、セアイユ、デュルケム、コルリー、およびド・マルトンヌはソルボンヌに地位を獲得し、ジュリアン、ルフラン、およびブリュンヌはコレージュ・ド・フランスの教授に就任している。わずかに、法学者のブロンデルが不遇であったといえるが、それでも、私立政治学院（Ecole libre des sciences politiques）や高等社会科

報告等執筆者のプロソポグラフィー

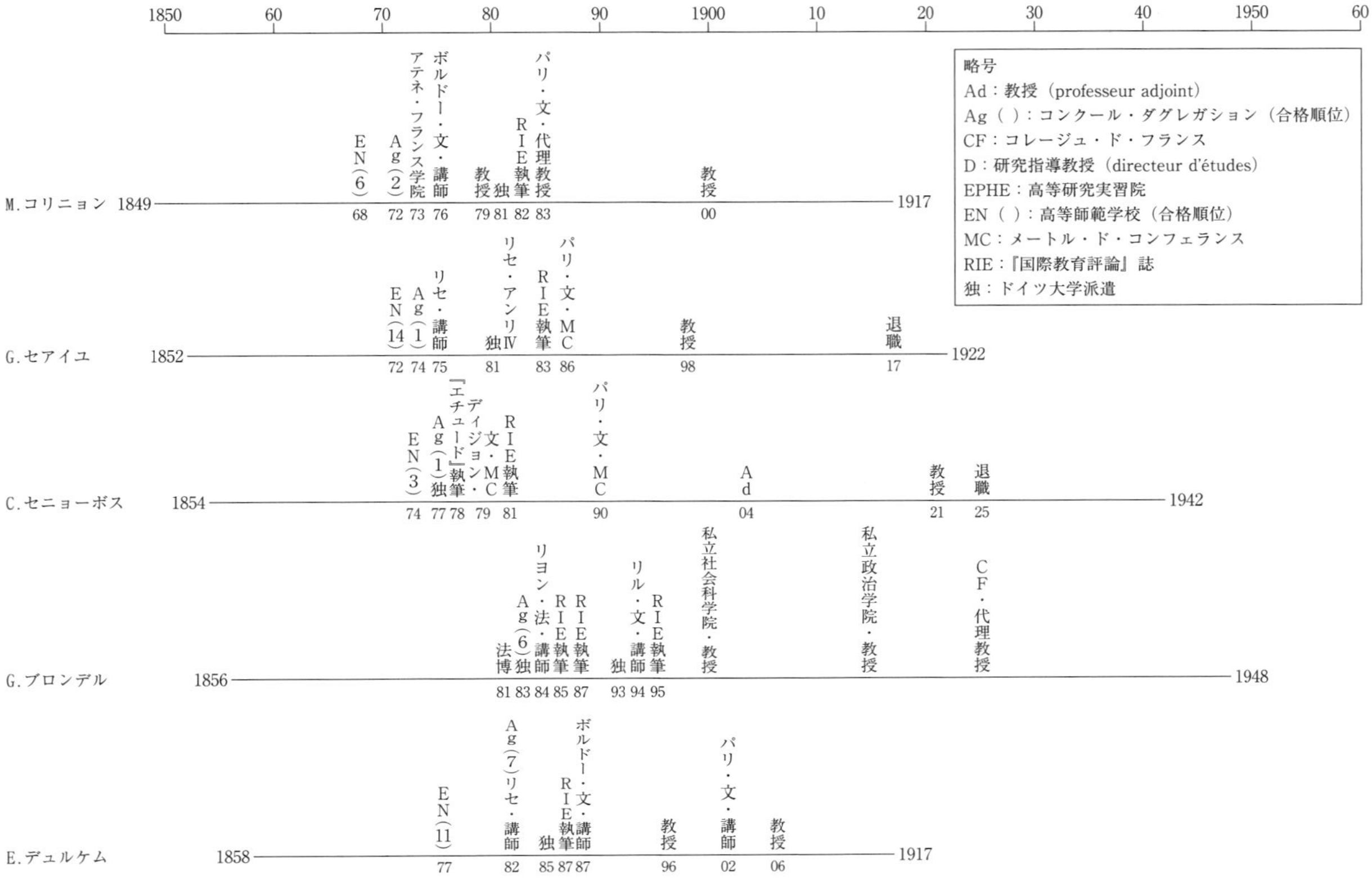

略号
Ad：教授（professeur adjoint）
Ag（ ）：コンクール・ダグレガション（合格順位）
CF：コレージュ・ド・フランス
D：研究指導教授（directeur d'études）
EPHE：高等研究実習院
EN（ ）：高等師範学校（合格順位）
MC：メートル・ド・コンフェランス
RIE：『国際教育評論』誌
独：ドイツ大学派遣

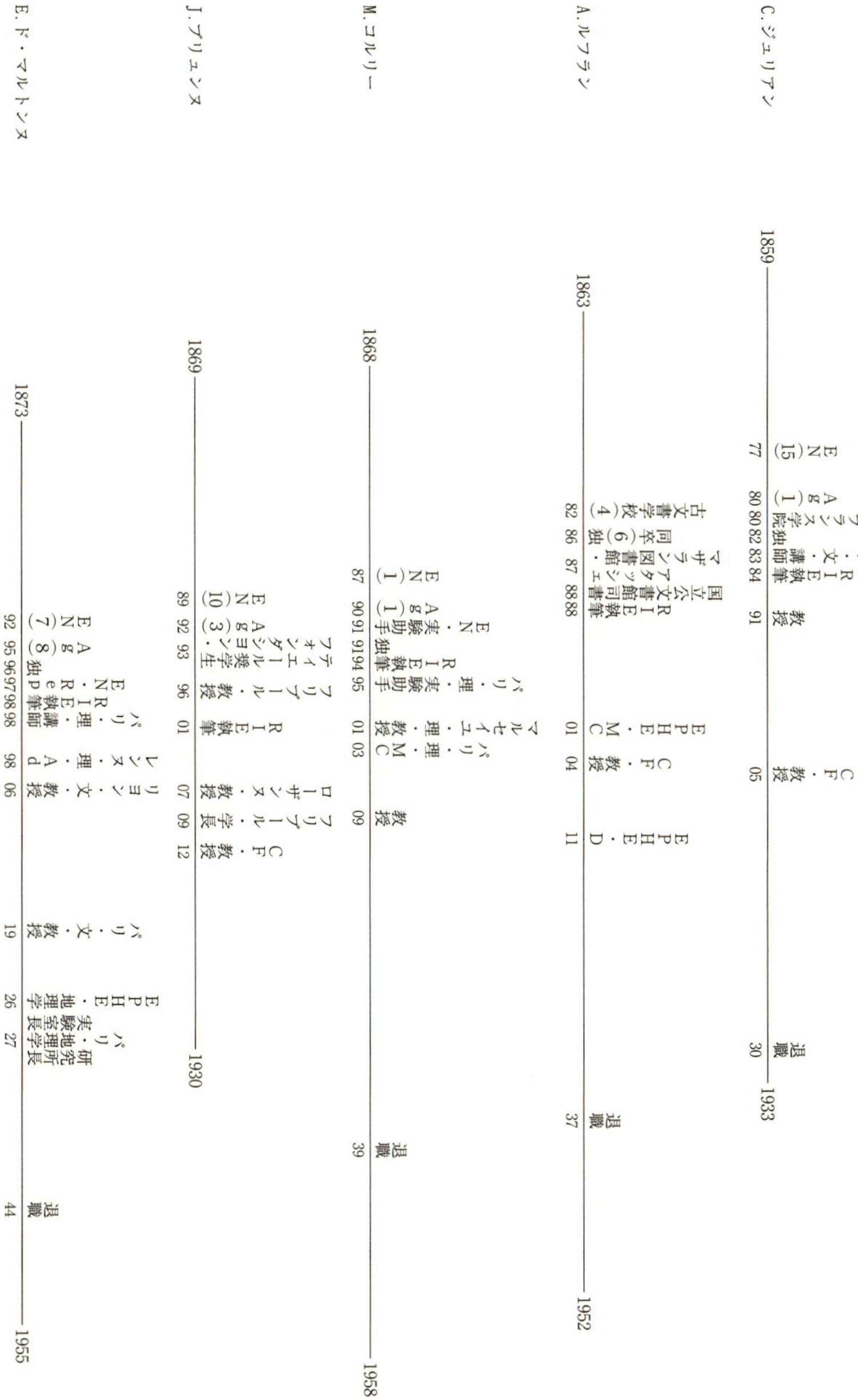
C.ジュリアン
1859
1933
A.ルフラン
1863
1952
M.コルリー
1868
1958
J.ブリュンヌ
1869
1930
E.ド・マルトンヌ
1873
1955

学院（Ecole des hautes études sociales）で教鞭をとり、最終的には、ジャン・イズーレ（Jean Izoulet）の社会哲学の代理ながら、コレージュ・ド・フランスに任命されている。ところで、彼らを、ほぼ同世代のソルボンヌの文系の教授との対比において見ると、一八七九〜一九〇八年間および一九〇九〜一九三九年間に任命された教授のそれぞれ五六・一％および七三・八％が外国研修経験をもち、[18] しかも、研修先をドイツとする者は一八七九〜一九三九年間で一七・九％に上っている。[19] これは、大学人のヒエラルキーの頂点に接近するに際して、外国、とりわけドイツにおける研修経験が重要な意味をもっていたことを示すものである。すなわち、彼らは、報告執筆の時点においては大学人のヒエラルキーにおける周縁的存在であったが、屈指の伝統的エリート校において学業成績優秀であり、やがてはフランスの学界を担う蓋然性を約束された、エリート大学人の有力な候補であったといえるであろう。

三　報告の論調

(1) 基　調

ドイツ大学における研修の意義を最も強調するド・マルトンヌでさえそうであるが、彼らの報告の基調には、ドイツ大学の忠実な模倣に対する根本的な疑問が認められる。「フランスに起こりうる不幸の最たるものは、……ドイツに熱中するあまり、これを隷従的に模倣することであろう」[20]。それのみならず、前世代に属するガストン・パリス（Gaston Paris）、ガブリエル・モノ、あるいはプシェとは異なり、彼らの報告は、ドイツ大学に対する称賛と批判が相半ばし、これを必ずしも全面的には肯定していない。その理由としては、まず第一に、当時のドイツ大学が、「大学教授《マンダラン》の没落」[21]に象徴される、アイデンティティ喪失の危機にあったことが挙げられる。この点については、報告の執筆者たちも明らかに認識しており、彼らは、ドイツにおける学生数の急速な増加、大学に対する新しい高等教育機関の挑戦、専門分化の進捗に伴う教養の後退、および功利主義の風潮、一言でいえば、いわゆるフンボルト理念の喪失[22]を指摘している。彼らの派遣の当時、ドイツ大学はすでに理想的状態にはなかったといえよう。勿論、ドイツ大学はなお文献学や応用科学の面では生産性の高さを誇っていた。しかしそれは、思想や文化においては不毛な、極度な専門分化に陥っていたのである。いみじくもセニョーボスがドイツ史学について指摘する通り、「彼ら〔ドイツの歴史家たち〕は自分たちが駆使しえない史料の堆積に直面している」[23]のである。第二に、執筆者の学問分野の相対的状況が挙げられる。すなわち、ドイツ大学の学問的発展に対する最も称賛的な態度は、自らの学問分野を伝統的モデルの支配から解放することを意図し、すでにドイツで確立されている学問的モデルに可能的選択肢を見出そうとしている人びとに見られる。動物学におけるコルリー、自然地理学のド・マルトンヌ、人文地理学のブリュンヌがそうであるが、とくにド・マルトンヌはその典型といえよう[24]。また、法学・社会諸科学におけるブロンデルも比較的彼らに近い。これに対して、哲学、歴史学といった学問分野に属する人びとは、すでにドイツの学問の洗礼を受けていたこと、あるいは自らの歴史的正統性に対する矜持もあって、ドイツ大学の実情を冷静に——執筆者によっては、過大な自負をもって[25]——直視しているといえよう。

以下、個々の報告に基づき、とくに講義および学生に関して考察を試みる。

（2）講義——外観の豊かさ、内実の乏しさ

(1) 講義の夥しさ

執筆者たちがまず指摘しているのは、夥しい数に上る講義や講座の存在である。報告の多くには、執筆者に関連する分野の講義や講座の一覧が収録され、ドイツの主要大学における該当学問分野の専門分化と充実の状況が披瀝されている。たとえば、コリニョンやコルリーの報告に掲載されている一覧がそうである(26)。なかでもブロンデルの報告は、単なる紹介にはとどまらずフランスの国立学部における実態との比較を試みており、そこには、自国の政府に講義や講座の充実を迫ろうという暗黙の意図さえ認められる(27)。比較的冷徹な執筆者でも、ドイツ大学における講義の量的充実には言及している。たとえば、デュルケムによれば、「講義目録……を眺めてみると、いろいろな種類の、あらゆる由来の教授たちからなるこの長いリストが堂々たるものだと思わざるをえない。この密集軍団に比べると、哲学者がひとりしかいないわが国の大多数の学部はみすぼらしく見える……」のである(28)。開設されている夥しい数の講義から見ると、ドイツ大学の充実は疑問の余地がないのである。

(2) 講義の空洞化

しかし、彼らの「講義」に関する記述は一方的礼賛のみには終始していない。そこでは、外見的豊かさの陰に隠された問題が指摘されている。すなわち、これら活発な研究活動を証明するように見える夥しい講義は、内容が陳腐で、必ずしも聴講されてはおらず、教授方法に欠陥があり、その講義内容に組織的整合性が欠如している、等々である。

a　講義の陳腐さ　講義、とりわけ公講義の陳腐さと常套性に関する指摘は、程度の差はあれ共通に見られるが、なかでもセニョーボスは、「これらの〔公〕講義は、ドイツが外国人に対してとくに用意している幻滅の

ひとつである」[29]とさえ批判している。それは、講義が就任当初に一度だけ作成された草稿に基づいて行われる[30]だけでなく、教授が有料の私講義に精力を傾注するからである。しかも、「講義の選択は学生に委ねられているから……教授は研究によって自分の名声を保つと利益になる」[31]ために、教授は研究に専念するからである。そこに彼らは、教育よりも研究の重視、無料の公講義に対する有料の私講義の優先という風潮がもたらした結果を看取するのである。

b　聴講者の少なさ

この点については、デュルケムによって明瞭に指摘されている。「これら夥しい講義の無益さを証明してくれるものは、それらがほとんど聴講されていないという事実である」[32]。その原因は、「講義が冷たく生気のない形式のために……いささか魅力に欠ける」[33]こと、あるいは教本の普及に伴う諸問題[34]のほかに、基本的には、免状の取得に直結する講義、「試験委員会のメンバー」の行う講義のみが重視されることにある。[35]彼らはそこに実利主義の跋扈を看取するのである。

c　教授方法上の欠陥

この点については、デュルケムは、ドイツの教授たちの講義における「簡素なやり方」、および、フランスの教授たちに見られる演説調や独創性よりも彼らのひたすら「理解させる」ための努力に共感しているように見えるが、[36]これに対して、セニョーボスとブロンデルは、古典によって鍛えられたノルマリアンやアグレジェにふさわしく、厳しい批判を加えている。まず、ブロンデルは、デュルケムの指摘する点は認めた上で、「教授は、要約し、授業に展望をあたえ、最も重要な観念を浮き彫りにする術を知らぬ」と批判し、そうした欠陥を、「上手に語る術はドイツ人の自然の天分ではない」として、ドイツ人の「気質の問題」に帰着させる。[37]セニョーボスはさらに手厳しい。教授する術は学ばれるべきものであるにもかかわらず、ドイツの教授は、「教授する術があることすら知らない」。唯一彼らが学んできたのは、「詳細にわたって穿鑿することが、ただひとつ学者に求められる資質である」ということである。したがって、「授業は微に入り細を穿った詳細に満ちているが、この藪の中で聴講者を導きうる一般的観念はひとつとしてない」[38]。つまり、フランスとは対照的に、ドイツでは、文献学的知識と形而上学との間に媒介項が存在しないのである。他方セアイユは、「明晰さは……フランスの徳性《ヴェルチュ》である……」[39]と主張し、古典的修辞学の正統的継承者としての「徳性《ヴェルチュ》」をフランスは放棄してはならないと説いている。

要するに、彼らは、講義が教育的整理を先天的に不得意とする「ドイツ的精神」に冒されており、この欠点が、膨大な数に上る講義の内容と射程を矮小化しているとする。教授方法から見ると、ドイツ大学は範たりえないのである。

d　講義における組織的整合性の欠如　開設されている講義における全体としての整合性の欠如も、多くの執筆者の批判の的となっている。それは、デュルケムの次の批評に端的に表現されている。

「……〔ドイツの大学では〕びっしり貼られた細かい紙片が、二、三の掲示用ガラスケースの中にところ狭しと並べられているのである。おかげでわれわれは、一体どこから始めたらよいのかわからず、その前でしばし呆然と立ちつくすことになる。各教授や私講師はこの小さい紙切れに授業のテーマ、時間、場所、それから、学生と面会する日時を書き込むか、または彼の弟子（famulus）に書き込ませる。こうして手当たり次第に貼り付けられたいくつもの紙切れが、大学の講義の公式プログラムとなるのである。本当に私は、探している名前を見つけようと骨を折り、判読しがたいこともしばしばな文字を解読するのに悪戦苦闘したが、その時は、私はフランスの少しばかりの中央集権も時には良いところがあると思わざるをえなかった」[40]。

こうした講義における整合性の欠如、講義の重複や並列に対する批判は、フランスのヒエラルキー化されたシステムの中で育くまれた学者の反射本能の表れに単純に帰着させてしまうわけにはいかないであろう。そこには、「既知の、あるいはそうみなされている真理を教える学校[41]」であることを求められているドイツ大学の現実と、その伝統的理念――哲学部の理念――との矛盾が抉り出されているのである。さらに、夥しい数の講義があたえるかのように見える、教授間における「健全な競争」という印象も、実は幻想でしかない。その競争は、究極的にはドイツ大学の教授の自らの独立性に対する異常なまでの執着[42]の表れであり、私講師や独創的な精神の犠牲においで行われているのである[43]。

報告の執筆者たちは、上記の講義における欠陥の原因の一端を学生の意識の変化に求めている。以下、学生に関する記述を検討する。

(3)　学生――「学者の徒弟」か、「パンのための学生」か

第三共和政初期の高等教育改革における課題のひとつは、学生の意識改革、とくに「免状製造機」と揶揄された文学部と理学部において、単なる免状取得のための試験の志願者であった学生を、哲学部に象徴される正真正銘の学生に変えることにあった。報告書はほとんどいずれも、この焦眉の問題に論及している。

(1)　「学ぶ自由」

総じて報告は、ドイツ大学のいわゆる「アカデーミッシェ・フライハイト」の一環としての学生の「学ぶ自由」（Lernfreiheit）に言及し、それが現実には、予想していたほどには完全無欠なものではなかったとしても、理念としては肯定的に受けとめている。その代表的な例はブロンデルに見られる。

「……ドイツでは、教授の教える自由の原理には学生の学ぶ自由の原理が対応している。学生は、一度登録すると、自分の思うように学業を定めることができる。……彼は自分の好きなように学ぶことができるのである。

ドイツ人は彼らが学生たちについてつくり上げてきたあの古い観念を温存してきた。すなわち、彼らは学生を、「自分自身にしか依存せず、完全に自由に自らの学業計画を作成し、講義を聴く順序を決定し、そして自らの栄養摂取量を定めて、自発的に学問を研究する」（ヘルムホルツ）若者とみなしている。束縛というシステムは学生から研究に対する好みと学問に対する没利的情熱を奪い去りうるにすぎない、と人びとは主張している。大学の教育は勤勉な若者を相手にしているのであって、何事もすることを望まず、最初から悪しき学生であり、やがて国家の悪しき奉仕者になるにすぎない連中を、試験の脅威によって勉強させることを目的とするものではないのである(44)」。

(2) 学業組織の柔軟さと自律の習慣

この「学ぶ自由」を可能にしているものとしては、二つの特色が指摘されている。第一は、制度面における大学の学業組織の柔軟さである。すなわち、哲学部においては、文・理の学業が一括され、学生は共通の授業を聴講していること(45)、さらに、フランスのように専門分化した免状やコンクールが存在しないために、医学の学生も理学の学生も、同一の授業を履修していることがこれである(46)。第二に、教育面に関して、ドイツでは中等教育の時期から、自律の習慣が重視されていることが挙げられている。「フランスでは、〔リセの〕生徒は囚人に等しい……道徳性も知性もない、兵舎に等しい粗野な規律……」という自己批判に見られるように、当時のフランスのリセでは、寄宿制や軍隊的規律が支配的であった。これに対してドイツでは、中等教育の時期から「生徒はきわめて大幅な自由を享受し[47]」、自律の習慣が奨励されていることが評価されている。

しかし他方、セニョーボスもコルリーも、あるいは、デュルケムもブロンデルも[48]、そのような「学ぶ自由」という、利害を超越した貴族主義的理念を享受し、「秘教的教育の対象[49]」となっているのは、今や、ごく少数の特権的なエリート学生のみに限られていることを指摘する。

(3) 「パンのための学生」の登場

「はじめて講義室にはいり煙草を吸いながら教師が来るのを待っている一五〇人から二〇〇人の生徒を見たとき、私はいくばくかの羨望の混じった驚嘆の念にとらえられた。私が目の当たりにしているのが学生たち、正真正銘の学生であった。それを見て私は、悲しい想いなくしては、わが国の哲学の授業を聴きにやって来る数少ない学生……のことを思い浮かべずにはいられなかった。しかし、聴講者のほとんど全員が試験の必要のためにしかそこに来ていないということがわかったとき、そうした感情はたちまち変わってしまった……。自発的に、そして、学ぶという目的だけで聴講している者はごくわずかにすぎないのである[50]」。

多くの報告は、大多数の学生が怠惰であり[51]、特定の職業に必要な免状の取得に直結した授業のみを選択することを指摘している[52]。「この数年間の生徒たちは、一八一五年や一八五〇年代の人びとのような純粋に学問的な関心はもっていない[53]」のである。すなわち、ドイツ大学の発展、とくに就学者数の増加、出身社会層の拡大に伴って「パンのための学生」(Brotstudenten) が増加し、ドイツ大学の制度的柔軟さという長所を享受しているのはごく少数のエリートのみにすぎなくなり[54]、「学ぶ自由」という理念と、プラグマティズムとキャリアー志向という現実との間に埋めがたい乖離が生じているのである。したがって、「問題は、束縛することなしに、つまり、ドイツでは大いに捧持されている学ぶ自由という原理を存続させたまま、学生の熱意と勤勉さを得ることにある」[55]。講義のみならず、ゼミナールにも蔓延しつつあるこの実利的、打算的精神は、教師にも投影される。教授や私講師は、授業における報酬システムの結果として、講座をもって利潤を追求すべき商業資本とみなしがちであるが、学生の授業に対する態度は、そうした風潮を一段と強化することになっているのである[56]。

(4) **学生生活**

学生における実利的精神の蔓延、それに伴う教授における知の商人化という側面から見ると、ドイツの大学とフランスの学部は酷似した問題に直面している。「われわれが悩み、わが国の地方の学部を蝕んでいる病弊はドイツ、とくにプロイセンを冒し始めている。多くの学生にとっては、試験、そしてその彼方では地位が、彼らが大学で目ざす唯一の目的となっている」[57]のである。それにもかかわらず、報告の執筆者たちは、ドイツの大学には、教授団と密接に結ばれた学生の組織が存在している点において、フランスの学部とは根本的に異なることを指摘する。そうした社会的結合としては、新旧二つの形態が紹介されている。まず、彼らはいずれも、形骸化した決闘や集団的飲酒のような、子どもじみた貴族主義的習俗を温存する「コルプス」や「ブルシェンシャフト」については著しく批判的である[58]。彼らは、それがドイツでは頽勢にあることを当然とすると同時に[59]、フランスで頻りに吹聴されている実情について遺憾の意を表明している[60]。これに対して、知的、学術的目的をもった自発的結社については賛辞を惜しまない。つまり、ドイツ大学の特徴のひとつである社会的結合については、その具体的表現には問題があるとしても、全体としてはこれを否定しない。これについて最も厳しい判断を下す執筆者でも、「フェライン」のような学生の社会的結合は、ドイツ大学が「いかに小規模なものであっても、何か生きたものである」ことの証拠であることを認め、フランスもまた、「われわれの内に集団的生活への好みを覚醒する」必要が大いにあると説くのである。[61]

結びに代えて

以上、ドイツ大学に関する調査・研修報告の主題、執筆者、および内容について考察した。これら将来における仏エリート大学人によれば、ドイツ大学について巷間で高く評価されている積極的側面には、常に消極的側面が伴っている。そこにおける講義の豊かさは最も若い人びとの犠牲において機能し、「学ぶ自由」は学生のみならず教師の功利主義をも助長しているのである。フランスの大学人の最も革新的な分子にとって、ドイツ大学のモデル通りの模倣は問題外であった。いうまでもなく、以上は講義や学生に関する言説から導かれたものであり、さらに、教授、ゼミナール、インスティトゥート等に関する言説に基づく検討が必要であろう。しかし、総じていえば、彼らのドイツ大学観はきわめて両義的であるといえよう。この両義性については、先に指摘した二点に加えて、当時のフランス「大学界」における彼らの位置を考慮に入れる必要があると思われる。たしかに彼らは、派遣の時点においては学問的にも職業的にも「大学界」の周縁部に位置していた。しかし彼らは、フランスの教育システムが産み出した最も正統的なエリート的「相続人」であったのである。したがって彼らは、報告に際して、高等教育改革に裨益する情報をもたらすことによって派遣の実際的意義を立証すると同時に、批判的精神をも備えていることを証明しなければならなかった。彼らが批判性に欠けた無条件的賛辞を展開するならば、それは、彼らをエリートとして育て上げた文化を、そして彼ら自身の「ハビトゥス」を裏切ることになるであろう。反面、彼らが一方的批判のみに終始するならば、なぜラインの彼方に赴いたのかが問われるのみならず、進行途上の高等教育改革に対する反対派に格好の武器を提供することにもなるであろう。二つの文化の仲介者であった彼らは、そのいずれにも偏するわけにはいかないのである。それでは、その両義性を超えて、当時ドイツ大学がフランスで果たしていた象徴的神話作用に依拠しつつ、彼らが究極的に選択しようとしたのは、いわゆるドイツ大学におけるどの側面であったのか、また、そうした選別的選択は、彼らのどのような集合的心性に基づいて行われたか――これらについては、教授、ゼミナール等に関する報告内容の検討と併せて次章において考察を試みる。

第二章　「教授」、「ゼミナール」

はじめに

本章は、普仏戦争以後ほぼ一八八〇年代から一八九〇年代にかけて、フランス政府により調査・研修の目的の下にドイツに派遣された少壮エリート大学人のドイツ大学観を、『国際教育評論』誌およびその前身の「高等教育問題研究協会」誌に掲載された彼らの論説ないし報告に依拠して考察しようとするものである。

本章は、前章「講義」、「学生」における、研究対象、報告の主題および執筆者、ならびに報告の論調（基調、講義、学生）に関する考察に続き、さらに教授およびゼミナールの観点から報告の論調について考察を加え、これに基づいて、執筆者のドイツ大学観を超領域的に——学問分野を横断して——考察するとともに、カウンター・モデルとしてのドイツ大学に投射されることによって明示化された執筆者の隠れたプログラムに、彼らの集合的心性の観点から接近を試みようとするものである。

一　教授――知的貴族階級か

ドイツ大学の教授については、ほとんどすべての報告が大幅に紙幅を割いている。その理由のひとつは、報告の執筆者たち自身が教授もしくは教授志望者であることに求められよう。ところで、この教授に関する記述においても、講義や学生に関する記述と同様に、報告の内容は必ずしも全面的には肯定的ではない。すなわち、執筆者の専門分野によってかなり相違が見られるが、概していえば、ドイツ大学の教授は知的活動の側面については評価されているけれども、社会的観点からは厳しい批判の対象とされているのである。

（1）教授よりも学者

まず第一に、ドイツ大学の教授は教授であることよりも学者であることを優先する、という指摘が挙げられる[1]。それは、自らの研究を通じて学問の進歩に貢献したことのない者は学者の名に値せず[2]、教育機関というよりも学術団体である大学は、学者しか容れるべきではない[3]ということが、ドイツでは通念とされているからである。しかし、執筆者たちは、それがもたらす少なくとも二つの結果に言及している。すなわち、そのひとつは授業、とりわけ、講義の軽視である。いまひとつは、学者である必要性を強調するあまり、教授を再生産する教育が学問的視野の狭い技術偏重に堕している、というのがこれである[4]。

（2） 教授の自由とメリトクラシー

こうした教授＝学者によって形づくられているドイツ大学では、大学人に大幅な自由が許容されているように見える。[5] 執筆者たちは、このドイツ大学人の特権を称賛し、かつ羨望している。しかしその反面、一見特権とも見えるこの極度の自由の背後には、重大な問題が潜んでいることが指摘されている。すなわち、教授のリクルートをめぐる問題がこれである。

最近の研究によっても明らかにされているが、[6] ブロンデルによると、いわゆるドイツ大学の自治は、政治的権力に対して決して完璧ではない。「講座が空席になった場合、学部は……三名の候補者を推薦し、その中から大臣が選任するが、ただし大臣は、彼に対して行われた提案には拘束されない」[7]。外見とは異なって、教授の選任に際しては、政治的権力は必ずしも大学の意志には拘束されないのである。さらに、互選に際しても、政治・宗教的信条あるいは金銭的問題といった、純粋に知的、学問的問題とは次元を異にする恣意的要因によって、決定が左右されることがあることが指摘されている。[8]

次に、セニョーボスとデュルケムは、フランスの文学や理学の分野との最大の相違点であるが、教授のリクルートにおける中等教育と高等教育とのあいだの断絶という側面を指摘する。[9] この断絶は、セニョーボスによると、ドイツ大学における歴史学の専門性の確立および教師の再生産様式の成立と並行裡に進行したものであり、さらにいえば、ゼミナールにおける訓練が歴史的感覚の練磨をなおざりにして技術主義に偏するという、文献学による歴史学支配の結果でもあったのである。[10]

「かつては、歴史学の講座に……レーラー〔ギムナジウムの教師〕を招くということがしばしば起こりえた。

現代における最も有名な二人の歴史家、ランケとドロイゼンの登場はこのようにして行われた。しかしながら、若者をとくに歴史研究に準備するゼミナールが形づくられるにつれて、大学はレーラーに門戸を閉ざしてしまった[11]」。

その結果として、大学人のキャリアーの出発点に、私講師が位置づけられることになる。しかし、私講師がハビリタツィオーンから教授に就任するまでの「この修練期《ノヴィシア》は長期にわたり[12]」、しかも、「歴史学は、法学や神学、あるいは言語学とは異なって、「パンのための学業」(Brotstudium)ではない」だけに、その間、私講師は私的財産に依拠するか、さもなければ、糊口を凌ぐための仕事に従事せざるをえない。「まことに、それは冒険的キャリアーなのである[13]」。このような私講師の「修練期」に関しては、セニョーボスやデュルケムはいうまでもなく、ブロンデル[14]もまたきわめて批判的であるが、その理由は、それがフランス大学人の社会的論理であるメリトクラシーに反するからにほかならない。

しかしデュルケムは、「冒険」としての私講師職批判の域にはとどまらない。それを超えて彼は、独仏両システムの社会的論理とその学問的結果の比較を試みる。彼は私講師を、ドイツの大学が必要とする「余剰の教師」によって形づくられる「新種のプロレタリア」——知的プロレタリア——ととらえ、唯一職階の頂点に到達しうるのは、昇進を待機しうる「ある程度の裕福さに恵まれた」「社会的エリート」のみであるとする。すなわち、「高等教育への接近は、そこで成功するかもしれない多くの人びとには閉ざされており[15]」、いわゆるドイツ大学人の知的貴族主義[16]とは、その実態においては、昇進を待ちうるという豊かさに基づく貴族主義にほかならない。しかし、このような選抜の様式は、究極的には、「学問に最大の利益をもたらすとはかぎらない危険を大いに孕んでいる」[17]。そこで彼は、各大学が必要とする教授の「貯水池《レゼルヴォアール》」としての私講師を許容するドイツ・システムよりも、リセの教授が高等教育に移りうるという「正当な期待によって大学と結び付いており」、「その結果……より広い範囲にわたって活動を展開している」[18]フランス・システムを礼賛するにいたるのである。

「わが国のシステムには、公教育の二重の流れを保っているという長所がある。すなわち、ひとつは頂上から末端へと流れ、他方は末端から頂上へ還流するものである」[19]。

(3)　構造的柔軟性

報告の執筆者たちは、ドイツ大学における大学人の自由に潜む重大な社会的欠陥を指弾し、フランスの試験に基づいた全国的システムの優越性を説きさえしている。しかし他方、学問的観点から見るとき、彼らはドイツ・システムにはいくつかの長所があることを認める。そうした長所の最たるものとして挙げられているのは、新しい学問分野に対するドイツ大学の対応の柔軟さである[20]。フランスの場合、コレージュ・ド・フランスおよび創立後間もない高等研究実習院を別とすれば、講座は著しく固定的であり、その設置・改廃面における硬直性は、研究上・教育上の革新を阻害している。ドイツ大学における法学および社会科学に関する報告を執筆したブロンデルは、このような硬直性に由来する専門未分化と年功序列制の跋扈がとくに法学部において著しいとし、その一因を法学のコンクール・ダグレガシヨンに求めている。事実、十九世紀末にいたるまで、法学部の教授の選任は、ほとんど専門分化されていないコンクールによって行われていたのみならず、地方の学部の必要に応じて教授が専門を変えることさえ多かったのである[21]。

さらにブロンデルは、ドイツのハビリタツィオーンにおける試験が、その性格からあまり厳しくないことを引き合いに出し、フランスのコンクールがいかに学問的刷新を停滞させるかを説いている。

「試験はある程度志願者たちの絶対的価値を明らかにすることができるが、コンクールは相対的価値しか明らかにすることができない。その上、それは高等教育の繁栄には有害視される制度である。なぜなら、それは次の二種類の人物をほとんど間違いなく阻止する性格のものだからである。すなわち、一方では、おそらくは時期尚早に、手引きの糸もなく前進し、旧套を脱しようとしたかもしれない革新的、冒険的精神の持ち主たち、他方では、専門家たち、すなわち、ひとつの学問を全体として包括的に捉えることに絶望し、自分の好むしかじかの分野に努力を集中したかもしれない、忍耐強く不撓不屈の研究者たちがそうである[22]」。

コンクール、とくに法学のコンクール・ダグレガシヨンは、革新的精神、研究の精神の持ち主を排除することによって、専門分化の停滞と年功序列制をもたらしているのである。

それでは、研究上・教育上の革新に対するドイツ大学の柔軟な対応を可能にしているものは、具体的には何か。報告執筆者の多くは、そのひとつとして、私講師職と員外教授職の存在を挙げる。とくにブロンデルやセニョーボスによれば、これらこそ、新たに登場した知の分野が暫定的にもせよいち早くとり入れられるという、ドイツ大学の構造的柔軟性を保障しているのである[23]。しかもそれらは、「教える自由[24]」、講義の有料制[25]、転任に伴う昇進[26]という制度とも相まって、大学の教師間のみならず大学間における競争原理の維持に効果的に作用しているのである。

（4） 学問的生産性

フランスと対照的なドイツ・システムの柔軟さは、教師間、あるいは大学間における競争を促している。たしかにこの競争は、一方では、私講師を「自分の学問分野すら広く知ろうとしない」だけでなく、「容易にオリジナルな研究テーマを見いだせそうな、きわめて限定された主題へと……」駆り立て[27]、全体を見る目をもたず微に入り細を穿った穿鑿に専念する歴史家を生みだす結果を招いている。また他方では、それは教育的観点から見て無益な、組織的整合性に欠けた講義の並列・重複をもたらしている[28]。しかし、学問的生産性という観点から見ると、この競争が、彼らをフランスの教授たちよりもはるかに勤勉たらしめていることは間違いない[29]。しかも、勤勉さの結果として得られる学問的名声は、ドイツの学者に、（1）講義の有料制による収入の増加、（2）大規模な大学のより威信の高い講座への転任およびそれに伴う物質的利益、（3）教授職以外における専門家としての職務の兼任をもたらしている。競争こそ、ドイツの大学人の学問的生産性、ひいては、ドイツ科学の国際的名声を説明するものでもある。ドイツ大学、とくにドイツ史学に関して著しく冷徹な論評――酷評といっても過言ではない――を加えるセニョーボスでさえ、ドイツの歴史学教授について、彼らが「薄給で聴講者も少ない[30]」にもかかわらず、古文書の蒐集・批判・刊行から史学雑誌の主宰、さらには学術的史書の執筆に及ぶ、夥しい課題に挑戦する勤勉さを称えてやまない。

このような研究に対する勤勉そのものの態度によって、ドイツ大学の教授は、教授よりもむしろ学者、文筆家、さらには政治家としての地位をドイツ社会に確立した。彼らの活動は、「ドイツでは緩慢にしか動かない世論に達し……歴史学の教授の名声は、大学の世界を越えて公衆に広がったのである[31]」。それのみならず、彼らは学問を通じてひとつの特権的社会層さえ形成するにいたった。「学問の貴族階級《アリストクラシー・ド・ラ・シャンス》」がこれである。

「大学の教授たちは、ドイツでなお著しく強い勢力をもつ血統による貴族と並んで、あらゆる人びとによって承認され尊敬される学問の貴族階級を作り出した。学問の権威に対する感情が、国民の精神にこれほど生き生きと息づいているのは、彼らのおかげである。ドイツの知的統一と公共的精神を作り上げたのは彼らである[32]」。

彼らは、競争と勤勉さによって、血統による貴族階級に比肩しうる学問の貴族階級として社会的威信をも獲得したのである。

(5) 研究様式

報告の記述は、これら二つの大学システムの学問的生産性の比較のみには終らない。いくつかの報告は、独仏両国におけるアカデミック・カルチャーの比較的考察にも及んでいる。たとえば、ジュリアンやデュルケムの指摘がそうである。すなわち、ドイツでは、「ヴィッセンシャフト」にふさわしいアカデミック・カルチャー、つまり、新興の精密科学の研究様式に近い、「息の長い」連続的生産が可能なアカデミック・カルチャーが支配している。これに対して、フランスのアカデミック・カルチャーに君臨しているのは、文学的色彩が濃厚な「エッセー趣味」である[33]。こうした独仏のアカデミック・カルチャーの対照的性格を踏まえて、デュルケムはフランスにおける哲学の研究様式について次のように批判的に言及している。

「多分われわれも劣らず活発であるが、われわれの活動はあまり連続性がなく空費されている。……それは、とくに哲学に妥当する。なお今日でもわが国では、哲学は文学と深い関係を保ちすぎている。執筆にあたって哲学者は、文学者と同様に、推敲を重ねられ完結されたものを目ざしている。だが、そういうやり方は、学ぶのに使えるはずの時間と労力を必要とする。それに、この種の努力は連続的ではありえず、たちまち消尽してしまう。……それは息の長い研究に対して精神をますます不向きなものにするのである[34]」。

この哲学研究における習慣に対する批判には、当時のフランスの哲学あるいは社会学における研究様式と訣別し、やがて『社会学年報』グループを中心に展開していく、デュルケムの研究活動が素描されているといえるかもしれない。その意味では、上記の一節は、ドイツのアカデミック・カルチャーとの接触がデュルケム自身の研究にもたらしたインパクトを証明するものでもある。しかし、こうしたドイツ大学人の研究様式のインパクトは、デュルケムのみにはとどまらない。とくに法学におけるブロンデル、あるいは地理学におけるド・マルトンヌ[35]についても同様である。ドイツのアカデミック・カルチャーのインパクトは、新しい学問分野の開拓を目ざすがゆえにフランスにおける既成の枠組みを打破しなければならなかった大学人の報告に、とくに顕著に認められるといえようか。

このことは、革新を志向するこの若い世代の学者たちの関心が、何よりもまず、ドイツ大学における研究活動の組織に向けられていたことを示唆しているのである。

二　ゼミナール――ゼミナールかコンフェランスか

ドイツ大学における研究活動の組織に関しては、インスティトゥート、実験室《ラボラトワール》、およびゼミナールに彼らの関心は向けられている。わけてもゼミナールについては、程度の差はあれ相当な紙幅が割かれており[36]、とくにジュリアンの調査はゼミナールを直接の対象としている[37]。

ところで、このゼミナールについて執筆者たちが共通に評価するのは、（1）教師と学生を結び付けている「研究共同体」、（2）研究方法の具体的訓練、（3）勤勉さという習慣の習得、という点である。しかし、以上についいては共通の理解が見られるが、ゼミナールに対する評価には、執筆者の学問分野に応じて微妙な相違が認められる。

（1）　実験室科学

まず、実験室科学モデルに最も近い学問分野にあっては、この種の教育様式は豊かな成果をもたらす範型として受け取られている。たとえば、動物学に関するコルリーの報告がそうである。彼によれば、動物学の発展においてまず先駆的役割を果たしたのはフランスやイギリスであるが、これらに代わってドイツが台頭したのは、ドイツが研究組織を作り上げたからにほかならない[38]。いうまでもなく、科学の歴史において一時期を画するような人びとは組織に左右されることはないであろう。しかし、「彼らの仕事は、その土壌がそれにより良く準備されているだけ、いっそう豊穣になるのである[39]」。つまり、実験諸科学におけるドイツ大学の貢献は、「研究

（Forschen）を保障し発展させた」[40]ことにあり、そのための具体的な場が実験室やインスティトゥートにほかならない。そこには、「それぞれの科学に関する一切のもの〔教育・研究機能〕が集中させられている」[41]と同時に、隣接諸科学との密接な関係が保たれている。[42]さらにそこでは、講義が対象とする不特定多数の学生ではなく、限られた少数の「専門家」（Fachmann）が訓練される。実験諸科学にとって、実験室は「大学の生命そのもの」なのである。

「したがって、これ〔実験室の生活〕は実験科学にとっては紛れもなく大学の生命そのものであり、今日のフランスにおいては、この概念が……ごくあたりまえのものになっているとしても、われわれがその習慣になじむようになったのはごく最近のことである。これに対して、ドイツでは久しく以前からそうだったのである[43]」。

　地理学および博物学、とくに地質学との紐帯によって自然科学に近い性格をもつ自然地理学についても同様である。[44]自然地理学に関する報告を執筆したド・マルトンヌはベルリン、ヴィーン、ライプツィヒの大学を訪れているが、これらの大学の地理学ゼミナールやインスティトゥートはいずれも地質学者によって基礎を置かれたものであり、その原型は自然科学の「実験室」にある。[45]彼は、到底フランスには見られないそれらの充実した設備、予算、および研究上の便宜を形式・非形式の両面にわたって詳細に描写し[46]、そこで行われる「目と手を」駆使する実習[47]や「地理学旅行《エクスキュルション・ジェオグラフィック》」[48]等、理論だけでなく、研究技法の訓練や研究対象との直接的接触を重視する教育[49]、文献学等のゼミナールには見られない「教授と生徒の間に支配している、友達付き合いといってもよいような親密さ」[50]を著しく称賛している。ド・マルトンヌは、社会的、文化的条件の相違を考慮して一定の前提条件を付した上ではあるが[51]、インスティトゥートやゼミナールにおけるこのような教育の移植の必要性を痛感しているように見える。それのみならず彼は、フランスの若い地理学者が、アグレガシヨンに合格の直後にドイツ大学で研修することによって、多大な便宜が得られると説いている。というのは、その当時フランスでは地理学教育の革新が進行途上にあったが、研究上の便宜は短期間には整備が期待されるようなものではないからである。「したがって、その専門が暫時無視されている」[52]「わが国の若い地理学者は、まだ暫くはドイツ大学を訪れることによって紛れもなく得るものがある」[53]のである。

(2) 古典的学問

これに対して、報告の主題が古典的学問分野に近づくにつれて、ゼミナールに対する評価は次第に微妙なニュアンスを帯びてくる。その理由は、まず第一に、執筆者たちがすでにフランスにおいてドイツの学問的方法や成果の洗礼を受けており、むしろ彼らはドイツと競合し、これを凌駕しようとしていたこと[54]、第二に、これら国民的文化の核心をなす学問分野に関しては、相手国に優位を認めることを潔しとしなかったこと、等に求められよう[55]。こうした特徴は、歴史学に関するセニョーボスの報告、さらには、ドイツ大学の文科系学問分野における研究組織の最も伝統的な核心をなす、歴史学および文献学のゼミナールに関するジュリアンの報告にとくに顕著に認められる[56]。勿論彼らは、学術研究の場としての大学という、十九世紀におけるドイツ大学の先駆的役割の核心がゼミナールにあることを否定するものではない。しかし、彼らに直接関係する分野に関するかぎり、ゼミナールもまた、もはや完全無欠ではないのである。

まず、セニョーボスによれば、ドイツ大学における歴史家の養成の場はゼミナールであり、学者間の子弟関係もこのゼミナールで結ばれる。しかし、「それ〔ドイツの歴史教育〕は歴史学からレトリックを追放し、第一次史料に依拠することを教えた[57]」としても、いまや思想性を欠いた技術主義に堕し、ゼミナールにおける教育は研究方法の偏重に陥っているのである。

「ゼミナールでは技術のみが彼ら〔学生〕に教えられる。……技術に関しては、彼らは教師を凌ぐようになるであろう。しかし、彼らの知的発達は停止している。……彼らは瑣細な事実を超えて物事を鳥瞰するのに慣れていない。彼らは決して包括的著作を著すようにはならないであろう[58]」。

この思想性を欠いた技術主義の一因は、ドイツ史学の全盛期を築き上げた現在の教授たち自身に求められる。すなわち、彼らは、多彩な哲学体系の展開と頻発する政治運動の洗礼の下で自ら身に付けた思想的教養の基盤の上に、古文書学、公文書学、テキスト批判等、歴史家として不可欠な研究技法をほとんど独学に近い形で修得した世代に属している。したがって、「彼らは詳細にわたるしっかりした事実を包括的枠組みの中に組み込みえた[59]」。しかし彼らは、自ら教壇に立ったとき、彼らが若い時代に体験を通じて「一般教養《アルゲマイネビルドゥンク》」を身に付けていたことを忘れて、研究技法しか教えなかったのである。

「若干の有名なゼミナール出身の歴史家の不毛さは、まことに驚くべき事実である。……職人《アルティザン》として育てられた世代の人びとの中から芸術家《アルティスト》が輩出するのが見られないといって嘆くことができようか[60]」。

直接ゼミナールを報告の対象とし、歴史学および文献学のゼミナールについて周到な報告を作成したジュリアンも、ほぼ同様な批判を加えている。彼によれば、ゼミナールは十八世紀における「授業をする方法」を教える場に淵源し、十九世紀に学問の場へ発展したものであるが、現在ドイツ大学の研究活動の核心がこのゼミナールにあることは確かである。

「現在、ゼミナールは文献学者と歴史家の温床となっている。それらはこの世紀のあいだ立派な役割を演じたし、ドイツの学問の開花が由来しているのも、大部分はそれらからである(61)」。

しかしジュリアンは、最近の改革に伴う「プロゼミナール」の発足およびゼミナールにおける教育の実情に関する考察に基づいて、ゼミナールの「英雄的時代」はすでに終わったと説くのである(62)。まず、当時ゲッティンゲン、ハレ、キール、ライプツィヒ、マルブルク、シュトラスブルク等で組織されていた「プロゼミナール」に関しては、それらは、「学力不足の学生に文献学と歴史学の学習の訓練を行う機会をあたえる(63)」「準備級《クラス・プレパラトワール》」(64)の役割を果たし、ゼミナール教育のルーティン化、技術化、一言でいえば、そのギムナジウム化を物語るものにほかならない(65)。次に、ゼミナールそのものにおける教育に関しては、「解釈《エクスプリカシヨン・ドトゥール》」、「討論《アルギュマンタシヨン》」「論文作成《トラヴォー・エクリ》」の観点から批判的考察が試みられている。まず、「解釈」に関しては、授業用語としてのラテン語の使用、およびテキスト解釈における文学的解釈の偏重が指摘される。前者については、ラテン語のはなはだしい恣意的使用と語彙そのものの著しい貧弱さの結果として、解釈における思想の枯渇が指摘される(66)。後者については、歴史学とテキスト批判の結合、古代の認識にいたるためのあらゆる学問の動員という、ドイツ文献学の基本原理がもはや等閑視されていることが指摘される。

「これらの訓練には、ドイツ文献学の諸原理——それらはあらゆる健全な教養《エリュディション》のそれでもあるのだが——歴史学とテキスト批判のこの結合、古代の十全な認識にいたるために行われる一切の学問のこの集中……は、もはや見られない(67)」。

次いで、「討論」に関しては、ゼミナールの学生自身によって行われる論文批判とそれに基づく討論が、学生たちの準備不足のために、空洞化した単なる形式に堕していることが指摘される(68)。ゼミナールにおける討論は、中世における「教授免許」の討論の形骸化した残滓の観を呈しているのである。そこで、「この制度（ゼミナール）の効力《ヴェルチュ》と有用性」は、最後の点、すなわち、学生自身による主題の模索に始まり、夥しい先行研究を踏まえて遂行される、「論文作成」に帰着させられる(69)。この「論文作成」を通じて鍛え上げられる、新しいものを発見しようとする学生の探求心、精神的独立性、学問への献身、および教授による論文の査読と徹底的な加筆・修正に、ジュリアンはきわめて有益な研究入門としてのゼミナールの意義を看取するのである。

「ドイツの学生は大学時代から学者や碩学になり始めるといわれるが、それは彼らがゼミナールで作成する論文のおかげである(70)」。

（3） ゼミナールとコンフェランス

セニョーボスにせよジュリアンにせよ、実験室科学をモデルとする学問分野の執筆者に比して、古典的学問分野を対象とする執筆者のゼミナールに対する眼差しは冷静そのもの、いや、批判的でさえある。とくにジュリアンは、ゼミナールに酷似する教育形態として、パリのユルム街高等師範学校における「コンフェランス」をとり上げて簡潔な比較検討を試み、その「文献学コンフェランス」はドイツ大学のゼミナールに勝るとも劣らないとする。

「われわれが高等師範学校で行っている解釈がより優れたものではなかったとしても、より劣ってはいなかったのである。いずれにもせよ、たとえば、トゥルニエ氏〔G. Tournier. 一八七二～一八九九年、高等研究実習院および高等師範学校ギリシア語メートル・ド・コンフェランス。ジュリアンは一八七七年に彼の教えを受けている〕の主宰するもののような若干のコンフェランスは、間違いなく、ドイツ大学における最も優れた文献学のゼミナールに比肩しうるものである[71]」。

こうしたコンフェランスとの対比におけるゼミナールの考察には、高等師範学校時代における彼の師フュステル・ド・クーランジュ（Fustel de Coulanges）の影響が濃厚に認められる。周知の通り、クーランジュは一八五〇年代の世代に属する歴史家たちのナショナリズムを代表し、親独的コスモポリットであったモノと対立するが、彼は、一八七九年、『両世界評論』（*Revue des Deux Monde*）に寄稿した「ドイツの高等教育について[72]」において、一方的なドイツ大学優越論に一石を投ずる。この論文中で彼は、いわゆるドイツ大学のゼミナールが、すでに高等師範学校の創立時以来、「コンフェランス」という形でフランスに存在していたことを指摘するのである。「この種の授業がフランスで知られていなかったわけではない。それは久しくわが国に、ドイツよりも以前からさえ存在している。それは師範学校に六〇年来存在している。この学校が創立されたのは、本格的な教授を養成するには公講義《クール・ピュブリック》では不十分であることが痛感されていたからにほかならない。それはドイツのゼミナールに酷似している。いや、むしろ複数のゼミナールの束というべきであろう。というのは、ひとつひとつのコンフェランスがその束を形づくっているからである」(73)。

ジュリアンもまた、授業の展開、構成員、あるいは構成員に対する給費といった面から見て、ゼミナールとコンフェランスの相似性を認める(74)。しかし彼は、それらが究極的に目ざす目的において異なることを強調する。ブロンデルも指摘する通り、ゼミナールが学術的研究を志向しているのに対して、高等師範学校のコンフェランスは国家試験の準備を直接の目的としているのである(75)。ただ、ジュリアンは、そうした相違は容易に乗り越えられうるとする。「これ〔コンフェランス〕を正真正銘のゼミナールたらしめるにはわずかのことしか必要でない。……教授たちがそうすることを望むだけで、試験やコンクールよりも科学《シャンス》と教養《エリュディション》に心を傾けるだけで十分である」(76)。つまり、国家試験の準備という側面をなおざりにすることなく「学問を行う《フェール・ド・ラ・シャンス》」(77)ことは可能なのである。ジュリアンは、その当時すでにフランスで散見されていたコンフェランスを、ドイツのゼミナールの精神によって賦活することを意図していたといえようか。そこに、モノよりもクーランジュの眼差しでドイツ大学を見ていた、普仏戦争以後に派遣された少壮エリート大学人たちの意識の一端を看取することができよう。

実験室科学をモデルとした学問分野を対象とする報告のゼミナール観と古典的学問を対象とする報告のゼミナール観を考察すると、執筆者たちの評価には、微少な相違が認められる。しかし、ドイツ大学のゼミナールをきわめて積極的に評価するコルリーやド・マルトンヌにおいても、ドイツ大学の盲目的模倣は論外であるという大前提があることを看過してはならないであろう。他方、ゼミナールの問題点を剔抉するジュリアンやセニョーボスにしても、ゼミナールが十九世紀ドイツ大学において担った意義は十分に認識している。要するに、セニョーボスにせよジュリアンにせよ、研究と結び付いた教育による学問的訓練という一点においてはコルリーやド・マルトンヌと共軛点をもち、そこにゼミナールの意義を看取しているのである。

いうまでもなく、ドイツ大学のゼミナールが対象としているのはすべての学生ではない。ゼミナールの教育を享受しているのは全学生中のごく少数のエリートにすぎない[78]。だがそれは、フランスに比べると多数である。「多数のエリート」なのである。

「多分、われわれはエリートを問題にしているのであろう。だが、究極的には、それは多数のエリートなのであり、率直にいうと、わが国の高等師範学校の生徒や学部の給費生中の最優秀な連中よりも豊かな手段に恵まれ、いっそう学問的生活に準備された多数のエリートなのである。……ドイツのゼミナールの高等師範学校に対する優位は、後者が少数にしか開かれていないのに対して、ドイツ大学のゼミナールは二、〇〇〇人から三、〇〇〇人のメンバーを擁しているという点にある[79]」。

つまり、一歩退いて、クーランジュの論文で説かれているように、フランスでは、高等師範学校に代表的に見られるようなコンフェランスがゼミナールに匹敵する役割を果たしているとしても、その数はわずか数十名にすぎない。これに対して、ドイツでは二、〇〇〇人から三、〇〇〇人の学生がゼミナールの教育を享受しているのである。したがって、そこから二つの結論が導かれうるであろう。すなわち、フランスは高等師範学校のコンフェランスで行われている教育を「試験やコンクールよりも科学と教養[80]」へと意識的に明確に方向づけること、および、これをさらに高等教育全般、とくに組織途上の総合大学に普及し量的拡充を図る必要がある、というのがこれである。

結び

以上、普仏戦争以後から世紀末にかけてドイツ大学に派遣されたフランスの少壮大学人の報告を、教授およびゼミナールの観点から考察した。以下、前章における講義および学生に関する言説と併せて、彼らの報告におけるドイツ大学観を総括的に考察するとともに、カウンター・モデルとしてのドイツ大学に投射されることによって明示化された執筆者たちの隠れたプログラムに、当時におけるフランスの「大学界」における彼らの位置から接近を試みる。

まず第一に指摘されうるのは、これらの報告のいずれにおいても、その冒頭もしくは末尾において、ドイツ大学の盲目的模倣の限界を示そうとする考慮が見られることである[81]。いうまでもなく、ドイツ大学に対する評価は、各執筆者の専門分野の状況によっておのずから異なる。彼らの報告は、一方の極では、ドイツ大学における研修に研究上の便宜を看取する最も安易な？ 立場[82]から、他方の極では、きわめて厳しい批判的立場[83]――それはフランスの大学の未来に関する自信過剰ともいえる見通しに直結する[84]――に及んでいる。しかし、こうした論調における相違にもかかわらず、彼らの報告には、ドイツ大学モデルの一方的礼賛、ひいてはその盲目的模倣という趣旨は全く見られない[85]。彼らにとって、ドイツ大学の型通りの模倣は問題外だったのである。

ここに、ドイツ大学を礼賛したモノやパリス等に代表される、普仏戦争直前にドイツに学んだ一連の人びととこの世代との相違がある。戦前の世代にとっては、ラインの彼方に赴きドイツ大学で学ぶことは、自らの精神的独立を証明することであり、ひいては、フランスの高等教育に対する批判の意志を表明することであった[86]。その例は、学問的にはゲルマニストであり、政治的にはコスモポリット、とくに親独的コスモポリットであったモノに典型的に見られるであろう。しかし、普仏戦争以後、初期第三共和政期にドイツに赴いたこれら新しい世代の学徒たちにとっては、もはやドイツ大学は、ドイツ大学なるがゆえに完全無欠なモデルではなかった。この世代において、戦前におけるモノに匹敵する知的位置を占めたエルは、哲学のアグレガシヨンに合格後、一八八六～八七学年度にライプツィヒのヴント（Wilhelm Max Wundt）の下で学ぶが、すでに彼の眼に映じたドイツは、未来の栄光を準備しつつあるというよりも、過去の遺産によって生きているにすぎなかった。彼は、むしろ当時の社会主義に関心を抱き、やがてロシアへ旅立つことになる。彼によれば、「かつて、ドイツへ赴くのではない。……一種の発見の旅であった時代があった。……もはや人びとは探検家や巡礼者としてドイツへの哲学的旅が一ほとんどすべてがすでに知られているとすれば、ドイツで学ばれることはわずかしかない。だが、人びとはすでに知っていることを理解しはじめるのである[87]」。

それのみならず、初期第三共和政期の高等教育改革が進捗するさなかにドイツに赴いたこの世代の少壮学徒たちにとって――ドイツ大学における研修を研究上の便宜の観点からとらえる傾向の著しいド・マルトンヌにおいてさえも――高等教育は、究極的には国民の社会的、文化的習慣に深く根ざした、全体として一個のシステムであった(88)。それはいみじくも、ドイツ大学における哲学教育を論ずるに際して、これを称賛すると同時に批判することもまた辞さないデュルケムの報告に見られる通りである。独仏の冷静な比較に立脚した彼の報告は、それぞれの国の高等教育は自らの途を進むしかない、というライトモチーフに貫かれているかに見える。文化「転移」の困難さに関する認識、ひいては、「転移」可能なものは、大学を構成する個々の要素の域を超ええないという認識は、彼らに共通するものであったと思われる。

第二に、彼らのドイツ大学に関する言説においては、肯定的評価と否定的評価とが相半ばしていることが指摘されうる。たしかに彼らの報告は、執筆者の関心に応じて、あるいはコンクールに、あるいは中等教育と高等教育との接続に、あるいはまた、職業的考慮に焦点が合わせられている。しかし、ドイツ大学の肯定的側面の指摘には必ず否定的側面の指摘が伴っているのである。これについては、前章および本章における「講義」、「学生」、「教授」、および「ゼミナール」に関する彼らの言説から明らかであろう。すなわち、講義は一見贅を尽くしているように見えるが、その内容は空洞化して期待外れであり、しかも、最も若い者、最も資格のない者の犠牲の上に成り立っている。学生については、「学ぶ自由」は理念としては評価されるが、実態においては、それがむしろ学生の功利主義を促す方向に作用していることが指摘される。教授については、ある面は羨望されているけれども、「教える自由」は常套的授業の抑制策にはならないだけでなく、知的投資としての教授職観の猖獗を促す結果を招いている。最後に、いわゆるフンボルトの理念は、教養の犠牲の下における極端な専門分化を阻止しえなかったばかりか、高等教育を中等教育からますます分断する結果を招いたことが指摘される。

総じていえば、彼らのドイツ大学観はきわめて両義的であるといえよう。この両義性については、すでに指摘した通り、いみじくも「大学教授《マンダラン》の没落」という言葉に象徴される、当時におけるドイツ大学のアイデンティティ喪失の危機、および、執筆者が専門とする学問分野の状況の相対的相違という二点に加えて、当時のフランス「大学界」における彼らの位置を考慮に入れる必要があると思われる。(89)たしかに彼らは、派遣の時点においては、学問的にも職業的にもフランスの「大学界」の周縁に位置していた。しかし彼らは、彼らの軌跡および将来における軌道から見ると、フランスの教育システムが生みだした最も正統的な、エリート的「相続人」であったのである。したがって彼らは、報告の執筆に際して、高等教育改革に裨益する情報をもたらすことによって派遣の実際的意義を立証すると同時に、批判的精神をも備えていることを証明しなければならなかった。彼らがドイツ大学について批判性に乏しい無条件的賛辞を展開するならば、それは、彼らをエリートとして育て上げた文化を、ひいては、彼ら自身の「ハビトゥス」を裏切ることになるであろう。反面、彼らが一方的批判のみに終始するならば、なぜラインの彼方に赴いたのかが問われるのみならず、進行途上の高等教育改革に対する反対派に格好の武器を提供することにもなる。二つの文化の仲介者であった彼らは、そのいずれにも偏するわけにはいかないのである。彼らの報告の言説における両義性は、フランスの「大学界」における正統的なエリート的「相続人」という彼らの位置に由来するのである。

第三に指摘されうるのは、報告における彼らの視点が、講義から学生へ、学生から教授へ、さらに、教授からゼミナールへと、教育の側面から研究の側面へ逐次移行するにつれて、ドイツ大学に対する評価が次第に肯定的になっていく点である。科学の工房であり研究者の再生産の場であるゼミナール、および学者間における競争――これこそ、彼らが報告において、唯一ドイツ大学について共通に評価する側面なのである。

これは、報告の作成にあたって、彼らに共通する隠れたプログラムの所在を物語るであろう。すでに指摘した通り、彼らは将来を約束されたエリート的「相続人」ではあったが、執筆の時点においては、年令的には二五〜三三歳の若輩であったのみならず、学問的には理科系の後発的分野もしくは文科系の非古典的分野、つまり、被支配的学問分野[90]に属し、職業的には地方の学部やリセ、あるいはパリのリセにおいて、ソルボンヌやコレージュ・ド・フランス等、パリの高等教育機関の地位を待機する位置にあった。すなわち、彼らは、年齢的にはいうまでもなく、学問的にも職業的にも、フランスの「大学界」の周縁に位置する革新的分子であった。したがって彼らは、高等研究実習院に続いて、高等教育全体に研究機能および研究者再生産機能を大幅にもたせること、すなわち、パリの大規模な諸機関はいうまでもなく、とくに、組織途上にあった総合大学をその側面において大幅に整備・充実することを求めたのである。それは、換言すれば、理科系の学問に続いて[91]文科系の諸学問、とくに当時における被支配的学問であった「人間の諸科学」(sciences de l'homme)において、職業的な学者のキャリアーを創出すること、そして、それに不可欠な諸措置を誕生間もない共和国から獲得することであった。このことは、彼らの帰国後における大学人としての活動、つまり、セミネールやアンスティテュの創設、研究集団の組織、新しいテキストの編纂等々といった、後年における彼らの活動からも裏付けられる。要するに、当時フランスの「大学界」の周縁に位置する革新的分子であった彼らは、ドイツ大学がフランスにおいてもつ象徴的神話作用に依拠しつつ、部分的にフランスに「転移」が可能な要素、しかも、彼ら自身の職業的戦略の正当化に裨益する要素をとり上げたのである。

以上、普仏戦争直後から十九世紀末にかけて、フランス政府が調査・研修の目的の下にドイツ大学へ派遣した少壮大学人たちのドイツ大学観を、学問分野を横断して考察するとともに、これにフランスの「大学界」における執筆者たちの位置という観点から接近を試みた。しかし、これについては、一方では、報告を全体として貫く論旨の政策化、さらには制度化の具体的過程の考察、他方では、より精緻な「大学界」への執筆者たちの定位を必要とする。さらには、当時の独仏両国の大学の社会的、文化的基盤を視野に取り入れた、いっそうマクロな比較史的視点からの考察を必要とするであろう。(92) しかし、これらについては、今後の課題とする。

第Ⅳ部　十九世紀末フランス「知識界」の変容

はじめに

世紀転換期フランスが発信地となったひとつの概念がある。「知識人」(intellectuels) という概念である。[1] それは概念というよりも、その外延はきわめて曖昧であるが、複数の社会集団を横断的に代表する集合的な社会・文化的人物像を表す言葉というべきであろう。仮に定義しておくと、ここでいう「知識人」という言葉は、単なる知性の職業人、すなわち、象徴資本の生産にかかわる職業人、というニュートラルな意味における知識人を指すのではない。それは、「社会的特殊性の名において特殊なタイプの権力、すなわち、象徴権力を要求する知性の職業人[2]」を指している。

周知の通り、この固有の意味における「知識人」が歴史の場において顕在化する契機となったのは、ドレフュス事件である。まずこの言葉は、政治を蔑視し自らを中産階級あるいは大作家や大学人と区別しようとした前衛的サークルにおいて、社会的表徴として使用されはじめた。しかしこの言葉は、ドレフュス事件における闘争を契機に、能力に基づいた社会的権威、つまり、思想家、歴史家、自然科学者、教授、作家、芸術家といった、文化・学識経験を背景に集団として政治に対して発言し政治的干渉を行う、特殊な社会的範疇の人びとを指すにいたる。すなわち、当初の社会学的な意味に加えて、新たなメディアを媒介とした文筆による集団的干渉の政治的正統性が含意されるのである。[3] したがって、「この知識人という新しい名称は……地位に就いた権力に対して異議申し立てをするために集団的かつ公に行動する社会集団に対して、政治論争を通じてあたえられたもの[4]」ということができよう。

ところで、この「知識人」は突発的に現れたものではない。それは十九世紀最後の四半世紀における「知識界」(champ intellectuel)、すなわち、知識人＝知性の職業人がその内部で自らを考え、その中に自らを定位する社会的イデオロギー的空間、もしくは、「さまざまな知的集団がそれぞれの立場を取る分節化された空間[5]」の新たな構造化の中から出現したものである。

したがって、「知識人」を考察するには、従来支配的であった、個々の知識人に関する考察、あるいは、個々の知識人の主観的回想から出発する「知識人論」では不十分であろう。さらにいうならば、そうした伝統的な「知識人論」から、ひとまず絶縁することが必要である。たしかに、「知識人論」の執筆者は知識人そのものであるだけに、それは、いかにも「知識人」を内側から、内在的に理解させてくれるように見える。しかし、そうであるからこそ、「知識人論」は、その執筆者自身による体系的再構成を通じてバイアスがかけられているのである。むしろその反対に、「知識人」を歴史的パースペクティヴの中に再定位し、客観的対象としてとらえ直すことが必要である。すなわち、包括的アプローチを通じて、「知識界」の構造的変化という観点から考察を試みることがこれである。本第Ⅳ部は、一八七〇〜九〇年間に進行したフランス「知識界」の再編成を、(一)形態学的変容、(二)イデオロギー的変容の両側面から考察し、この新たな構造化に際して、大学人がその量的規模の拡大を通じて「知識界」の形態学的変容の一翼を担ったのみならず、とくに科学者(savant)という社会的表象の析出を通じて、「知識界」のイデオロギー的変容に決定的役割を果たした(一八七八〜九五年)ことを明らかにし、「知識人」の原型が科学者にあることを指摘しようとするものである。

第一章　「知識界」の形態学的変容

本章においては、一八七〇～九〇年代における「自由業」従事者数および職業分野別著作者数の変化を計量的に考察し、一、一八七〇～九〇年代に「知識界」[1]の規模が急速な量的拡大を遂げたこと、二、この量的拡大と同時に、「知識界」の中核を形づくる社会的範疇が、伝統的文化生産・消費者層から文人（hommes de lettres）、ジャーナリスト、大学人等といった新興の知的職業人層に交替しつつあったことを指摘し、「知識界」が形態学的変容に伴う成長期の危機にあったことを明らかにする。

ところで、十九世紀末フランスの「知識界」およびその変容を正確に把握することは、理論的にも歴史的にも著しく困難である。まず、ここにいう「知識界」は史的分析上の操作概念であり、具体的なエスタブリッシュメントに対応するものではない。この「知識界」を構成する「文筆と言説の専門的職業人[2]」ないし「文筆による干渉の実践家[3]」、要するに、「知性の職業人[4]」は、この時期には、人口学的史料、たとえば国勢調査等の公的記録では、特定の範疇としては扱われておらず、主として「自由業」（professions libérales）という統計的範疇に含まれている。知的職業という概念は、当時における平均的な社会的認識、とくに統計学者の社会的認識図式では、社会的分析の手段とみなされるにはいたっていないからである[5]。したがって、「知識界」の変容を考察するには、国勢調査等における「自由業」の下次的職業群を詳細に分析することが不可欠である。しかし他方、この知的職業人は、その社会的地位、あるいは少なくとも、その延長上においては、著作活動、つまり、書物の執筆を本質的属性としている。この側面からすると、「知識界」の変容の考察には、書誌学的アプローチが不可欠である。

以下、上記二つの観点から、一、「自由業」の膨張と分極化、二、「自由業」における文化生産者、三、「知識界」の形態学的変容に伴う危機、の順に考察を試み、当時急速な拡大の途上にあった「知識界」が、その規模においては構成員のエリート的意識を維持しうる範囲のものでありながら、集団としては分裂の危機に瀕していたことを明らかにする。

一 「自由業」の膨張と分極化

(1) 統計的範疇における「自由業」

一八七二年から一九〇六年にいたる国勢調査に基づいて、この時期における統計的範疇としての「自由業」を考察すると、一八七二年の調査では、聖職者、軍人、官吏、行政・司法官(magistrat)、教授、初等教員、学者、文人、芸術家、弁護士、医師および医療補助者、獣医、薬剤師、助産婦等々、二〇種類以上に上る著しく多様な職種が「自由業」として一括されている。[6] すなわち、この段階における統計的範疇としての「自由業」とは、『十九世紀ラルース』(一八七五年)にも見られる通り、「手を使う職業とは対照的に、精神の諸能力に成功が依存する職業」[7]であり、「自由業」に含まれるこれら雑多な職種の唯一の共通点は、A・ドーマール(Adleine Daumard)が十九世紀における史的職業分類の試みにおいて、「知的能力を必要とし、常にではないが多くの場合、免状《ディプローム》によってコントロールされる高度に訓練された労働」[8]と定義しているように、その職業の遂行に一定の教育水準が必要とされることである。このような「自由業」のとらえ方は、制限選挙制王政期に、学歴資本の保有者（「カパシテ」capacité＝能力による選挙権者）が有産者に勝るとも劣らない社会的資格をもつとし、「カパシテ」を高等教育、中等教育といった教育水準のみによって規定しようとした、「カパシテ」擁護者の観点[9]の延長上にあるといえよう。しかし、この「自由業」という著しく大まかな範疇は、以後十九世紀末までに、弁護士の社会的意義の高まり、社会の医療化の進捗、教育の普及および教育水準の向上等、社会的変化に伴ういわゆる「自由業」従事者の急増とともに、他の職業範疇との対比において、その概念の明確化と下位区分の整合化が試みられることになる。まず、一八七六年の国勢調査では、「自由業」の下位区分が第Ⅵ部門の一五範疇から第Ⅳ部門の九範疇へと整理・統合される。次いで、一八八六年の調査では、芸術家、法曹、医業に関して新たな区分が試みられる。さらに、統計史上、分類枠組みに一時期を画したといわれる、一八九六年の国勢調査では[10]、職種の厳密な定義に基づく分類の明確化が図られ、その調査票には、「自由業については、公立初等教員、私立初等教員、芸術家＝画家、芸術家＝詩人、等々と明記のこと[11]」という指示が見られる。これは、当時における「自由業」、なかでも知的、芸術的職業従事者の急速な量的膨張を反映するものであろう。同時に、「自由業」におけるいくつかの職種に関する法的規定の変更に伴って、下位区分の細分化も進められる。すなわち、弁護士（avocat）と商事裁判所代理士（agrée）、公証人（notaire）と代訴人（avoué）の区別、技師と建築家の区別が行われる。また、芸術家は八の下位区分に分けられ、文筆業も「新聞記者」（publicistes）と「ジャーナリスト・文人」（journalistes-hommes de lettres）に大別される。こうした、十九世紀末の約二五年間に進められた統計的範疇としての「自由業」の概念の明確化とそれに伴う下位区分の整合化の試みは、かつての「カパシテ」のように高等教育、中等教育といった教育水準や資格のみによっては規定されえない、知的、芸術的職業従事者の著しい増加を直截に物語るものといえよう。もちろん、こうした明確化の試みにもかかわらず、「自由業」が公役務《セルヴィス・ピュブリック》全体をも包摂するか、あるいは、「才能に基づく職業《プロフェッション・ア・タラン》」のみに限定されるか、という本質的な問題に関しては、「自由業」の概念そのものは曖昧さを残しつづける。(12) しかし、一八九六年の調査以降一九五〇年代初頭にいたるまで、これ以上明確化の試みは進められていない。したがって、世紀転換期のこの時期に、「自由業」に関する統計学的な社会的認識図式は一応成立したとみなすことができよう。

(2)「自由業」の膨張と分極化

そこで、この時期における主要な「自由業」(文人・ジャーナリスト・学者、芸術家、教員、法曹、医師)について、就業者の量的変化を考察すると(図1参照)、分野および時期によって著しい相違が見られるが、全体としては、一八七二年の約一九万人から一九〇六年の約二八万人へと、ほぼ五〇%増という急速な増加を示している。

まず、分野別に見ると、文人・ジャーナリスト・学者は、一八七二〜一九〇一年間に九一%増、一八七二〜一九〇六年間では一四〇%増を示している。これは、この時期におけるあらゆる種類の出版物の増加、とくに新聞・雑誌の急増によるものと思われるが、また、公職の膨張に伴って、副業としての文筆業に道が開かれたこととも関係が深いであろう。(13)

芸術家については、約五〇%の増加にとどまる。芸術家の増加は文人・ジャーナリストの範疇よりも緩やかであるが、それは、芸術家の増加が文人・ジャーナリストに先駆けて行われ、すでに第二帝政末期の段階で、芸術の市場がある程度飽和状態に達していたこと、および、この時期における経済的不況がこれに追い打ちをかけた

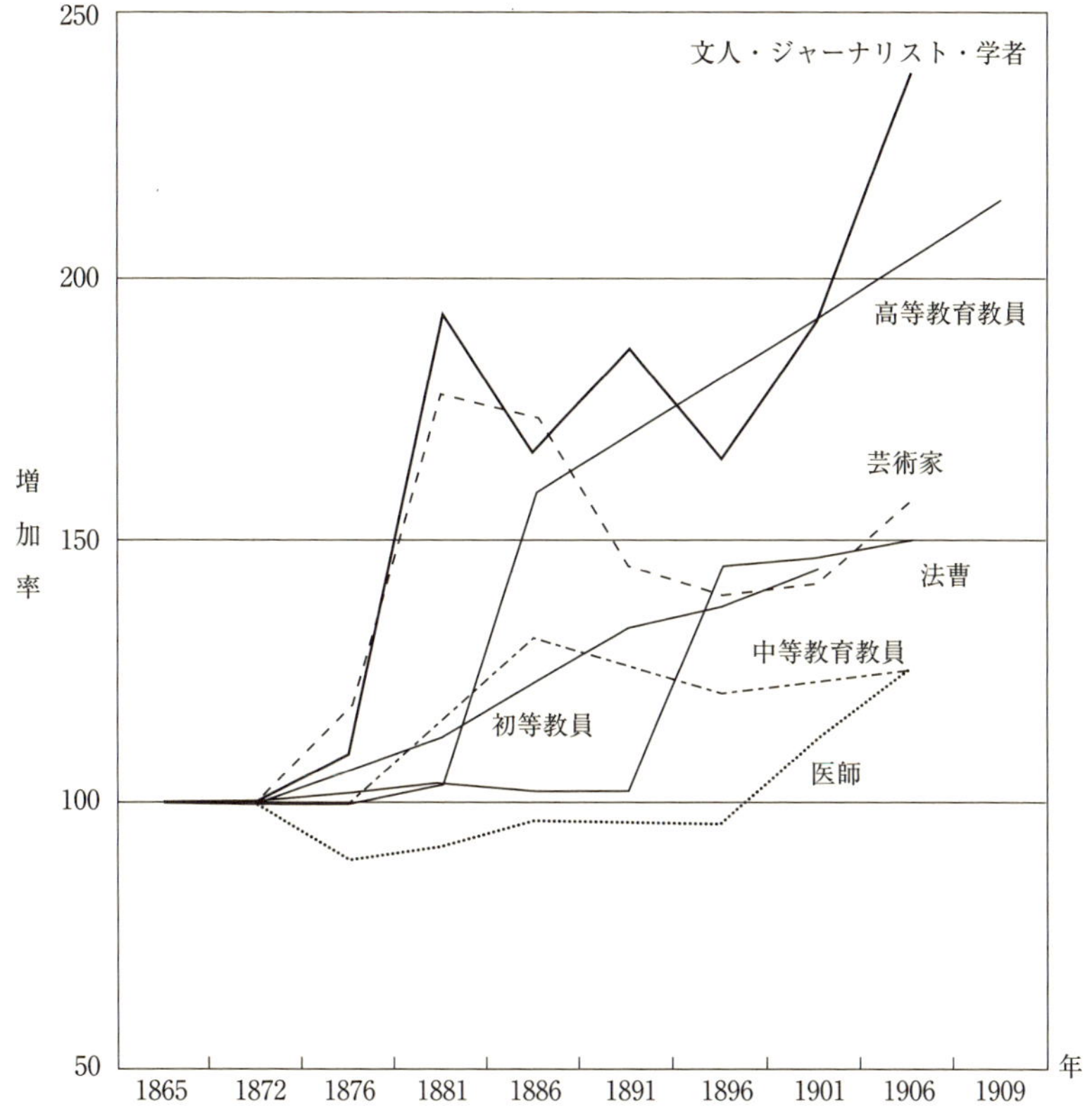

注）　1872年を100とする

図１　自由業従事者増加率(14)

ことによるものと思われる。

教員についても、全体としては約五〇％前後の増加にとどまる。ただし、その増加の様態は、初等、中等、高等の各段階でそれぞれ異なり、初等教員は平均的増加（一九〇一年、四五％増）、高等教育教員は顕著な増加（一九〇九年、一一五％増）を示しているのに対して、中等教育教員はむしろ停滞気味である。これは、初等教育に関しては私教育との競争、高等教育に関しては総合大学の組織と充実を基軸として展開された、第三共和制の文教政策の所産と考えられる。

これに対して、法曹および医

師の分野では、増加率ははるかに小さい（法曹五〇％増、医師二五％増）。これは法曹、医師が「自由業」としては伝統的にきわめて高い権威をもち、これらの職業への参入規準も高いことによるが、とくに医師における増加率の停滞は、保健士（officier de santé）の減少によるものと思われる。

以上に見られた、「自由業」を形づくる主たる職業の従事者の全体的急増とそれらの成長速度の著しい相違は、二重の効果をもたらしたと思われる。「自由業」内部における分極化、およびそれに伴う「自由業」そのものの同質性の喪失である。

まず、量的側面から見ると、一方には、職種としては就業者がほぼ安定して増加しているが、その増加率が相対的に低い、法・医という古典的「自由業」群がある。これに対して、ごく短期的な周期で増減を繰り返しつつも、長期的には就業者数が急速に増加する、比較的新しい知的、芸術的職業群（文人・ジャーナリスト・学者、芸術家）がある。しかも、これら二つの職業群は、すでに一八八六年の時点で、絶対数ではほぼ拮抗するにいたっている。すなわち、法曹、医師約四七、〇〇〇人に対して、文人・ジャーナリスト・学者、芸術家約四六、〇〇〇人である。そこに、古典的、伝統的部門およびこれと量的に拮抗する急成長部門という、「自由業」における二つの極の存在を看取することができよう。それのみならず、これら二つの極は、就業者の地理的分布から見ても、著しく対照的である。すなわち、国勢調査において地理的分布が考慮に入れられるのは一八八六年のことであるが、それによると、法曹および医師に関しては、パリ在住者は全体の約五分の一にすぎず、五分の四が地方に分散している。これに対して、文人・ジャーナリスト・学者、芸術家は、全体の三分の二がパリに集中しているのである。

さらに、これらを職業の質的側面から考察すると、一方の極をなす法曹、医師は、「自由業」中でも新規参入基準の高い古典的職業として伝統的に高い社会的威信をもち、地域においては名望家として強い人格的指導力を保持しつづけている。かつて「自由業」とほとんど同義であった「カパシテ」層は、この全国に分布する法曹と医師を核心として構成され、十八世紀以来教養ある読書層の中心を形づくってきたのは、彼らにほかならない。これに対して、いまひとつの極をなす、文人・ジャーナリスト・学者、芸術家といった一連の職業は、就業資格が法的に規定されておらず、厳密な参入規定をもたないこと、および、その職業市場が、一般的景気変動に直接左右されることを特色としている。したがって、これらは、新興の知的、芸術的職業という美化されたイメージゆえに、短期的に見ると、好況期には多数の新規参入者を迎えるが不況期には多数の落後者を輩出するという、栄枯盛衰を繰り返すが、長期的には、急速な――おそらくは、人口統計史上前例のない――膨張を遂げつつある職種である。しかも、これら新興の職業群は、デモクラシーの機能にとって不可欠なメディアへのアクセス、さらには、その就業者のパリ集中によるメディアの准独占を通じて、伝統的な文化生産・消費者層が担っていた地域的、人格的指導力に拮抗しうる社会的役割を果たすことを目ざしえたのである。

したがって、全体として見ると、職種間における成長速度の著しい相違を伴う就業者数増加の結果として、かつては全国に分布する法曹と医師を主要な核心として構成されていた「自由業」は、この世紀の末にいたって大きく二つの極に分裂し、「自由業」としての同質性を失いつつあったといえよう。

二　「自由業」における文化生産者

他方、「文筆と言説の専門的職業人」によって構成される当時の「知識界」を考察するには、書物の執筆とい

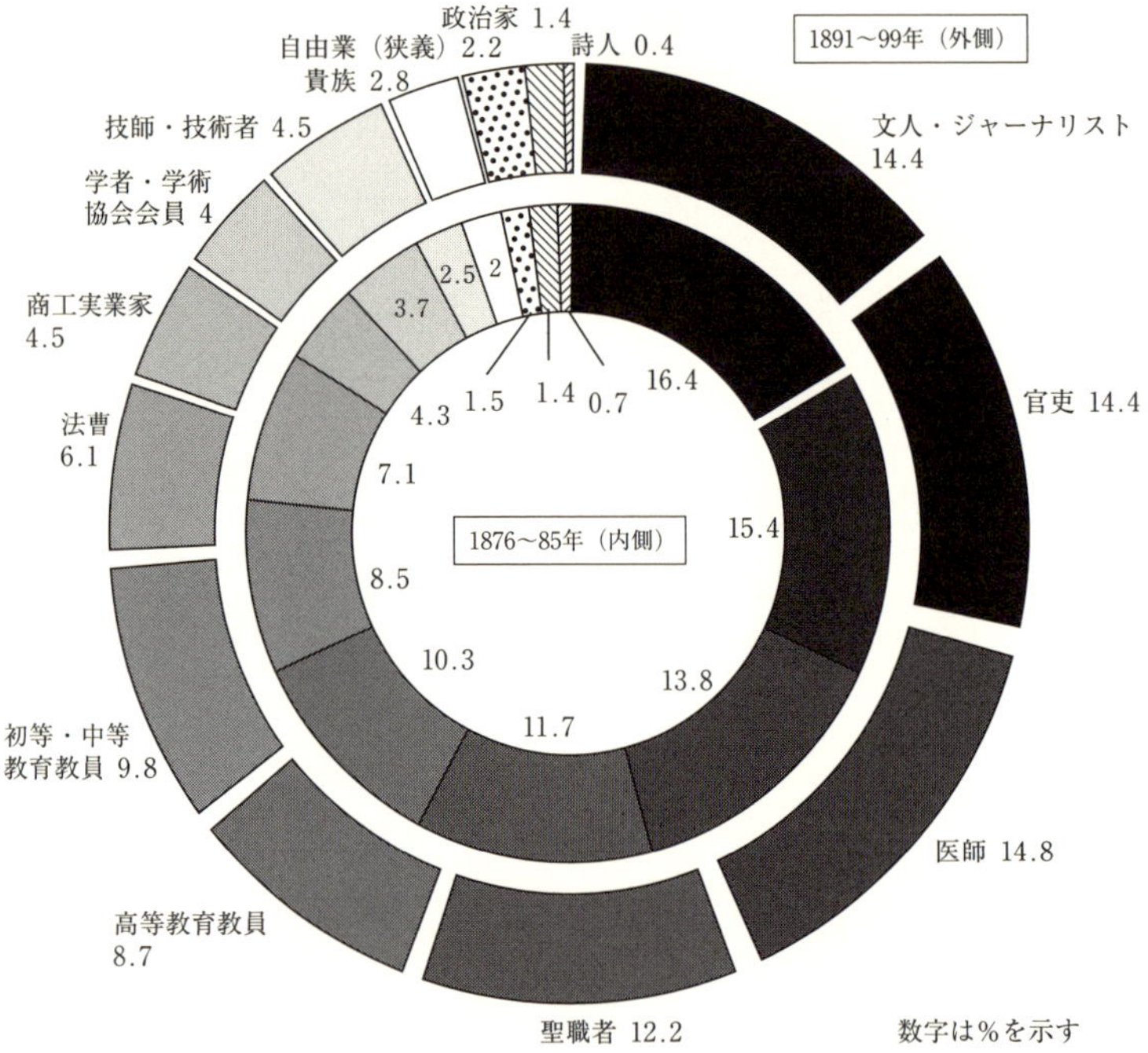

図2　著作者（書物生産者）の職業構成(15)

う文化生産の側面から分析を試みることが必要である。O. Lorenz, *Catalogue de la librairie française*, Paris, 1876-1908 に基づいて、C・シャルル（Christophe Charle）が一八七六〜八五年および一八九一〜九九年の各一〇年間について試みた書誌学的調査によると、書物の執筆者は、文人・ジャーナリスト、医師、法曹、高等教育教員、中等教育教員・初等教員、学者・学術協会会員、自由業（狭義―芸術家を含む）、詩人、官吏、聖職者、商工実業家、貴族、政治家、技師・技術者からなっているが、聖職者および官吏を含めると、この二つの時期における書物執筆の約八〇%以上が「自由業」従事者によって担われていることがわかる（図2参照）。すなわち、当時の書物生産者は、その職業から見ると、「自由業」従事者を中心として、その他約二〇%の商工実業家、貴族、政治家、技師・技

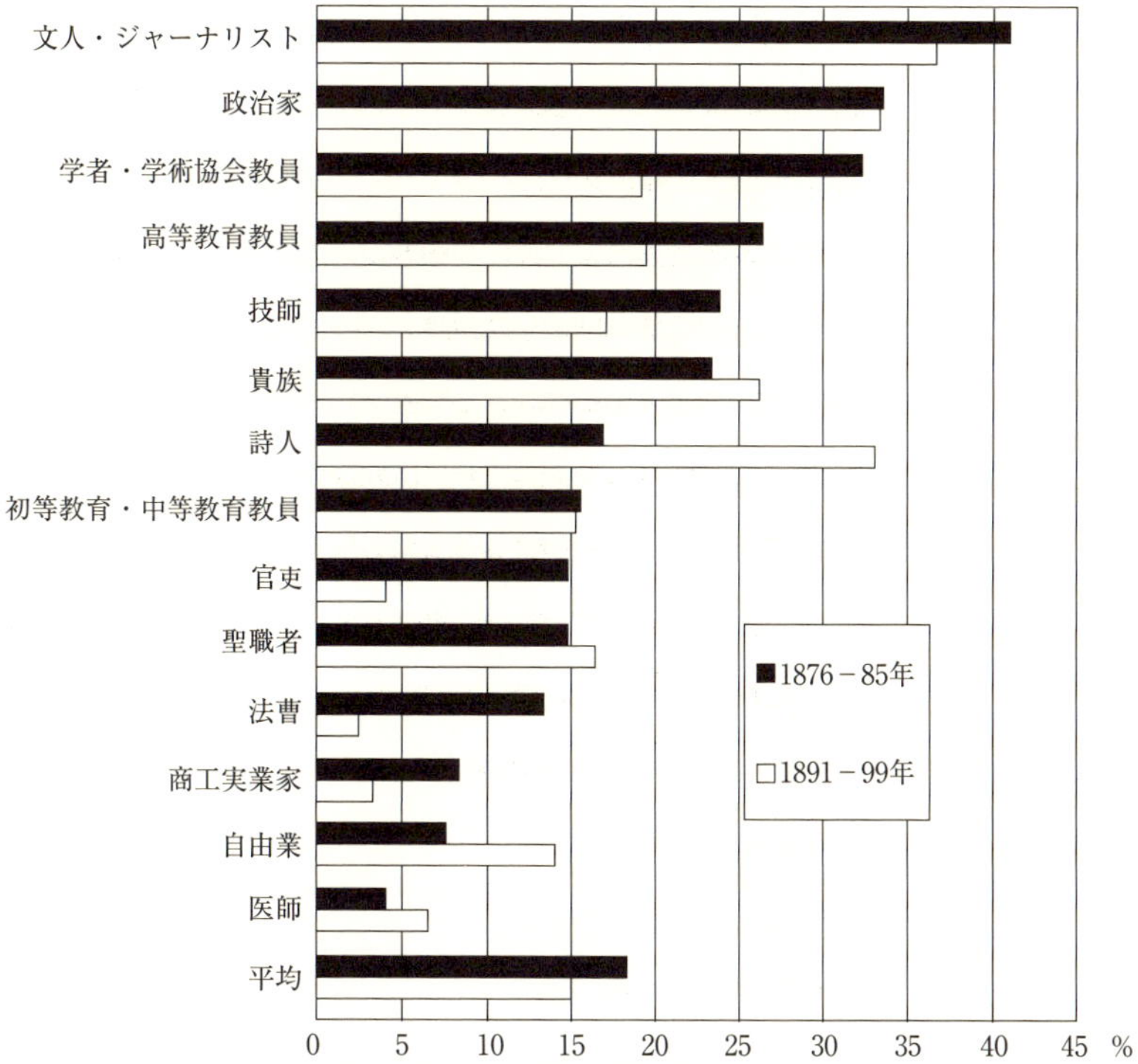

図3　職業別著作者と副業的著作者(17)
―4点以上の著作者（1876～85年および1891～99年）―

術者によって構成されていたといえよう。

しかしながら、上記の職業従事者が各一〇年間の書物の出版全体に対して占める比率は、それぞれの職業的範疇内において書物の執筆がもつ比重を示すものではない。というのは、各職業範疇の量的規模、すなわち、著作者の母集団の規模がそれぞれ異なるからである。そこで、上記の比率を各職業別の就業者数によって加重し、書物の執筆が各職業範疇に対してもつ比重を測定すると、たとえば、一八七六～八五年の一〇年間については、「自由業」における古典的範疇の法曹では、その就業者全体のわずか三・一%、医師ではその就業者全体の一二・七%が書物を出版しているにすぎない。これに対

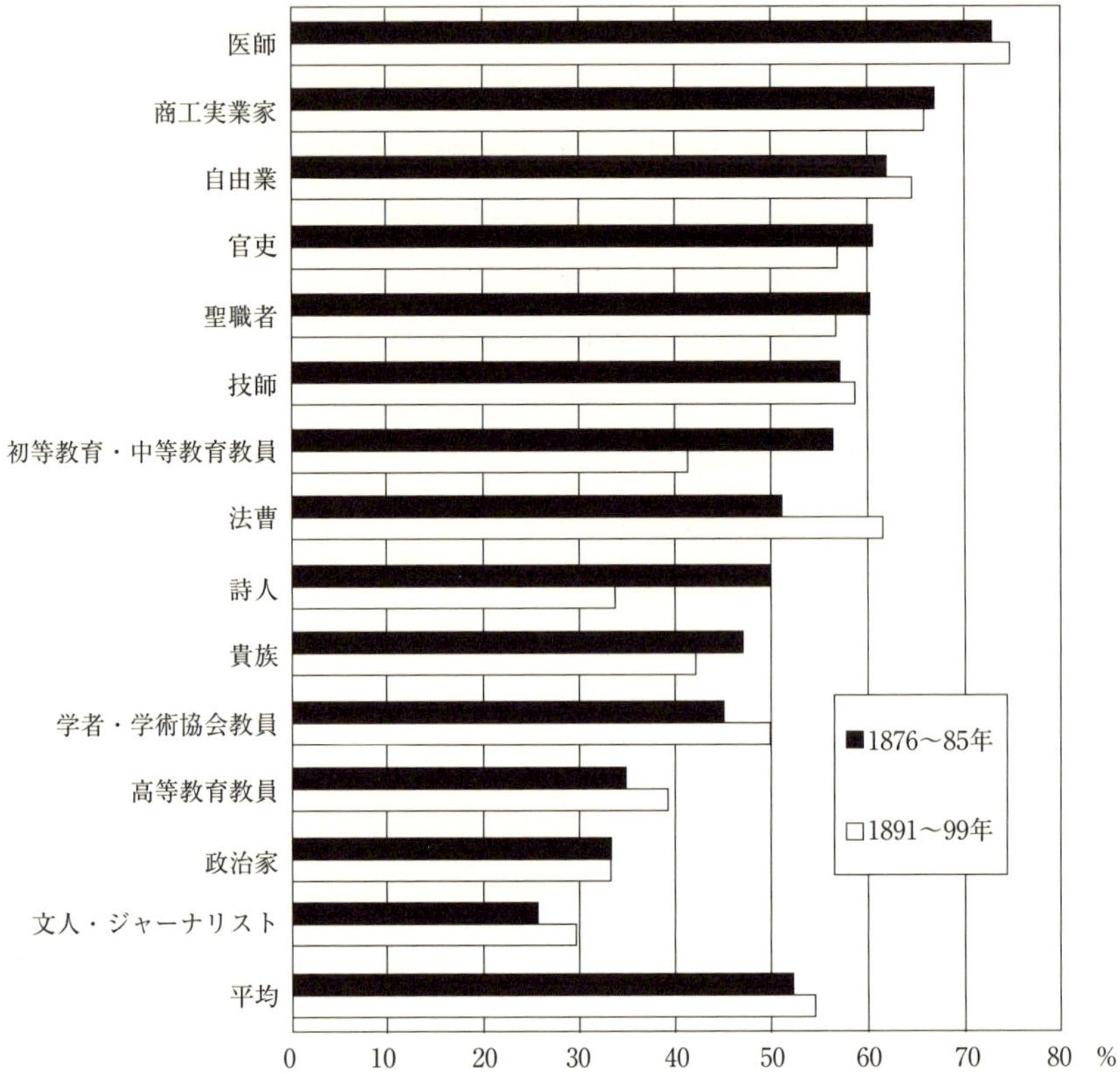

図4　職業別著作者と副業的著作者(17)

—１点のみの著作者（1876～85年および1891～99年）—

して、文人・ジャーナリストという範疇のうち書物を出版した者は就業者全体の三九・二％、高等・中等教育の教員では就業者全体の三三・三％に上っている[16]。すなわち、「自由業」のうち書物の執筆者の比重が圧倒的に高い職業（すなわち、職業的著作者の職業）は、前者の法曹や医師ではなく、後者の文人・ジャーナリスト、大学人であるということができよう。そこで、とくに一八七六〜八五年および一八九一〜九九年という上記の二つの時期に関して、四点以上執筆した著作者の職業的範疇と一点しか執筆しなかった著作者の職業的範疇とを比較考察すると、定期的著作者と非定期的著作者の特定およびその時期的変化を明らかにすることができよう。図３、図４は、その結果を表示したものである（図３、図４参照）。

これによると、後者の非定期的著作者の上位には、就業者数に比して相対的に少数の定期的著作者しか輩出させていない職種――医師、法曹、商工実業家、自由業、官吏、聖職者――が分布している。つまり、これらの職業の従事者は、時にはその一部が文化消費者から文化生産者に変ることがあるとしても、基本的には副業的著作者に位置づけられうるであろう。これに対して、前者の定期的著作者の上位には、就業者数に比して多数の多産的著作者を輩出させている職種――文人・ジャーナリスト、政治家、学者・学術協会会員[18]、高等教育教員――が位置している。すなわち、書物の執筆がその社会的地位の延長上にあるのみならず、ペンで生計を立てている職業的著作者は、これらによって構成されているということができる。したがって、書物の執筆という側面から見ると、「自由業」従事者は職業的著作者と副業的著作者に大別され、しかも、職業的著作者は古典的「自由業」の法曹、医師ではなく、この時期に急成長を遂げつつあったが、概して参入規定がなお曖昧で、パリに集中していた新興の知的職業人の範疇、すなわち、主として文人・ジャーナリスト、学者・学術協会会員、高等教育教員、詩人等を中心として構成され、これが当時の「知識界」の中核を形づくっていたということができる。

三 「知識界」の形態学的変容に伴う危機

ところで、この「知識界」の中核を形づくっていた知的職業人＝職業的著作者は、社会集団としては決して等質的で安定した構造をもつものではなかった。それらは、（１）量的成長における波動の相違、（２）ヒエラルキー化とジャンルをめぐる闘争、といった要因によって、同一職業範疇内および職業範疇間において相互に競合・相克していたのである。以下、その諸相について考察を試みる。

（1） 職業的著作者の量的成長における波動およびその規定要因の相違

これら職業的著作者の主たる範疇――概していうと、一方の極では文人・ジャーナリスト、他方の極では高等教育教員――の量的成長における波動、およびその規定要因は、相互に著しく異なっている（図1参照）。まず、「自由業」における規範的モデルとして法曹、医師を取り上げると、これらは、再生産の母胎となる学生数の増加率そのものが低く[19]、ある分野では、新規参入者が定員という形で調整されている。したがって、一八七二年～一九〇六年間について見ると、その就業者は、短期的変動幅の比較的少ない緩やかな増加を示している[20]。これに対して、職業的著作者の諸範疇は、就業者数の急速な増加を示している点できわめて対照的である。しかしながら、これら職業的著作者の量的成長の波動およびその規定要因は、文人・ジャーナリストと高等教育教員とでは著しく異なり、対照的でさえある。

⑴ 文人・ジャーナリスト・学者

この範疇は、国勢調査によると一八七二年より急速な増加を開始し、一八八一年には一挙に七、〇〇〇人台を突破する。しかし、以後一九〇一年まで、その就業者数は一八八一年に到達した最大値（七、三七二人）を超えないだけでなく、それ以下の範囲で、一〇～一五％の増減を周期的に繰り返している。就業者数の増加がこの衰退期と回復期の交替から解放されて再始動を開始するのは、十九世紀末から二十世紀初頭にかけてである。この量的変化を書物の執筆者の変化に関する二つの時期との関連で考察すると、第一の時期（一八七六～八五年）は、一八八二年における株価の暴落、あるいは泡沫的新聞の廃刊に伴う就業者数の減少局面が見られはするが、全体としては出版の自由化（一八八一年）および経済活動の発展を背景に、新聞業界では新しい誌紙が創刊され、出版社も活況を呈する。文学の市場（出版・新聞市場）は、急増する新規参入者を吸収する可能性を豊かに秘めており、この時期は知的生産の「繁栄期」といえよう。これに対して、第二の時期（一八九一〜九九年）は、知的生産の「危機の時代」[21]と特徴づけられよう。すなわち、この時期には、第一の時期を受け継いで、市場への新規参入者は潜在的に増加の趨勢を保ちつづける。しかしその反面、一八九〇年代初頭における出版業の恐慌、新聞業界の再編・集中化、および「一スー新聞」のような大衆的廉価紙の登場等、新聞・出版業界は難局に見舞われる。したがって、その就業者数が一九〇一年にいたってもなお一八八一年に到達した最大値を越ええないことから見て（七、三四二人）、市場は、新規参入者が押し寄せるにもかかわらず需要そのものは拡大しないという、飽和状態に達していたと見ることができる。その結果、新規参入者は、一八九六年頃まで市場から撤退せざるをえない。それは、文学の市場の危機といってもかまわないであろう。すなわち、文学・ジャーナリズムのような分野は、古典的「自由業」とは異なり、新聞業・出版業を媒介として一般的景気変動に左右される。この分野では、新規参入に対する公的な障壁が存在していないだけに、「繁栄期」には、他の職種あるいは下級の職種から新規参入者が突発的に流入する。しかし、その反対に、「危機の時代」には、最も脆弱な構成員は他の部門への方向転換を迫られるか、さもなければ、市場の法則の圏外に立つ小グループへと自閉化していかざるをえなくなるのである（たとえば、象徴主義者が挙げられよう）。

(2) 高等教育教員

これに対して、職業的著作者のいまひとつの極を形づくる高等教育教員の量的成長の様態は、文人・ジャーナリスト・学者といった範疇とは全く異質的である。国勢調査によると、高等教育教員数は一九〇九年までほぼ直線的に急上昇し（一九〇九年、一、〇四八人）、以後、飽和状態に達する（一九三〇年、一、一四五人）[22]。「自由業」のその他の分野では就業者の減少が見られる時期にさえ、高等教育教員は増加しつづける。すなわち、その量的成長は一般的景気変動とは無関係、もしくは、それに逆行する形でさえ進行している。こうした増加は、一八七〇年代以降における高等教育改革の展開に伴うものと考えられる。すなわち、この改革を通じて、とくに文学部、理学部という、いわゆる「知的学部」の教官および学生数が増加する。教官については、一八六五～一九〇九年間で約一一〇％増加し、学生数については、一八七六年には、法・医の学生数七、六六八人に対して文・理の学生数五三一人にすぎなかったが（一四・一対一の比率）、一八九〇年には、法・医一〇、四一三人対文・理三、一一二人となり（三対一の比率）、一九一四年には、法・医二四、九九八人対文・理一三、九一六人にまで上昇する（一・七対一の比率）[23]。このように、この時期には、「知的学部」が「職業的学部」と量的に拮抗する勢力を誇るようになるのみならず、『国際教育評論』誌を拠点とする改革派グループのようなイデオロギー集団の形成によって、高等教育教員は社会的可視性を獲得するにいたる。こうした経緯は、この時期における高等教育教員の増加が、高等教育改革に伴う政治権力の意志、すなわち、研究機能の充実を通じて高等教育を若い科学者や国家的エリートの養成の拠点とし、対独競争、さらには、国際競争に堪えうる総合大学のネットワークを国内に創出しようとした、政治権力の戦略的意志の結果であることを示すものである[24]。

以上、職業的著作者について、一方の極には、ある水準までは就業者数が急上昇するが、一般的景気変動を反映して繁栄と衰退を周期的に反復し、市場の需給関係に左右されて新規参入者の殺到と撤退を繰り返すセクターが存在し、他方の極には、政治権力の政策的意志を直接的に反映して、就業者が直線的に急増するセクターが存在することを指摘した。したがって、その当時の「知識界」は、その量的成長に関して異質の様態と論理に基づく二つの極をもつ職業的範疇を基軸として構成されていたということができよう。

（2）ヒエラルキー化とジャンルをめぐる闘争

しかしながら、このような就業者数の変化における基本的異質性にもかかわらず、これらの職業的著作者には本質的に通底するものがある。第三共和政は、たとえ形式的にではあれ、あらゆる能力・才能に対して開かれていることを標榜し[25]、能力と競争をもってエリート選抜における唯一のメカニズムとした[26]。なかでも知的、芸術的職業は、当時の社会的通念では、ブルジョワ的地位をもつ職業中最も開かれたものとして認識されていたのである。このことは、知的、芸術的職業の社会的リクルートの面からも裏付けられうる。まず、大学人について見ると、その社会的リクルートの範囲は、学問分野が法学の極から理学の極へ近付くにつれて拡大する。さらに、勤務する学部がパリから地方へ遠ざかるほど、また、教授が高等師範学校の卒業生ではないほど、社会的リクルートの範囲は拡大する[27]。文人についても、バカロレアをもたなかったエミール・ゾラをはじめ若干の自然主義作家に見られるように、文化資本にあまり恵まれていない場合でも、社会的上昇が可能であった。さらに、著名な芸術家も、少なくともその一部は、社会的再生産を免れている。たとえば、その当時最も聖別された人物に数えられる「芸術最高評議会」評議員の画家のうち、二二・二％は小売商の出身である[28]。したがって、これら知的、芸術的職業人は、その実情からすると、社会的底辺から出発して成功しえた者が全体のごくわずかにすぎなかったとしても、能力・才能のみによる成功という標語を体現するものとして理解されていた。つまり、文人・ジャーナリスト、大学人といった職業は、能力・才能に対して最も開かれたキャリアーとして認識されていたのである。

したがってまた、それは、市場の論理か学校による超選抜の論理かという、競争の様態上の相違はあるとしても、能力と才能を競う、熾烈な競争の支配するキャリアーでもあった。この競争がもたらす緊張関係は、これら職業的著作者に、(1) 職業範疇内におけるヒエラルキー化、(2) 職業範疇間におけるジャンルをめぐる闘争、という形で分化と闘争をもたらしたと思われる。

(1) 職業範疇内におけるヒエラルキー化

これら職業的著作者に関して、読者層という観点を加えて考察すると、一八七〇〜一九〇〇年代にかけて、それぞれの職業範疇内で著作者のヒエラルキー化が進行しているのが認められる。限定された少数の読者を対象とする著作者と広範な大衆的読者を対象とする著作者への分化がそうである。以下、これを最も職業的な著作者、すなわち、高等教育教員、学者・学術協会会員、詩人、文人・ジャーナリストについて考察を試みる（図3、図4参照）。

a 高等教育教員、学者・学術協会会員

まず、高等教育教員については、四点以上執筆した多産的著作者は、「繁栄期」（一八七六〜八五年）における二六・三%から「危機の時代」（一八九一〜九九年）における一九・三%へ減少しているのに対して、一点のみの著作者は三四・八%から三九・二%へ増加している。これは、総じて高等教育教員における著作数の減少傾向を物語る。こうした寡作化の理由としては、まず第一に、高等教育における専門分化の進捗と研究機能の定着に伴って、とくに秘教的学問に典型的に見られるように、学術誌や学会誌が書物に代わる役割を果たすようになったことが挙げられる。第二に、文・理の学部におけるメートル・ド・コンフェランス、講師、助手のポストの新設、あるいは法・医の学部におけるアグレジェのポスト等の増設に伴って、高等教育におけるキャリアーの自己完結化が進行し、大学人が若年層化したことが挙げられる[29]。すなわち、

まず学術誌や学会誌への投稿を通じて同僚から認知されることを要求され、聖別された教授ほどには書物を公にする可能性に恵まれない、若年層の大学人の相対的増加がこれである。こうした寡作化現象は、学者・学術協会会員についても同様に認められる。すなわち、彼らのうち四点以上公刊した著作者は三二・一％から一九・一％へ減少する反面、一点のみの著作者は四五・一％から五〇・〇％へと増加する。こうした高等教育教員や学者・学術協会会員の寡作化現象と対照的な変化を示しているのが、中等教育教員および初等教員である。彼らの場合、数字のみから見ると、多産的著作者の比率は、一五・四％から一五・二％へとわずかに低下が認められるが、この比率は「危機の時代」における多産的著作者の平均値を上回っており、彼らは職業的著作者のグループに加わる趨勢を示すにいたっている。こうした中等教育教員および初等教員の多産的著作者としての市民権の獲得は、共和派政権下における学制改革に伴う教育施設の整備、わけても、就学者数の増加に伴う教科書、参考書、あるいは辞書・事典類に対する需要の高まりによるものと考えられる。したがって、高等教育教員、学者・学術協会会員は、中等教育教員、初等教員を含む広義における学術・教育関係の著作者が相対的に限られた読者を対象とする著作者層と広範な大衆的読者を対象とする著作者層へと二極分化して行くプロセスの中で、限られた読者を対象とする著作者として定位されつつあるといえるであろう。

b　詩　人　詩人の場合、こうしたヒエラルキー化現象は、詩人という範疇そのものの内部で明瞭に現れている。すなわち、多産的著作者は「繁栄期」における一六・六％から「危機の時代」における三三・三％へと急増し、職業的著作者中第二位を占めるにいたるが、その反面、一点しか出版していない詩人は五〇・〇％から三三・三％へと減少する。つまり、一八七六〜八五年の段階では、一点の詩集しか出版していない詩人は全体の約半数に上り、四点以上出版した職業性の高い詩人は全体の六分の一にとどまっていたが、一八九一〜九九年の段階では、詩人は職業的著作者中第二位を占めるにいたり、一方、職業性の低い詩人は三分の一に減少する。これは大量生産型の詩人三分の一、小生産型三分の一、中間型三分の一という、詩人の三段階のヒエラルキーへの分化を示すものであるが、それは、具体的には、前衛詩人と大衆詩人の登場を意味するであろう。すなわち、かつて同人誌に閉じこもっていた前衛詩人は、今や少数ながら固定的な読者を得て出版の機会に恵まれ、文学の市場に登場してくる。他方、詩人は、いわゆる大衆詩人の出現に見られるように、大量の出版が確実に保証される分野、すなわち、教科書への収録、あるいは表彰用の書物としての詩集の採用を通じて、とくに初等教育において膨大な読者を獲得したのである。

c 作家　同一職業範疇内部におけるヒエラルキー化という現象を最も典型的に表しているのが、狭義における文人、つまり、作家（écrivain）である。作家は、この十九世紀末約二五年間の膨張期に、読者層および文学の類型に従って三つのセクター、すなわち、アカデミックなセクター、中間的セクター、前衛的セクターに分けられるようになる。(30) 前衛的セクターを選択するということは、自らの同僚に対してのみ執筆するということを意味し、中間的セクターを選択するということは、文学的主張よりも経済的利益を優先させるということを意味する。最後に、アカデミックなセクターを目指すということは、エリート的読者のみがアプローチしうる、純文学に専念するということを意味する。こうした分化は、作家の居住地の地理的分布にさえ反映している。すなわち、最も聖別されたアカデミックな作家の居住地は、パリ西部の洗練された地区に集中し、中間的セクターの作家は右岸、とくに新聞社や劇場に近い第九区に居住している。さらに、前衛は周辺的地区（より民衆的で、新しいブルジョワ的地区である左岸）に集まっている。(31) こうした居住地の地理的分布への反映という事実からも推測されるように、作家のセクターへの分化は、一度選択すると容易には変更しがたいほど定着しているといえよう。前衛から脱出するには文体の変更が必要であり、中間的セクターからアカデミックなセクターへ移るには、作家としての自らのアイデンティティの一部を否定せざるをえない[32]。つまり、作家におけるこのようなセクターへの分化は、文学の質を重視するか、読者に対する成功を重視するか、それとも社会的成功を重視するかという、文学における正統性《レジティミテ》のヒエラルキーの分裂を示しているのである。

以上、高等教育教員、学者・学術協会会員、詩人、文人・ジャーナリストといった職業的著作者について、それらの量的成長における異質性にもかかわらず、読者層の相違および象徴的相違に基づいて、ヒエラルキー化という共通の亀裂が深まりつつあることを指摘した。以下、「知識界」の拡大に伴ういまひとつの亀裂について考察を試みる。

(2) 職業範疇間におけるジャンルをめぐる闘争

職業的著作者間における熾烈な競争に伴う緊張関係の高まりは、出版物ジャンル別に見た著作者の職業構成の変化にも表れている（図5、図6参照）。

まず全体として見ると、一八七六～八五年、一八九一～九九年の二つの時期を通じて、著作者の職業の分散度が低く（最少四種類）、しかも、主たる著作者の職業が占める比率が圧倒的に高いジャンルは、医学書および宗教書（医師七八・四%～八四%、聖職者八六・五%～八六・二%）のみであり、やや程度は劣るが、科学書（高等教育教員三八%～三〇・二%）、法律書（法律家三六・三%～四九・一%）がこれに続いている。しかしながら、上記以外のジャンルでは、著作者の職種は著しく多様（最大一三種類）であり、主たる著作者の職業が占める比率も低い。これらのジャンルでは、多種多様な職業の著作者が競合し、著作者間における緊張の激化をもたらしていると考えられる。以下、著作者間におけるジャンルをめぐる闘争を、職業的著作者の二つの極、文人・

ジャーナリストおよび高等教育教員について考察を試みる。

まず、文人・ジャーナリストについては、彼らの著作活動は一一種類以上のジャンルに及んでいる。これらのうち、文人は小説、戯曲、詩、随筆といったジャンルで支配的な地位を占めているが、さらに、歴史、政治、法律・経済・社会科学にも進出している。しかし彼らは、これらのジャンルにおいて終始安定した地位を維持しているわけではない。彼らは、一八七六〜八五年の時期から一八九一〜九九年の時期にいたるあいだに、小説、戯曲、随筆といった、いわば彼らが本業とするジャンルで、文人以外の職業人（たとえば、官吏、法律家等）の進出によって市場から撤退せざるをえなくなっている。すなわち、小説では六五・七％から四七・四％へ、戯曲では七三・一％から六四・二％へ、随筆では二九・六％から一七％へと、彼らのジャンル占有率が低下する。その反面、これらアマチュアの競合による退勢を補うかのように、彼らは最も新規参入が容易な詩のジャンルを侵食し（二七・五％から四三・九％へ）、文学に準ずる発行部数が期待されうる歴史書、実用書、政治、法律・経済・社会科学へも進出している。こうした、「危機の時代」（一八九一〜九九年）の到来に伴う文人の関与するジャンルの多様化は、職業的著作者の中でもペンのみで生計を立てている最も脆弱な社会的分子、文人の「生き残りのための多様化戦略(34)」ということができよう。

このような職業的著作者とアマチュア間における競合は、高等教育教員についても認められる。科学書の著者の職業に見られるように、科学の正統性が認知された分野のジャンルでは、高等教育教員が支配的であるが（三八％から六二％へ。ただし、後者は中等教育教員を含む）、その反面、社会科学のように、科学的正統性の点から見て未成熟な分野のジャンル、あるいは、歴史学のように、政治的含意のために科学的正統性が常に問題にし直されざるをえない分野のジャンルでは、高等教育教員とアマチュア的学者との間に相克が生ずる。アマチュア

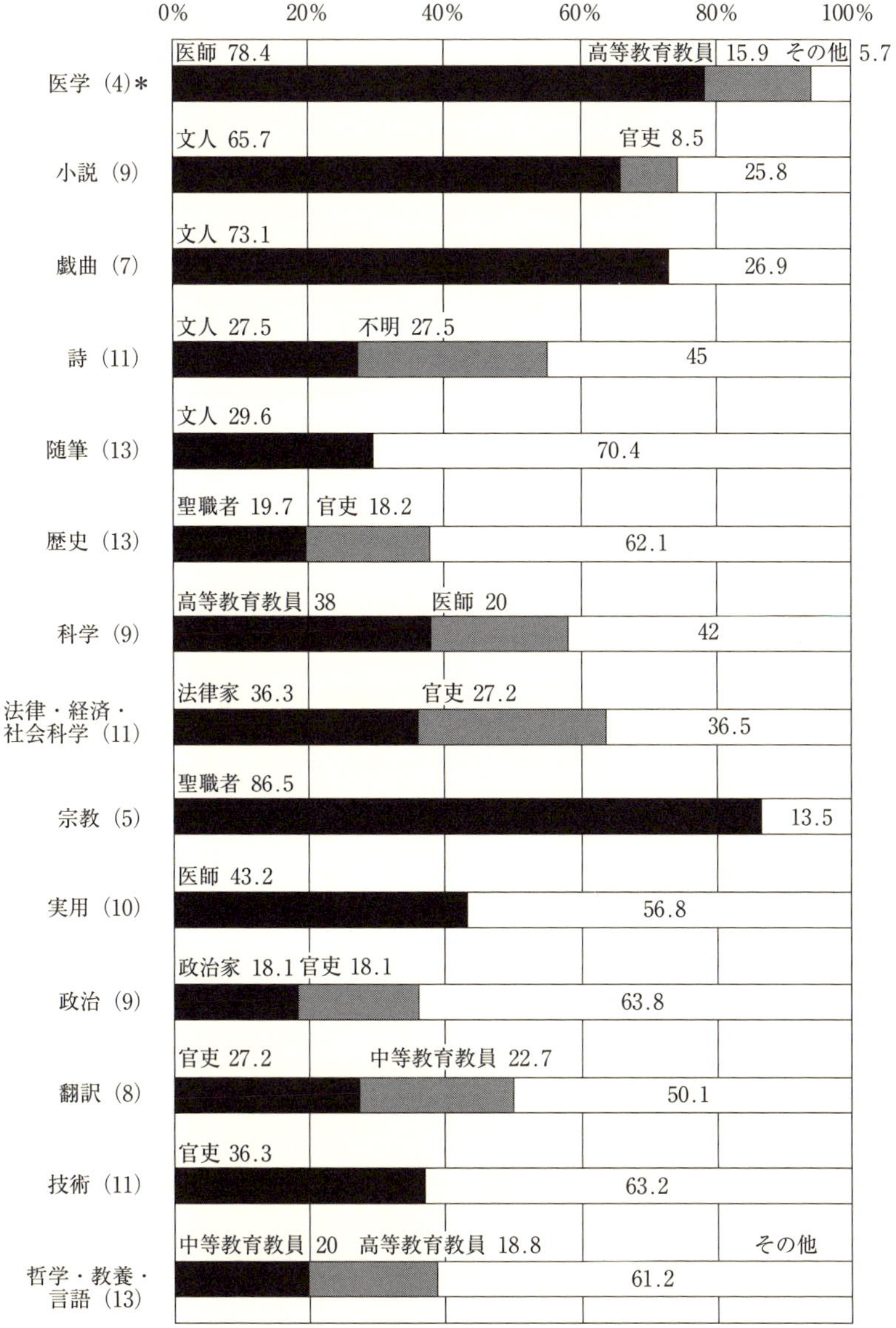

*）（ ）内は著作者の職業数，数字は%を示す

図5 出版物ジャンル別著作者の職業構成（1876～85年）(33)

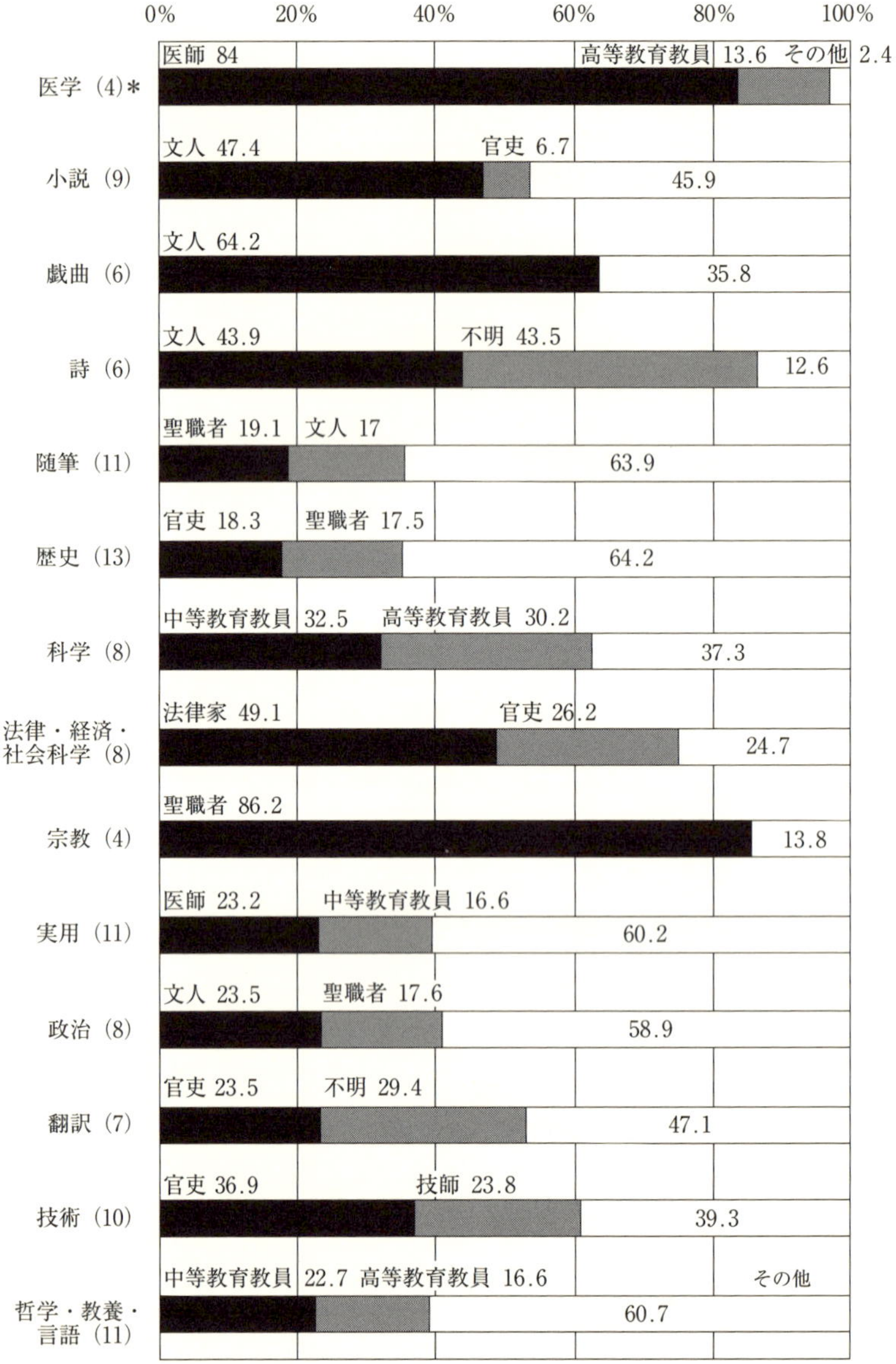

*）（　）内は著作者の職業数，数字は%を示す

図 6　出版物ジャンル別著作者の職業構成（1891～99年）(33)

は、自らの出自であると同時に読者でもある最も広い教養層を対象として、最も一般向な総合的スタイルを遵守しようとする。これに対して、高等教育教員は、こうした一般向きのスタイルを偽科学視し、科学的正統性を主張する立場から同僚による認知のみを求め、通俗書との相違を明確にしようとする。この主張は、科学の名においてアマチュアを排除することになるであろう。こうした相克は、大学と関係の深いジャンルにおける著作者の職業構成の変化にも表れている。たとえば、哲学・教養・言語がそうであり、その著作者の職種の減少（一三種から一一種へ）および主たる著作者の比率の上昇（高等教育教員（中等教育教員を含む）三八・八％から三九・三％へ）は、このジャンルにおいてアカデミックな基準が徐々に覇権を確立しつつある趨勢を示すものであろう。しかし、科学的正統性の主張は、また同時に、学術誌・学会誌における認知をへて著書の刊行にいたるという慣行がさまざまな学問分野で次第に確立してくるのに伴って、高等教育教員に出版の機会を減少させる効果をもたらすことにもなる。科学的研究という新しい職業的理念の登場とそれに伴う専門分化の進捗は、科学的正統性の名において、相対的に孤立した世界に高等教育教員を閉じ込める、という役割をも果たすのである。こうした高等教育教員のアマチュアに対する関係は、文人の「生き残りを賭した多様化戦略」に対して、「科学的正統性の名の下における専門化戦略」と形容することができよう。これら二つの戦略は、一見いかにも対照的に見える。しかしそれらは、「知識界」の変容のさなかにおけるジャンルをめぐる闘争という点では、同一の地平に立っているのである。

以上、「知識界」の中核を形づくる職業的著作者について、それが能力と才能を競う熾烈な競争の支配するキャリアーであるがゆえに、職業的著作者の職業範疇内部におけるヒエラルキー化と同時に、職業範疇間におけるジャンルをめぐる闘争をもたらしていたことを指摘し、「知識界」が分裂と闘争の場と化していたことを明らかにした。

十九世紀末、文人・ジャーナリストと大学人を両極とするフランスの「知識界」は、史上稀に見る量的拡大を遂げた。すでに見た通り、その規模は、「知識界」の中核を形づくる新興の知的職業人、すなわち、文人・ジャーナリスト・学者については、一八七二年から一九〇一年の間に三、八二六人から七、三四二人へ倍増し、高等教育教員については、一八六五年から一九〇九年の間に四八八人から一、〇四八人へと倍増している。その他、詩人、中等教育教員の一部等を加えると、十九世紀末の時点で、「知識界」の中核的構成分子は約一万人の規模に達していたと推定されうる。したがって、その他の自由業、さらに政治家、資産生活者といった副業的著作者を考慮に入れると、この数字は二倍から三倍に見積もることができよう。つまり、十九世紀末の時点で、「知識界」は、ほぼ二万人から三万人の規模をもっていたと推定される。[35] この規模は、王政復古期における被選挙権者および選挙権者にほぼ相当し、したがって、象徴的、イデオロギー的相違によって複数の党派に分裂する可能性をもつものであった。事実、「知識界」は、一、その中核的構成分子の基本的異質性、二、読者層の相違および象徴的相違に基づくヒエラルキー化、三、生き残りと科学的正統性を賭したジャンルをめぐる闘争によって、相克・葛藤の場となっていたのである。したがって、この時期における「知識界」の規模の拡大は、常に分裂の可能性を胚胎しつつ進行したということができよう。しかし他方、この規模は、その構成員が政治的論争に介入する権利を含む、エリート的集合意識を保ちうる範囲に限定されたものでもあった。事実、「知識界」の中核を形づくる新興の知的職業人は、新しいタイプの権力、すなわち、かつてオーギュスト・コントが説いた精神的権力を主張しえたのである。まず、ジャーナリストについて見ると、彼らは世論を代表する。選挙戦における共和派の勝利は、名望家とは対照的に、新聞を媒体とした民衆とのコミュニケーションに負うところが大きいであろう。文人、とくに自然主義の文人は、共和派の政治家たちが公式に標榜した科学、民主主義、競争に対する信仰を奉じている。彼らは共和派の公のイデオロギーの支持者であった。最後に、「新しい大学」は、エルネスト・ラヴィッス（Ernest Lavisse）やモノのような改革派の大学人を通じて、フランスの新たな知的武装に貢献している。こうした新たな知的権力＝象徴権力の担い手たる彼らは、自ら標榜した政治的スローガンに対して自己矛盾に陥っていた、権力の座に就いていたエリートたちに対して[36]、異議申し立てをするに足るエリート的意識をもちえたのである。

このように、形態学的変容から見るとき、新たなエリートとして登場してきた知的職業人を中核に構成されていた十九世紀末フランスの「知識界」は、その規模と内実から見て、危険なバランスの下に辛うじてその一体性を保っている状況にあった。「知識界の成長期の危機」――拡大に伴う分裂の危機に見舞われていたこの時期の「知識界」について、このようにいうことができようか。

第二章　「知識界」のイデオロギー的変容

しかし、「知識界」の成長期の危機は、前節において考察した形態学的変容に直結するもののみにはとどまらない。「知識界」はイデオロギー的危機にも見舞われていた。上記の形態学的変容に伴って、「知識界」における文化的準拠モデルとしての人物像、すなわち、支配的な社会的表象《ルプレザンタシヨン・ソシアル》もまた危機的状況に陥っていた。「知識界」は知的職業に関する旧来の理念像をもってしては説明されえないような状況にあったのである。したがって、「知識界」が新たに構造化されるには、「知識界」を構成するさまざまな社会職業的範疇の新しい意識を代表する社会的表象が新たに登場することが不可欠であった。「知識人」という言葉は、旧来の支配的社会的表象に代わる職業的理想を示すと同時に社会的、集団的結集の旗幟として登場してくるのである。本節においては、とくに「知識界」のこのイデオロギー的変容の側面に関して、一、十八世紀以降における支配的な社会的表象の系譜の概略を辿るとともに、二、この社会的表象の交替の結果として、この時期に飛躍的に台頭してきた科学者(1)という社会的、文化的人物像について考察し、これを通じて、科学者という社会的表象が、イデオロギー的危機にあった「知識界」において支配的な社会的表象の地位を確立したことを明らかにする。

一　文化生産者像の史的系譜——文人から科学者へ

「知識界」における支配的な社会的表象を時系列的に考察するにあたって、あえて中世の聖職者に遡るまでもなく、(2)とりあえず十八世紀以降に限ってみても、各時代にはそれぞれ文化生産者の社会的理想像が存在している。この文化生産者の理想像は、それぞれの時代に知的覇権をめぐる闘争の争点となり、その結果として、「知識界」において一時的に正統性を獲得したものであるが、十八世紀における文化生産者の代表的なモデルとしては、文人《オム・ド・レットル》＝哲学者《フィロゾーフ》が挙げられる。十八世紀の文人＝哲学者は、司祭という社会的人物像に抵抗しつつも啓示宗教における聖職者に代わる役割を果たすべく、自らのイマージュを創り上げた。しかし、大革命に伴うイデオロギー的変化は、文化生産者としての文人というモデルを質的に変容させた。文人は、大革命の自由主義的段階にあっては、新聞の急増あるいは出版業に対するギルド的束縛の撤廃によって、世論の指導者という地位に就いたが、ブリュメールのクーデタ以降、権威主義的体制の監視の下で、逆に体制順応的、党派的ジャーナリストに変質し、ついには、単なる文芸の職業人という平凡な地位に転落してしまう。(3)次いで、文人＝哲学者に代わるものとして登場してきたのは、ロマン主義の風土の中で育まれた、文人とは峻別された意味における作家《エクリヴァン》、新しい宗教感情に囲繞された作家である。(4)作家は、その天賦の才能を通じて、時代の翹望と深層における趨勢を表現すると主張する。この新しいモデルを最も高度に具現した存在は詩人であろう。なぜなら、詩は、神的なものとの、また民衆的願望との特殊なコミュニケーションの手段としてとらえられていたからである。(5)しかし、啓示宗教における聖職者の代理人たろうとしたこれらのモデルは、一八四八年における知的ユートピアの挫折、カトリック教会勢力の復帰等といった政治的、社会的条件の全面的変化の結果として、十九世紀中葉以降、象徴勢力としては力を失った。以後、「知識界」には、芸術至上主義を唱える芸術家、博物学者という名の科学者、心理学者を僭称するディレッタント、象徴主義者という名の神秘主義的詩人といった、中小の文化生産者のモデルが乱立・併存することになる。しかしこれらは、秘密出版、あるいは政治的アナーキズムといった現象に見られるように、狭い知的集団内に自閉的に閉じこもり、文人や読者に対してはごく限られた社会的承認しか求めようとしなかった。要するに、ロマン主義的意味における作家以降、「知識界」における文化生産者の支配的準拠モデルは存在していなかったといっても過言ではないであろう。このような支配的な社会的表象の欠如は、「知識界」が急速に膨張・発展しつつあったのみならず「知識界」内でグループ化が進捗しつつあっただけに、ひとつの表象のみが、そこで覇権を樹立することが困難であったことにも起因している。当時の「知識界」における表象の危機、準拠モデルの危機があったのである。(6)

他方、一八五〇～六〇年代以降、すなわち、十八世紀以来の広義における文学がイデオロギー的着想の唯一の源泉ではありえなくなって以降、イデオロギー面において啓示的宗教に代わるものとして登場してきたのは科学である。この科学の登場と躍進という事実は、俗にいう思想史においては常識であり通念であろう。しかし、常識であるがゆえに、研究の対象とされることなく看過されてきた側面がある。社会的表象の歴史という視点から光を当ててはじめて顕在化する側面、科学者という人物像がこれである。従来、科学は、科学理論の歴史あるいは科学の制度化の歴史等という形で、科学史はいうまでもなく大学・高等教育史の側面からも研究の対象とされてきた。しかし、具体的個人としての科学者に関するモノグラフィカルな研究を除けば、科学者が正面からとり上げられることはなかった。科学者が文化生産者の社会的表象という観点からとり上げられることはなかった。

しかし、宗教から科学へというイデオロギー的変化には、「知識界」における社会的表象の交替、すなわち、従来の支配的な社会的表象に代わる科学者という社会的表象の登場が伴っていたのである。

二　支配的な社会的表象としての科学者

（1）社会的表象としての科学者

ここに、一八九〇年代初頭における科学者に関するひとつの典型的な描写がある。一八九二年、科学者の象徴的存在であったパストゥールの生誕七〇周年記念祝典が挙行される。丁度その頃、のちに教授をへて政界にはいり文相となったエドゥアール・エリオ（Edouard Herriot）が高等師範学校に入学し（一八九一年）、第一年次を過ごしている。彼は晩年に執筆した『回想録』の中で、ペロ（G. Perrot）、トゥルニエ（G. Tournier）、ボワシエ（G. Boissier）、ブリュンヌティエール（F. Brunetière）といった、彼の入学当時の高等師範学校の教師を活写しているが、(7) 以下はその『回想録』の一節である。

「高等師範学校はパストゥールという偉大な名前によって支配されており、一八九二年には、彼の生誕七〇周年の祝典が挙行された。ところで、おそらく彼の結晶学や発酵に関する研究は、ほとんど私たちには理解の及ばなかったものであろう。しかし、どのような哲学体系にもまして私たちを魅了したもの、それは、この科学者というキャリアーの統一性であり整合性であった。そこでは、ひとつの発見が他の発見とつながり、最も内容豊かな証明も一見基礎的な推論に基づいている。実験室における実験は無限の経済的結果となって現れ、産業全体を、ビール産業、絹産業、ワイン産業を救うことにつながっている。このような成功全体の中に、連続的創造の中に、精神の力が如実に啓示されていた。若い知識人はそれに心を奪われたのである。いまだかつてフランスは、その栄光に満ちた歴史を通じて見ても、このような天才の活動を学ぶ機会をわれわれに提供したことはなかった。……ルイ・パストゥールのキャリアーは、デカルトの方法の諸規則の最もすばらしい適用のように私たちには見えたのである」[8]。

この一節は、まず、科学者がキャリアーとして明確に社会的に認知されていること、さらに、かつて「知識界」に君臨した社会的表象である作家のロマン主義的意味における「天才」[9](génie)、近代科学の「実証性」、最後に、すでに広く社会的通念となっていた「社会的功利主義」を兼備するものとしてとらえられていることを端的に物語っている。しかしそれのみならず、パストゥールに具現されている科学者という表象が、エリオのように文学に熱中していた高等師範学校の文科の学生にとってさえも、その当時にあっては理想的人物像であったことを、この一節は如実に物語っているのである。

ところで、こうした社会的表象としての科学者の登場は革命期に遡る。それはパストゥール自身が、科学研究の振興を説くに際して、しばしば革命前夜および革命期におけるフランス科学の優位を引き合いに出していることからも知られる通りであるが[10]、革命期の科学者は、革命的で愛国的な国防活動に寄与していた。しかし、彼らは単なる専門家であり技術者であるにとどまり、作家や詩人、あるいは芸術家のように、エリートと大衆の双方から支持されるような、つまり、すべての人びとの関心の的となりうるような類型の人物ではなかった[11]。ルイ・レイボー(Louis Reybaud)がそのロマン主義的物語、『ジェローム・パチュロ――社会的地位を求めて――』

において、成り上がることを求めて放浪の旅を続ける、遍歴する主人公ジェローム・パチュロの体験を通じて語らせているところからも推測されるように、少なくとも一八六〇年代にいたるまで、科学者はいうなれば「書斎や実験室の猫」であった[12]。そうした科学者のイメージが決定的に変化し、作家や詩人を凌駕するのみならず社会的にも定着するのは、ほぼ第二帝政末期からパストゥールの他界にいたる時期、より限定的にいうと、クロード・ベルナール（Claude Bernard）の他界（一八七八年）からルナン（一八九二年）、テーヌ（Hyppolite Adolphe Taine）（一八九三年）、パストゥール（一八九五年）の他界にかけての時期である。この時期に、自然諸科学はいうまでもなく、文科系の諸科学、とくに歴史学や文献学のような学問の刷新の範型となったドイツにおいて「ヴィッセンシャフト」（Wissenschaft）という言葉に表現されているような意味で、科学（science）を標榜する科学者が支配的な社会的表象となるのである[13]。

ところで、このような科学者という社会的表象は本質的にどのような価値を担うものとしてとらえられていたのであろうか。この点に関しては、クロード・ベルナールについて時の文相アジェノール・バルドゥ（Agénor Bardoux）が下院で行った演説からうかがうことができる。クロード・ベルナールは第二帝政期に皇帝から厚遇され元老院議員にも任命されるのであるが、それにもかかわらず、第三共和政においても冷遇されることなく科学者として最初に国葬の礼を受けることになる。そうした彼の国葬を議決するにあたってバルドゥは、科学者クロード・ベルナールを次のように描写している。

「彼は今世紀における最も偉大な生理学者であったのみならず、無私無欲の美徳の鑑であった。彼は決して通俗的なものに惹かれることなく真理を追い求め、真理のあらゆる深部を探求して生涯を過ごした。彼の仕事はわれわれの栄光のひとつである……[14]」。

さらに、予算委員会を代表してガンベッタが下院で行った報告には、次のように描かれている。

「……彼が、学問上の闘争や論争において、党派心や体系の精神、あるいは個人的情念に流されることがなかったということは、万人の認めるところであった[15]」。

ここには、科学者の象徴資本の組成において、「通俗的なものに惹かれることなく真理を追求すること」、「無私無欲」、「不偏不党」が重要な要素を形づくっていたことが端的に語られている。そうした科学者の象徴資本の組成に則って科学者が自ら遵守すべき原則は、ルナンにおいてさらに敷衍されている。アカデミー・フランセーズにおいてルナンの席を継承したのはシャルメル＝ラクールであるが、彼はそのアカデミー入会演説（一八九四年一月二五日）において前任者ルナンの業績を称揚し、とくにルナンにおける科学の実践とその方法の厳格さについて、「主張における誠実さ……仮説を立てるにあたっての細心すぎるまでの慎重さ、性急な一般化の忌避……最後に、最も困難であると同時に、たしかに最も必要なことであるが、知りえぬことについては知らず、知らぬことについては沈黙を守る勇気[16]」と称えている。このルナンについて指摘された科学者としての原則は、パストゥールに関する描写にも見られる。パストゥールのアカデミー入会に際して、時の会長ルナンはパストゥールを「……無私無欲な研究に完全に捧げられた峻厳そのものの生涯、……」と称える（一八八二年四月二七日[17]）。さらに、パストゥールも、彼の名を冠した研究所の開所記念式典に際し、自らの息子の口を借りて、科学においては「情熱」の重要性はいうまでもないが、それと相即不離な形で、「単純かつ決定的な形で証明されえないものは何一つとして提示しない」「厳しい自制心」、「批判的精神の信奉」が不可欠であると説く。すなわち、「重要な科学的事実を発見したと信じること、それを発表したい気持ちに燃えること、幾日も幾週も、時には幾年にもわたって自分自身と戦い、自分の実験を突き崩そうと努めること、反する仮説をことごとく覆してから初めて自分の発見を公表すること。そう、これは全く至難の業である」[18]。

したがって、科学者という人物像は、十九世紀前半における支配的な社会的表象であったロマン主義の作家や詩人の予言者的性格とは対照的に、真理の追求、無私無欲、知性、知的禁欲、勤勉、実験的検証、批判的精神といった価値を担っている。しかも、このような価値の担い手としての科学者は、ロマン主義的意味における「天才」の継受、当時すでに通念化していた「社会的功利主義」への適合とも相まって、後に言及する通り、今や大学人はいうまでもなく作家からも、彼らがそれとの対比において自らを規定する共通の文化的準拠モデルとされさえするのである[19]。

それのみならず、科学者は、彼らの専門分野以外の諸問題にも適用されうる道徳的権威、さらには政治的権威をも賦与される。シャルル＝ラクールは、一八九四年のアカデミー入会演説でルナンを追悼するにあたって、ルナンが正真正銘の科学者であり、「詩ですら彼にとっては科学の素材にすぎなかった」と述べるが、また同時に、ルナンは文学者としての素質に豊かに恵まれていたことに触れ、そうした彼の天性を証明するものとして、とくに『セム語史』に言及する。しかしながら、ドイツにおける民族主義的理論の猛威のさなかで本書をめぐって行われた批判に対する彼の発言に権威をあたえたものは、彼の科学者としての名声にほかならなかったことをあらためて強調するのである。

「独創的で大胆な作家という名と表裏一体をなしていた科学者としての名声こそ、彼の発言にどれほど権威を賦与したかということに、どうして気づかずにいられるであろうか。この科学者としての名声こそ、最初から、ルナン氏に特別な地位をあたえていたのである」[20]。

このシャルメル・ラクールのルナン描写には、科学者の保有する象徴資本が、科学者自身の専門分野以外の問題にも適用されうる道徳的、政治的権威を科学者に賦与したことが指摘されている。事実、具体的な例に即してみても、彼らは旧来の伝統的分業の境界をいくつかの側面で乗り越えているのである。まず、「知識界」内部における文筆活動について見ると、彼らは、従来大衆と教養層間、理科的教養と文科的教養間に引かれていた境界を乗り越えている。たとえば、テーヌは純学術論文を執筆したのみならず文芸評論も書いている。パストゥールは膨大な専門的論著を著す一方、時事的な社会的要求に応えて夥しい論文を執筆している。さらに、クロード・ベルナールは『実験医学研究序説』（一八六五年）を執筆し、ルナンは『イエスの生涯』（一八六三年）を執筆している。しかし、こうした伝統的分業の境界に対する彼らの侵犯は「知識界」内部のみにはとどまらない。そうした越境は「知識界」と政界のあいだの境界についても行われ、彼らの現実の政治的、社会的行動となって現れている。まず、クロード・ベルナールについて見ると、彼は第二帝政下という状況の下で科学の純粋さに対する顧慮から、科学者の世界に閉じこもり政治的、社会的問題に対して一定の距離を保とうとしているように見える。むしろ彼は、科学者の政治的、社会的行動に対しては懐疑的、いや、否定的ですらあったといってもかまわないであろう[21]。それにもかかわらず、彼はナポレオン三世によって元老院議員に任命されたのである。ルナン以降になると、彼らはより積極的に政治的、社会的問題に関与している。ルナンは一八六九年に立法院選挙に立候補したのみならず、『フランスの知的道徳的改革』（一八七〇年）を通じて政治的論戦に参加している。パストゥールは第二帝政末期に科学研究の振興のためのキャンペーンを開始し、一八七六年には上院議員選挙に立候補している。テーヌも、より間接的ながら、一八七一年よりエミール・ブトミ（Emile Boutomy）に協力して私立政治学院（Ecole Libre des Sciences Politiques）の創立に奔走し、[22]『現代フランスの起源』（一八七三―一八九三年）の執筆に着手している。最後にベルトロは、一八七一年の総選挙に立候補し、以後、政治家としての道を辿りはじめている。[23]これら、彼らの文筆活動と政治的行動は、科学者の専門分野に固有の方法を駆使して政治的、社会的問題に取り組む方法があることを示しているのみならず、[24]真理を追求するがゆえに科学者が保有する象徴資本が、科学の世界以外における道徳的、政治的権威をも科学者に賦与したことを示しているのである。

こうした科学者に対する新たな道徳的、政治的権威の賦与こそ、ベルトロが一八八六年に『科学と哲学』の序文において科学者の社会的役割としてあらためてとらえ直したものにほかならない。

「今日、科学者の生活は多様であり、その活動は多岐にわたっている。といっても、科学者は扇動や人気取りといったくだらない願望に動かされているのではない。おそらく彼らは、実験室にこもり、自分の時間のすべてを好きな研究に捧げるほうを望むであろう。しかし、何に対しても自らすすんでは口出しをせず実験室に閉じこもることは、彼らには許されていない。人びとが実験室に彼らを呼びにきて、きわめて多種多様な領域、つまり、産業や国防への応用、公教育、あるいは政治といった分野において、公益の名の下に彼らの奉仕を要求し、多くは強制的に要請しさえするのである[25]」。

（2） 科学者崇拝

だがさらに、特殊な象徴資本の保有者であり、またそうであるがゆえに、道徳的、政治的権威を賦与された科学者は、国民の文化的シンボルとして国民的崇拝の対象とされるにいたる。少数の偉大な科学者を媒介として――一般大衆や「知識界」以外の人びとにあっては、科学者という社会的表象は、実在の偉大な科学者を媒介として結晶するからであるが――科学者という社会的表象は国民の想像力に訴え、社会的想像力を通じて美化され神話化される。こうした科学者崇拝は、アカデミー・フランセーズ会員の選出、叙勲、国葬等といった、科学者に関して「知識界」のみならず社会全体に共通するコンセンサスの形成を示す出来事を通じて表現されている。以下、この科学者崇拝を、とくに文化的正統性の担い手および国民的崇拝の対象という二点から考察を試みる。

まず第一に、文化的正統性の担い手という観点から考察するにあたっては、アカデミー・フランセーズをとり上げる。というのは、第三共和政はアカデミー・フランセーズの「よき時代」であり、当時の人びとの通念からすると、アカデミー・フランセーズは文化的正統性の保持者であったからである。ところで、第三共和政初期におけるアカデミー・フランセーズの会員選出および会員構成をE・グラシエ『不滅の五百人―アカデミーフランセーズの歴史（一六三四～一九〇六年）』（パリ、一九〇六）によって考察すると、この時期に科学者は、かつて支配的な社会的表象であった作家に代わる地位を確立しているように見える。すなわち、代表的人物のみに限ってみても、その会員には、第二帝政末期に選出されたクロード・ベルナールに続いて、第三共和政初期には一八七〇年以降、リトレ（Emile Littré）（一八七一年）、ルナン（一八七八年）、テーヌ（一八七八年）、パストゥール（一八八一年）、ベルトロ（一九〇一年）が選出され、その他にもラヴィッス、グレアール（Octave Gréard）等大学人が席を得ている。さらに、任期三か月の会長《ディレクトゥール》や副会長《シャンスリエ》とは異なって実質的にアカデミー・フランセーズの運営にあたる終身書記《スクレテール・ペルペチュエル》には、文学史・文芸批評家の大学人パタン（Henri Patin）（一八七一～七六年）、同じく大学人で古典学者のガストン・ボワシエ（Gaston Boissier）（一八九五～一九〇八年）が就任している。(26)それのみならず、アカデミー・フランセーズにおいては新会員の選任に際して、新たに選任された会員はその席を襲った前任者の追悼演説を行い、これに応えて、迎える側を代表して会長が新入会員に対して歓迎演説を行うという慣行があるが、この迎える側と迎えられる側の演説が当時における代表的科学者相互の間で交換され、その業績の礼賛の絢爛たる応酬は、まさに著しい膨張の途上にあったジャーナリズムの媒介によって、社会的想像力を掻き立て、社会における科学者の存在感をいやが上にも高めたのである。たとえば、クロード・ベルナールの席を継いだルナンのクロード・ベルナール追悼演説、テーヌに対する会長ジャン・バチスト・デュマ（Jean Baptiste Dumas）の歓迎演説、リトレの後任パストゥールのリトレ追悼演説、パストゥールに対する会長ルナンの歓迎演説、ルナンの後任シャルメル＝ラクールのルナン追悼演説、シャルメル＝ラクールに対する会長ボワシエの歓迎演説がそうである。(27)いっぽう、作家はこれとは対照的であった。作家は、ヴィクトル・ユゴー（Victor Hugo）を最後にアカデミーにおける代表的存在を失い、アカデミーにおける席はいわゆる「アカデミックな」文学者、あるいは、たとえば「高踏派《パルナッシアン》」のような、時代を超越した芸術という理念を選んだ詩人・文学者のみによって占められるにとどまる。(28)つまり、一八八〇年代には、科学者はアカデミー・フランセーズを象徴する存在となり、科学者という主知主義的な理想を具現した人びとこそ文化的正統性の担い手である、という認識が社会的に定着していたといっても過言ではないであろう。

第二に、国民的崇拝の対象という観点から見る場合、科学者の国葬（国費による葬儀およびパンテオンもしくはアンヴァリッド移葬を含む）という、最終的通過儀礼の政治祭典化を取り上げることができよう。国葬という制度はアンシアン・レジームに淵源し、国王の葬儀は新国王の即位と国威の顕示の儀式でもあったが、大革命、とくに第一共和政は、共和国内外の敵に対する建国神話の創出の必要性からも、これを祭典として著しく発展させた。[29] しかし、これをナポレオン三世の第二帝政期には到底想像されえないほどの、ひとつの芸術の域にまで高めたのは第三共和政である。それは国葬をあらためて共和主義的イデオロギーを涵養する教育のための儀式とすると同時に、これに「完璧な偉人（Grand Homme）という統合的人物像（figure synchrétique）を具現する一切を具備した人物に対する、普遍主義的（œcuménique）、世俗的（laïque）、市民的（civil）、ならびに公民的（civique）崇拝のしるし[30]」という意味をあたえ、国葬に対して、前体制における政治的、軍事的意味のほかに、文化的意味を大幅に付け加えたのである。これを国葬に付された人物の観点から見ると、第三共和政期における国葬に関するA・ベン・アモス（A. Ben Amos）の調査によれば、第二帝政においては国葬の対象とされたのはほとんど政治家、軍人、あるいは皇族に限られていたのに対して、第三共和政はいわゆる「偉人」を大量に生産し、音楽家、作家、科学者といったいわゆる文化人が被国葬者の一翼を占めるようになる。事実、オルドル・モラールに代わって共和派政権が確立した一八七八年以降一九四〇年にいたる被国葬者八〇名のうち、その約四分の一はこれら文化人によって占められている。[31] とくに、一八七八年から一九〇七にいたる三〇年間における被国葬者三七名中の作家、芸術家、科学者について分析すると、国葬をもって送られた芸術家はグノー（C. Gounod）（一八九三年）一名、作家（文学者）はユゴー他一名、計三名が数えられるにすぎない。これに対して科学者は、第三共和政期最初の被国葬者クロード・ベルナール（一八七八年）を嚆矢として、ポール・ベール（一八八七年）、シュヴルール（M. E. Chevreul）（一八八九年）、ルナン（一八九二年）、パストゥール（一八九五年）、ベルトロ（一九〇七年）等七名に上る。[32] 国民的崇拝の儀式としての国葬において、文化人の中で科学者は、作家、芸術家を圧倒的に凌ぐ地位を占めるにいたっているのである。国葬という観点から見た場合、一八八〇年代から一八九〇年前半には、科学者が国民的崇拝の対象として定着していたと思われる。

(3)　文化的準拠モデルとしての科学者

このように、文化的正統性の担い手として認知されたのみならず、国民的崇拝の対象とされた科学者という人物像は、大学人はいうまでもなくその他の分野の人びとですら、それとの対比において自らを規定し自らの職業的理想とするモデル、すなわち、「知識界」における文化的準拠モデルとされさえする。なかでも、こうした新しい準拠モデルとしての科学者の登場を明瞭に証明しているのは、作家たちが、このモデルを肯定するにせよ否定するにせよ、これに依拠しようとしたという事実である。従来、作家と大学人は相互に批判的であった。しかし、一八八〇年代より、作家と大学人の関係には変化が生ずる。両者のあいだに協力・提携関係が成立し、思想的共同体さえ形成されるようになるのである。たとえば、『ルヴュ・ブルー』誌（*Revue bleu*）、『ルヴュ・ブランシュ』誌（*Revue blanche*）、あるいはラヴィッスの主催する『ルヴュ・ド・パリ』誌（*Revue de Paris*）における作家と大学人の協力はその一例であろう。[33] こうした変化の理由としては、一方では、大学人のあいだに次第に科学のイデオロギーが浸透し定着するようになったこと、他方では、作家が大学で法学ではなく文学を修め、科学のイデオロギーの洗礼を受けるようになったことが挙げられる。これを、とくにこの時期の文壇について見ると、文壇にあって互いに正統性を争っていた二つの流派、すなわち、自然主義と心理主義が、いずれも科学者の提起した分析概念や手法を援用したのみならず、科学者を彼らの作品の中心人物に据えていることが挙げられる。まず、前者の科学的手法の援用について見ると、たとえば、ゾラが執筆に先立って徹底した調査を行ったことは周知の事実であり、クロード・ベルナールの『実験医学研究序説』を拠り所とした彼の『実験小説論』に展開されている文学論は、科学を標榜している。(34) 他方、ポール・ブールジェ(Paul Bourget)は、文芸評論『現代心理論集』(一八八三年)において、ボードレール、フロベール、スタンダール、デュマ・フィス、トゥルゲーネフ、ルコント・ド・リール、アミエル、ゴンクール兄弟と並んで、テーヌとルナンを取り上げ、テーヌのいわゆる「文学とは生きた心理学に他ならない」という原則を援用して、これら作家の心理解剖学を試みている。(35) モーリス・バレース(Auguste Maurice Barrès)もまた、テーヌ、ルナンをはじめ、人種主義理論家や心理=生理学者の提出した概念や分析に依拠し、とくに彼のナショナリズムの構築にあたっては、高等研究実習院のジュール・スーリ(Jules Soury)の授業から着想を得ている。(36) 象徴主義者でさえ、その一部は学部の心理学や哲学に依拠しているのである。(37) それのみならず、一八八〇年代末から一八九〇年代初頭には、科学者がこれらの作家たちの作品の中心人物とされている。たとえば、よく知られたもののみに限っても、ゾラの『ルーゴン・マッカール叢書』最終巻(一八九二年)におけるパスカル博士がそうである。他方、イデオロギー的立場から見るとカトリックの伝統的保守主義かあるいは国家社会主義かという相違はあるが、ブールジェにせよバレースにせよ、その代表作には科学者が主要人物として登場し、やがて「知識人」と呼ばれるようになる社会的人物像が素描されている。すなわち、ブールジェの『弟子』(一八八九年)に登場する「現代フランスのスペンサー」、老学究アドリアン・シクストは、テーヌの世代の講壇哲学者に共通する社会的特性を具備している。(38) いや、そのモデルはテーヌそのものといってもかまわないであろう。また、バレースの「自己尊崇」三部作における主人公フィリップ、および「国民的精力」三部作における主人公ステュレルを導くのはルナンとテーヌである。わけても、『根無し草』(一八九七年)に登場するリセ教授ポール・ブーテイエは、彼がブザンソンのリセで学んだオーギュスト・ビユルドー（Auguste Burdeau）をモデルにしたものといわれる。(39) このことは、作家たちでさえ、執筆活動にあたっては、従来の純粋に文学的な態度、あるいは旧套然たるモデルが、もはやそのままでは通用しがたくなったことを自覚しはじめたことを示しているといえよう。今や、文壇において覇権を確立するのに必要な権威は、正統性の新たな源泉としての科学、ひいては、その具現者たる科学者に借りなければならなくなっていたのである。

以上、社会的表象としての科学者が真理の探求に伴う象徴資本の担い手として、またそうであるがゆえに賦与された道徳的、政治的権威の担い手、さらには、文化的正統性の担い手、国民的崇拝の対象として台頭してくる一連のシンボル化過程を考察した。この科学者という社会的表象はまた、当時の「知識界」において重要な一翼を形づくる作家等からも、準拠すべき文化的モデルとして受け入れられた。作家、詩人というかつての支配的な社会的表象から「天才」という属性を継受するとともに、すでに通念化していた「社会的功利主義」とも適合するものであった科学者という社会的表象は、ドレフュス事件における政治論争の開始前夜には、成長期の危機にあった「知識界」において支配的な社会的表象としての地位を確立していたと思われる。

結　び

以上、第一章「知識界」の形態学的変容に関しては、一八七〇～九〇年代における自由業・知的職業就業者の増加および職業分野別著作者数の変化の計量的考察に基づき、一、この時期に、「知識界」の規模が急速な量的拡大を遂げたこと、二、「知識界」の中核を形成する社会職業的範疇が、旧来の伝統的文化生産・消費者層から文人・ジャーナリスト・詩人・教授層に移行するとともに、これら「知識界」における新興の構成分子が、職業範疇間および職業範疇内において相克・分裂していたことを指摘し、この時期における「知識界」が形態学的変容に伴う成長期の危機にあったこと、および、大学人がこの「知識界」の変貌の一翼を担ったことを明らかにした。次いで、第二章「知識界」のイデオロギー的変容に関しては、一、十八世紀以降における代表的文化生産者像の系譜（文人＝哲学者《フィロゾーフ》、作家、詩人等）を歴史的に考察し、これら文化生産者の理想的人物像が、もはやこの時期における「知識界」全体にとって支配的な社会的表象としての役割を果たしえず、「知識界」がイデオロギー的危機にも陥っていたこと、したがって、「知識界」が新たな構造化を完結するには、これらに代わる新たな文化生産者の理想像が不可欠であったこと、二、新たな支配的な社会的表象としての科学者の出現について、（1）科学者が真理の探究に伴う特殊な象徴資本の保有者と見なされ、またそれゆえに、科学の世界以外における社会的、政治的権威をも賦与されたこと、（2）一八八〇年代から一八九〇年代中葉にかけて、科学者は文化的正統性の担い手であるという認識が社会的に定着したのみならず、国民的崇拝の対象として定着したこと、（3）科学者が、大学人のみならず「知識界」の重要な一翼を担う作家にとっても、文化的準拠モデルとされるにいたったことを立証することによって、科学者が「知識界」における新たな支配的な社会的表象として登場してきたことを明らかにした。

顧みると、十八世紀以来それぞれの時代に種々様々な理想的人物像が叢生、消滅し、一時的ながら「知識界」に覇権を樹立するとともに、やがて風化して行った。しかし、文人から作家、詩人をへて科学者にいたる系譜には、「知識界」における支配的な社会的表象の世俗化《ライシザシヨン》という明瞭な軌跡が認められる。この科学者の登場をもって、「知識界」における支配的な社会的表象の世俗化は貫徹された[40]。一八七〇年代から一八九〇年代中葉にかけて形態学的にもイデオロギー的にも構造的変化の途上にあった「知識界」の一体化と「知識界」構成員の自覚化の核心となるイデオロギー・モデルとして、科学者という表象が「知識界」のイデオロギー的無政府状態のさなかから出現することによって、「知識界」の新たな構造化は完結へと向かうのである。

この新たな「知識界」は、やがて一八九八年から一八九九年にかけてドレフュス事件における政治論争において、単なる象徴資本の生産にかかわる職業人とは峻別された意味における「知識人」、すなわち、「社会的特殊性の名において特殊なタイプの権力を要求する知性の職業人」としての「知識人」を輩出させることになる。ところで、この政治論争の高揚のさなかで「知識人」に対して「知識界」の両極から浴びせられたのと全く同一の批判が、すでにドレフュス事件をめぐる論争前夜のこの時期に、科学者に対して「知識界」の両極から浴びせかけられている[41]。科学者が「知識界」の支配的な社会的表象であることを拒否する両極がそうである。すなわち、その一方は、過去における正統性の名において聖職者というモデルを奉じつづける極右である。他方は、政治的、イデオロギー的科学性の唯一の具現者をもって自認し、未来における正統性の名において、科学者を仮面を付けたブルジョワとして告発する、社会主義もしくは無政府主義の極左である。彼らはいずれも、すでに飽和状態に達した知的職業市場が胚胎する新しい諸問題を強調してやまない。すなわち、その他の能力を犠牲にして極度に肥大化させられた知性、狭く限定された視野、社会的寄生状態、社会的騒擾の酵母となる知的プロレタリアートの生産過剰[42]といったものがそうである。しかし、この時期に新たに構造化されつつあった「知識界」において、科学者がドレフュス事件の政治論争における「知識人」と同一の批判の的とされているというそのこと自体が、「知識人」の原型が科学者にあることを物語っているのである。科学者という社会的表象にひそかにつきまとっている孤高なエリート性[43]を別とすれば。

第Ⅴ部　世紀転換期フランス大学人の変貌

第一章　世紀転換期仏エリート大学人の同質化

はじめに

本章は、十九世紀末の高等教育改革に伴うパリ大学人の形態学的変容を、その社会職業的出自および地理的出自の観点から考察し、フランス大学人中におけるエリート集団を形づくるパリ大学人が、ひとまず改革が峠を越す一九〇一年の時点（総合大学の設置に関する法律の成立、一八九六年七月一〇日）において、文化的にも知的にも同質化していたことを指摘するとともに、第二帝政末期におけるパリ大学人との対比を通じて、この形態学的変容に伴う同質化の意味を明らかにしようとするものである。

一　大学人の社会職業的出自

一九〇一年におけるパリ大学人の総数は、兼任の二名を除くと二一一名である。[1] まず、これら大学人の社会職業的出自を概観すると（表1）、資産家層、高級官吏を出自とする者は全体の約一三％にとどまり、とくに高級官吏を出自とする者は一・八％にすぎないのみならず、貴族出身者はすでに一八六〇年以来見られなくなっている。[2] 次に、中流ブルジョワジー、法曹職、知識層を出自とする者は最大の比重を占め、全体の約五五%以上に上っている。これらは、パリ大学人における中心的勢力ということができよう。最後に、中級官吏、小ブルジョワジーおよび民衆的階級出身者は全体の約三〇%を占め、資産家層、高級官吏出身者を量的には凌駕しており、相対的に見て、パリ大学人は民衆的諸階層に開かれているということができよう。

以下、パリ大学人について、その文化資本、経済資本、および選抜過程の観点から考察を試みる。

（1） 文化資本

このパリ大学人は、全体としては約五五%以上が中流ブルジョワジー、法曹職、知識層を出自とする者によって占められているが、教授の出自をなすそれぞれの社会職業的範疇が占める比率は各機関毎に異なっている。まず、古文書学校、法学部、自然史博物館では相対的に上層の社会職業的範疇出身の教授の占める比率が高く、それぞれの機関で資産家層が二二・二%、一八・七%、一七・六%、法曹職が二二・二%、二五%、一七・六%を占めている。これに対して、高等薬科学校、理学部、医学部といった科学的類型の機関では、相対的に低い社会職業的範疇出身の教授の占める比率が相対的に高く、小ブルジョワジーおよび民衆的階級がそれぞれ四一・六%、二四%、二五・七%を占めている。文学部およびコレージュ・ド・フランスは、これら両極のほぼ中間に位置しているといえよう（表1参照）。したがって、ごく一般的にいうと、いわゆる名望家を形づくる典型的社会層である法服ブルジョワジーや経済ブルジョワジーの出身者は、古文書学、法学、自然史のような十八世紀以来の伝統的な文化的磁極に引き付けられ、社会的上昇途上にある小ブルジョワジー、あるいはさもなければ、医師や技師のように家族的文化を通じてとくに科学の世界と結び付いている社会職業的範疇の出身者は、科学の磁極に引

表１　パリ大学人の社会職業的出自（1901年）(3)　　（%）

機関名	総数	資産家層	高級官吏	中流ブルジョワジー	法曹職	知識層	中級官吏	小ブルジョワジーおよび民衆的階級
法学部	32	18.7	3.1	18.7	25.0	9.3	12.5	12.5
医学部	35	11.4	−	8.5	2.8	42.8	8.5	25.7
理学部	25	4.0	−	28.0	12.0	24.0	8.0	24.0
文学部	25	8.0	−	12.0	4.0	44.0	16.0	16.0
コレージュ・ド・フランス	42	9.5	7.1	16.6	11.9	30.9	4.7	19.0
自然史博物館	17	17.6	−	17.6	17.6	23.5	5.8	17.6
合計	176	11.9	2.2	16.4	11.9	28.9	9.0	19.3
古文書学校	9	22.2	−	−	22.2	22.2	11.1	22.2
東洋語学校	16	18.7	−	18.7	12.5	12.5	18.7	18.7
高等薬科学校	12	−	−	25.0	−	33.3	−	41.6
総計	213*	11.3	1.8	15.7	11.8	27.9	9.4	20.8

*）２名の教授が兼務　したがって、実数は 211 名である

（凡例）

資産家層：大地主、卸売業者、銀行家、実業家等

高級官吏：知事、局長、国家技師等

中流ブルジョワジー：商人、製造業者、取次業者、ブローカー、株式仲買人等

法曹職：行政・司法官、弁護士、代訴人、公証人等

知識層：教授、医師、芸術家、文人等

中級官吏：課長、尉官、収税吏、収入吏等

小ブルジョワジーおよび民衆的階級：初等教員、パン屋、耕作者、小売商、職人、事務員等

き付けられるということができよう。

法曹職および知識層出身者については、それらがパリ大学人の社会職業的出自の中核的分子となっているだけにあらゆる分野に分布しているが、とくに文学部教授の四八%、コレージュ・ド・フランス教授の四二・八%を占めていることから見て、とくに文学的磁極の主たる供給源となっているといえよう。

（２）経済資本

しかしながら、パリ大学人のほとんど大部分がブルジョワジーの出身であるが、概して十九世紀のブルジョワジーは複数の資本を兼備しているのみならず、同一の社会職業的範疇内においても経済的ヒエラルキー

表2　パリ大学人の勤務機関別相続財産(5)　(%)

勤務機関＼相続財産額（フラン）	5万未満	10万未満	25万未満	50万未満	100万未満	100万以上
文学部	66.6	16.6	16.6	-	-	-
理学部	62.5	6.2	18.7	6.2	6.2	-
コレージュ・ド・フランス	45.8	20.8	16.6	12.5	4.1	-
自然史博物館	46.6	20	6.6	13.3	13.3	-
東洋語学校	57.1	28.5	14.3	-	-	-
高等薬科学校	33.3	-	33.3	-	16.6	16.6
医学部	16	28	20	12	8	16
法学部	21.0	15.8	47.3	10.5	-	5.2
古文書学校	-	20	60	20	-	-
平　均	38.5	18.9	23.6	9.4	4.7	4.7

を構成している(4)。したがって、パリ大学人の軌道の考察にあたっては、それぞれの家族の具体的な経済的条件を、その当時における経済的ヒエラルキー内に定位して明確化することが必要である。表2は、各大学人の経済的条件をその相続財産（婚姻時における持ち寄り財産を含む）に基づいて勤務機関別に整理したものである。

これによると、彼らは三つのグループに大別されうるであろう。まず、一方の極には、パリ大学人全体の三八・五%を占める相続財産五万フラン未満のグループがある。この相続財産五万フラン未満の層は、一八四七年における相続財産申告ではパリ住民の五四・九%を占めているが(6)、パリ大学人としては相対的に貧しいグループに属し、このグループに関しては、多様な職業選択の余地はない。彼らは文学部で六六・六%、理学部で六二・五%、高等薬科学校で三三・三%、東洋語学校で五七・一%を占めており、これらの機関では、経済的に見て多岐的選択の余地のない低資産層出身の教授が大多数を占めているということができる。これと対照的に、いまひとつの極には、相続財産が一〇万フラン以上に上る、パリ住民中では一二・九%を占めるにすぎない最も豊かなフランス人に属するグループが存在し、彼らは全体の四二・四％に及んでいる。[7] 彼らの場合、大学人というキャリアーの選択は、純粋な知的関心に基づく自由な選択でありうる。彼らは古文書学校で八〇％、法学部で六三％、医学部で五六％を占め、これらの機関における典型的存在である。最後に、相続財産が五万フランから一〇万フラン未満の中間的層が存在する。これらは、たとえば、コレージュ・ド・フランス、文学部、自然史博物館、古文書学校、東洋語学校、法学部、医学部、においてかなり多数に上っている、しかし、この層は、全体の約一九％を占めるにすぎず、医学部、法学部、および古文書学校においては、一〇万フラン以上の相続財産に恵まれた別の層が支配的であること、コレージュ・ド・フランス、文学部、および東洋語学校においては五万フラン未満の層が支配的であること、最後に、自然史博物館の場合は、のちに言及するように過渡期にあることから見て、二つの極の中間項という性格が強い。したがって、経済資本という観点から見ると、パリ大学人は、二つの磁極をもつ楕円的場を形づくっているということができよう。すなわち、文学、理学等新しい文化的磁極に近く、高等教育改革の影響を受けた機関の教授の多くが、新たに上昇途上の社会層に属していたとすれば、これと対照的に、法学や医学といった高等教育改革の影響を受けることが少なかった機関の教授、あるいは、古文書学校のような伝統的な文化的磁極に近い教授の大多数は、十九世紀前半の名望家の世界と強く結び付いていたのである。

（３）　文化資本と経済資本

以上、パリ大学人の文化資本および経済資本について考察した。しかし、彼らの軌道をさらに動的に把握するには、彼らの出自をなす家族によって伝達される文化と経済資本がどの様に相対的に作用しているかを考察する

表3　パリ大学人の社会職業的出自別相続財産[8]　(%)

社会職業的出自＼相続財産額(フラン)	5万未満	10万未満	25万未満	50万未満	100万未満	100万以上
小ブルジョワジー	67.8	14.2	17.8	-	-	-
中級官吏	50	10	20	20	-	-
知識層	28.5	22.8	25.7	5.7	11.4	5.7
法曹職	25	25	31.2	12.5	6.2	-
中流ブルジョワジー	45	25	15	5	-	10
高級官吏	-	-	-	100	-	-
資産家層	12.5	12.5	37.5	18.7	6.2	12.5

必要がある。表3は、彼らの出自をなす社会職業的範疇と相続財産とをクロスさせたものである。これによって、彼らの軌道における相続財産の影響については、四つのケースが想定されうる。(1)他の選択肢がありえないがゆえの義務的選択、(2)家族によって伝達される文化モデルの継承、(3)多岐的選択が可能な条件の下における自由な選択(家族文化あるいは社会的環境からの逸脱的選択を含む)、(4)突発的事件に伴う社会的没落に対する対策、がこれである。以下、これを彼らの出自をなす社会職業的範疇に即して考察を試みる。

(1) 小ブルジョワジーおよび民衆的階級、中級官吏を出自とする大学人

彼らはパリ大学人の約三分の一に及ぶが、そのうち、相続財産が五万フラン[9]未満の層は小ブルジョワジー出身者で六七・八%、中級官吏出身者で五〇%、中流ブルジョワジー出身者で四五%を占める。これらの層は、学校に最も依存する公的、知的キャリアーに対してしかキャリアー期待を抱くことができない。これらの層にとっては、大学人というキャリアーは、他の切り札がないがゆえの社会的上昇手段なのである。彼らは、とりわけ、文学もしくは純粋科学(数学、天文学、物理学)を志向するが、それは、これらの分野では、アグレガシオンをへて中等教育教授に就任するというルートによって、学業とキャリアーとの連続性が保証されているからであろう。

(2) 知識層、法曹職を出自とする大学人

パリ大学人中最大の比重を占めるこれらの範疇出身の大学人に関しては、選択の可能性は小ブルジョワジーや中級官吏出身者よりも広い。すなわち、彼らのうち知識層出身者の約三〇％、法曹職出身者の二五％にとっては、大学人というキャリアーは経済資本の乏しさによる義務的選択と考えられるが、これに対して、知識層出身者の三七・一％、法曹職出身者の四九・九％は豊かな層に属し、彼らの場合、大学人というキャリアーは経済的には自由な選択といえる。したがって、これらの範疇出身の大学人については、二つの類型が想定されうる。

①まず、知識層出身者中の約三〇％、法曹職出身者中の二五％にあっては、大学人というキャリアーは経済資本に恵まれないことによる義務的選択であるが、また同時に、それは出身家族の文化との連続性に基づいた選択でもありうる。これは、軍隊ではしばしば将軍に見られる同一の職業範疇内における上昇運動に比されるものであり、彼らにあっては、同一の知的職業のヒエラルキーにおいて、父親の地位よりも高い社会的地位に到達することが目ざされていると考えられる。すなわち、教授、医師、法曹等、職業的範疇としては同一であっても、これら職業範疇内における底辺と頂上の間には決定的な相違がある。たとえば、辺鄙な郡部の公証人、田舎の医者、僻地の自治体立コレージュの学級担当《レジャン》教員とパリ法学部教授、パリ医学部教授、ソルボンヌの教授の間における社会的、経済的地位の相違がこれである。この意味で、彼らの選択は、小ブルジョワジーや中級官吏出身者における社会的地位の上昇志向に準ずる側面をもつといえよう。

②これに対して、知識層出身の大学人中約三七％、法曹職出身の大学人中約五〇％については、経済的には自由な選択である。概して、相続資本一〇万フラン以上を有する知識層出身者や法曹職出身者は、その相当数が官界、自由業、あるいは私的セクターの幹部のポストへ流出する。しかし他方、彼らは、その経済資本のおかげ

で、純粋な知的関心に基づいて没利的研究に専念し、稀少的専門分野を志向しうるのみならず、薄給に甘んじつつより権威のある講座への就任を待機することもできる。その一例としては、一八八五年に理学部の教授に任命されるまで、わずかばかりの俸給で一五年の長期にわたり復習教師や副実験室長に甘んじた、公証人の息子ポール・オートフイユ[10]（Paul Hautefeuille）、一八五二年に二五歳で理学博士号を取得後、自然史博物館に配属され、四五歳にして同博物館の古生物学正教授に就任するまで一七年間にわたって博物館助手を勤めたアルベール・ゴードリ（Albert Gaudry）が挙げられる[11]。一八七一年七月、ゴードリが当時の高等教育局長デュ・メニル（du Mesnil）に宛てた書簡からは、照明用ガスの発明者を祖父とし、パリの弁護士を父とするのみならず、裕福な農民の娘と結婚したこの人物が、あえて正教授の地位を得ることに汲々とせず、薄給に甘んじて自らの知的関心に忠実であろうとしたことが読みとられる。「現在わが国が置かれている不幸な状況にあっては、自然史博物館の正教授に就任するための運動をしない方が、より愛国的であるように私には思われます。実際に、目下のところ、私の資産は教授の俸給なしでやっていくことを私に許しておりますから。ただひとつお願いすることがあるとすれば、それは、快諾されなかったシャンペール氏の代わりに、私を古生物学の講義担当にしていただくことだけです。……なお、私は自然史博物館に配属されてから二三年、この博物館における古生物学講座の博物学助手となってから一七年になります。私はソルボンヌにおける三年間の講義経験をもっております[12]」。このように、彼らについては、経済的に多様な選択を許す状況の下における大学人というキャリアーの選択という意味において、自由な選択に基づく文化的再生産の典型を指摘しうるであろう。

(3) 高級官吏、資産家層等を出自とする大学人

彼らはパリ大学人中最小のグループである。彼ら高級官吏出身者の一〇〇%、資産家層出身者の約七五%につ

いては、知識層や法曹職出身者中の最も豊かな分子と同様に、経済的条件からは完全に自由な、純粋な知的関心に基づいた選択ということができる。しかし、前者との相違は、政界、実業界、官界といったその他の「界」のエリートと対比した場合、「大学界」のエリートが被支配的地位にあることから見て[13]、高級官吏や資産家層の子弟における大学人というキャリアーの選択が、彼らの出自をなす環境に対しては逸脱的選択であるという点である。たとえば、パリの医学部教授ジョルジュ・デューラフォア（Georges Dieulafoy）の場合を挙げると、彼の父親はきわめて豊かな実業家で、三四人の職工を擁し年商一一万三千フランに上るトゥールーズ最大の出版業者であった。したがって、彼のキャリアー選択については、副次的因子として、近親の影響、つまり、トゥールーズ医学校の臨床外科学の教授であった父方の叔父ポール（Paul）の影響が考えられる。事実、彼はまずこの叔父の許で医学を学び、やがて、この学部昇格以前の医学校を去ってパリに赴き、アルマン・トゥルッソー（Armand Trousseau）に学ぶのである[14]。これは親族モデルの模倣による逸脱的選択といえるであろう。さらに、こうした逸脱的選択の例としては、パリ理学部教授アルフレッド＝マチユー・ジヤール（Alfred=Mathieu Giard）が挙げられよう。すなわち、彼の一族の主たる家業は、十八世紀中葉の曾祖父アルフレッド・ジヤール（Alfred Giard）の創業に遡る書店であったが、彼の父親は次男であったがために、香辛料会社の経営に従事していた。しかし彼の父親は、自然や博物学に深い関心を抱いており、これが息子のアルフレッド＝マチユー・ジヤールの動物学に対する関心に強い影響を及ぼしたと思われる。それのみならず、彼の母の従兄弟は当時における代表的な大学人のひとり、アンリ・ヴァロンであったから、このことも、彼の進路選択に影響を及ぼしたと思われる。つまり、アルフレッド＝マチユー・ジヤールにあっては、「大学界」への志向は基本的には逸脱的選択であるが、副次的因子として家族の知的文化の伝統が作用したといえよう[15]。そのほか、このような副次的因子としては、資産家にはなったが文化資本には乏しい中流ブルジョワジーにしばしば見られるところであるが、文化的アノブリッスマン志向が挙げられよう[16]。

⑷ 社会的没落に対する対策としての大学人

十九世紀においては、大学人の出自となっている相対的に恵まれた社会職業的範疇にあっても、突発的な社会的没落の可能性が高い。すでに見た通り、とくに文学部と理学部の教授の過半数に見られる相続財産（相続財産五万フラン未満の教授が約六〇%〜七〇%に上る）をもってしては、突発的事件による社会的没落を免れるには到底不十分である。そうした社会的没落の原因の最たるものとして挙げられるのは、その当時における平均的寿命の短さ、とくにブルジョワジーにおける夫婦間の年齢隔差の大きさから見て、父親の早世である。実際に、パリの全大学人中の一〇%（二一一人中二一人）、ソルボンヌの教授ではそれ以上が、父親の早世を経験している。父親の早世あるいは事業の失敗のために、学資を得るため自ら働かざるをえなかった例、あるいは母親が就労せざるをえなかった例は、当時のパリ大学人中に多々見られる。たとえば、フェルディナン・ビュイッソン（Ferdinand Buisson）の父ニコラ（Nicolas）は、パリの弁護士をへてサン＝テチエンヌの判事となったが、F・ビュイッソンがいまだ一七歳にすぎなかった一八五八年に没し、寡婦は「夫が秩序のために奉仕した」という理由で一、〇〇〇フランの扶助料を下賜される。しかし、一家は赤貧に見舞われ、ビュイッソン自身は学費を捻出するのみならず、家計を助けるために働かざるをえなかった[17]。また、パリ理学部の教授となったエルネスト・ミュニエ＝シャルマス（Ernest Munier-Chalmas）は薬剤師であった父クロード・フィリップ（Claude Philippe）が早世したため、彼の母マリーは、家計を得るためにトゥルニュス（Tournus）の町で宿屋を開き、一八五二年からはカルチエ・ラタンで下宿屋を営んでいる。当時にあっては、このような母親の就労は、小ブルジョワジーの場合でも社会的没落を意味するものであったが、ミュニエ＝シャルマス自身も、一四歳の時から初等教育を終えただけで自然史博物館の実験室の下働きとして就労せざるをえず、彼がカンの理学部でバシュリエ号を取得したのは三九歳の時であった[18]。その他、類似の例は、木工細工工房の主人であった夫を喪ってのち、一一人の子どもの養育のために料理屋を営んだ母に育てられて理学部教授となったアルバン・アレール[19]（Albin Haller）、あるいは、ソワソン近傍の町で絹物工場を営んでいた父親を一六歳の時に失い、その絹物工場で働かざるをえなかった母親のおかげで中等教育を終了し、高等師範学校をへて、やがて理学部教授となったエミール・ピカール[20]（Charle Emile Picard）等にも見られる。このように、経済的窮乏に伴う社会的没落に際して学業成績優秀な生徒が選択するのは、大学人のキャリアーである。というのは、その当時なお存続していた庇護的関係の慣行――神学校への進学、寄宿学校の給費、公的給費、視学官の推薦等[21]――によって、「大学」は人生の劈頭で遭遇した社会的ハンディキャップに対する避難の場となりうるからである。たとえば、のちの医学部教授ポール・ティヨー（Paul Tillaux）は、皮鞣し業者であった父の事業が傾いたため、中等神学校《プチ・セミネール》に学んでいるし[22]、文学部教授となったオーギュスト・ブーシェ＝ルクレルク（Auguste Bouché-Leclercq）は、父親が零細農であったために、小学校終了後、ノワイヨンの中等神学校《プチ・セミネール》、次いでボーヴェの高等神学校《グラン・セミネール》で学ばざるをえなかった[23]。また、ラヴィッスが寄宿学校の給費生に採用されてはじめてパリのリセに学びえたことも、周知の事実である。さらに、いずれも自然史博物館の教授となるのであるが、土木監督を父としたグレアン[24]（Gréhant）、田園監督官の息子ブーヴィエ[25]（L. E. Bouvier）は、官吏の子弟に対する特権的待遇としての給費の支給を受け、マカンヌ（L. Maquenne）は、父の没後、母がレース細工の女工として家計を支える一方、彼自身は市のコンクールに二位で合格して給費を獲得し、コレージュ・シャプタルに学んでいる[26]。このように、学業成績優秀であるにもかかわらず貧困な子弟に対する支援装置としての庇護的関係の慣行によって、「大学」は最初の社会的ハンディキャップに対する避難の場を提供するのであるが、それのみならず、彼らにとって、「大学」は約束の地ともなりうる。というのは、名望家支配の時代にあってさえも、「大学」におけるバシュリエ、学士、博士等といった知的資格の集積過程は、能力のみによって社会的没落を免れるのみならず社会的上昇[27]をも遂げうる、ひとつの典型的過程となっていたからである。

(4) 選抜過程

以上のパリ大学人の文化資本および経済資本に関する考察を踏まえて、パリ大学人にいたる選抜過程について考察する。

一九〇一年の時点で教授のポストに就いていたパリ大学人は、高等教育就学以後、少なくとも十余年に及ぶ選抜過程の所産である。[28] したがって、彼らの出自をなす社会職業的構成がもたらした選抜過程を考察するには、パリ大学人への軌道上においてその上流に位置する諸カテゴリー、すなわち、就労可能人口、大規模リセ生徒、中等教育教授、高等師範学校卒業生等の出自をなす社会職業的構成とパリ大学人の出自をなす社会職業的構成との対比を試みる必要がある。表4はこの対比を試みたものである。

これによると、小ブルジョワジーおよび民衆的階級は、一八七二年における就労可能人口の七七・五%を占めているにもかかわらず、その出身者は大規模リセ就学者の二四・六%を占めるにすぎず(接近チャンス〇・三)、すでに中等教育段階で著しく過小代表されている。さらに、彼らはパリ大学人全体の中では二〇・八%を占めてはいるが、これは中等教育教授中に占める比率(四二・四%)から見ると半減に相当し、接近チャンスはわずか

表４　パリ大学人，リセ生徒，中等教育教授，高等師範学校卒業生における社会的選抜(29)　（％）

	男子就労可能人口（1872年）	大規模リセ生徒	中等教育教授	高等師範学校卒業生	パリ大学人
小ブルジョワジーおよび民衆的階級	77.5	24.6	42.4	13.7	20.8
		(0.3)	(0.5)	(0.1)	(0.2)
内　初等教員	0.5	0.9	15.4	7.5	1.4
		(1.8)	(30.8)	(15)	(2.8)
中級官吏	4.7	?	16.1	19.8	9.4
		(?)	(3.4)	(4.2)	(2)
内　士官	0.2	3.9	2	3.5	1.4
		(19.5)	(10)	(17.5)	(7)
自由業	0.8	14.9	6.7	11.5	22.2
		(18.6)	(8.3)	(14.3)	(27.7)
教授	0.1	3.6	6.5	31.4	17
		(36.5)	(65)	(314)	(170)
中流ブルジョワジー	6.7	23.6	19.6	9.7	11.3
		(3.5)	(2.9)	(1.4)	(1.6)
高級官吏	1	4.9	2.3	8.0	5.2
		(4.9)	(2.3)	(8.0)	(5.2)
資産家層	9.2	24.2	6.2	5.9	11.8
		(2.6)	(0.6)	(0.6)	(1.2)

注）（　）内は接近チャンス指数を示す

〇・二にすぎない。これに対して、教授、自由業が就労可能人口中に占める比率は、それぞれ〇・一％、〇・八％であるにもかかわらず、その出身者は、大規模リセ就学者中の三・六％、一四・九％を占め、その接近チャンスはそれぞれ三六・五、一八・六に上る。しかも、パリ大学人中で見ると、彼らはそれぞれ全体の一七％、二二・二％を占め、その接近チャンスは一七〇、二七・七にも達している。すなわち、彼らはパリ大学人中で著しく過剰代表されているということができよう。さらに、高級官吏、中級官吏、とりわけ士官の出身者の接近チャンスも相対的に高い。したがって、パリ大学人への軌道における選抜は、一方では、文化的にも経済的にも最も恵まれない社会職業的範疇の出身者を犠牲にし――ただし、公的制度による支援による例外、あるいは、のちに指摘する通り、首都への個人的ないし家族的な地理的移動による例外はあるが――、他方では、強度に「大学」に備給し、国家の役務と最も結び付いた社会職業的範疇の出身者に有利な形で行われたということができよう。ただし、ここで注目すべきは、中流ブルジョワジー、とりわけ資産家層出身者における接近チャンスの低さである。これは、これら経済的ブルジョワジーの文化的ハンディキャップによるというよりも、概して「大学界」一般に対する彼らの疎遠感、さらにいえば「蔑視」[30]によるものと解してもかまわないであろう。

二 大学人の地理的出自

以上、パリ大学人の社会的出自を文化資本、経済資本、および選抜過程の観点から考察した。しかし、彼らが大学人としてエリートの地位に到達するには、知的資本の蓄積を不可欠の前提としている。この知的資本の蓄積は、彼らの出身地の文化的装備にまず依存する。わけても、学校という装置を通じて得られる知的資格の獲得を不可欠としている。以下、こうした知的資本の蓄積の観点から、彼らの出生地および修学地について考察を試みる。

(1) 出生地

表5は、就労可能人口、中等教育教員、および高等師範学校卒業生との対比において、パリ大学人の出生地を

表5　パリ大学人，中等教育教員，高等師範学校卒業生の出生地(31)

（%）

	パリ	県庁所在地	その他	外国
東洋語学校	37.5	12.5	43.7	6.3
コレージュ・ド・フランス	35.7	21.4	38	4.7
高等薬科学校	33.3	16.6	50	-
自然史博物館	35.3	29.4	35.2	-
理学部	28	32	36	4
文学部	28	28	44	-
医学部	22.8	17.1	57.1	2.8
古文書学校	22.2	44.4	33.3	-
法学部	12.5	15.6	71.8	-
平均	27	22.2	48.3	2.3
就労可能人口（1872年）	6.7	14.3	79	-
中等教育教員	5.5	20.2	74.3	-
高等師範学校卒業生	18.4	31.9	49.7	-

考察したものである。これによると、就労可能人口の約八〇％がパリおよび県庁所在地以外の小地方都市もしくは農村部に分布しているが（一八七二年現在）、これとは対照的に、パリ大学人の約五〇％がパリおよび県庁所在地を出生地としている。ちなみに、中等教育教員の出生地と比較すると、パリ大学人の出生地はこれら主要都市に約二倍集中している。

このように、パリ大学人の出生地は、全体としては、パリをはじめとする主要都市に集中しているが、その分布状況からすると、学問分野に応じて三種類の類型が認められる。すなわち、従来より全国的に分布し基本的に自由業に開かれている法学部および医学部のリクルート網は広く、地方小都市の出身者に広く機会を提供している（パリおよび県庁所在地以外を出生地とする者――法学七一・八％、医学五七・一％）。これに対して、自然史博物館、コレージュ・ド・フランス、東洋語学校のような、著しく限定された学問分野と研究を目的とするパリの大規模な機関にあっては、教授のリクルート網は狭く、彼らの出生地も平均値以上にパリ的であり都会的である。文学部および理学部は、これら二類型の中間に位置し、パリおよび県庁所在地

表6　パリ大学人の中等教育および高等教育修学地(32)

	中等教育修学地				高等教育修学地				
	地方	パリおよび地方	パリ[1)]	その他	地方	パリおよび地方	パリ	外国	その他
文学部	16	56	28	–	4	–	88	–	8
理学部	35	20	45	–	4	–	92	–	4
法学部	70.3	7.4	18.5	3.7	18.7	9.3	62.5	–	9.3
医学部	65.5	3.4	31	–	–	20	80	–	–
コレージュ・ド・フランス	28.5	25.6	53.1	2.5	4.7	4.7	73.8	11.9*	2.3
自然史博物館	52.9	11.7	35.2	–	–	5.8	88.2	–	5.8
古文書学校	28.5	28.5	42.8	–	–	11.1	88.8	–	–
高等薬科学校	50	8.3	41.6	–	–	–	100	–	–
東洋語学校	9.0	18.1	63.6	9.0	6.2	–	43.7	25*	6.2**

表中の数字は%
1)　ヴェルサイユを含む。
*　パリもしくは地方で中等教育を修了。
**　高等教育を受けていない。

出身者の占める比率（約六〇%）は高等師範学校卒業生のそれに近い。これは、文学部および理学部の教授の多くが、アグレガシヨンののち高等師範学校卒業生中より選任されるという古典的キャリアー類型によるものであろう。

(2)　修学地

しかしながら、出生地の分布は、パリ大学人の知的資本の蓄積に関する蓋然的指標となりうるとしても、これを直截に表現するものではないであろう。彼らにおける知的資本の蓄積状況をさらに具体的に考察するには、教育装置による選抜という媒介項を考慮に入れる必要がある。すなわち、その当時における彼らの出自をなす家族の職業的移動の可能性および寄宿制の発達を考慮に入れて、中等教育および高等教育段階における修学地の分布を考察することがこれである。

表6は、中等教育および高等教育の修学地の分布を考察したものである。

(1) 中等教育修学地

① 法学・医学およびその他の学問分野

まず、中等教育の修学地について見ると、文学部教授の二八％がパリ生まれであるのに対して、パリのリセで修学した教授は八四％に上り、圧倒的多数の文学部教授が中等教育段階における知的資本の蓄積をパリのリセで行っていることが明らかである。コレージュ・ド・フランスの教授についても同様で、出生地をパリとする者三五・七％に対して、リセ修学地をパリとする者七八・七％である。以下、その他の機関について出生地と中等教育修学地を対比すると、東洋語学校（三七・五％対八一・七％）、理学部（一八％対六五％）、高等薬科学校（三三・三％対四九・九％）、自然史博物館（三五・三％対四六・九％）であり、これらの機関の過半数近く以上の教授が、中等教育段階における知的資本の蓄積をパリのリセで行っていることが明らかである。

これに対して、法学および医学の教授に関しては、リセ修学地をパリとする者の比率は相対的に低い。すなわち、医学ではパリを出生地とする者二二・八％に対してパリのリセで修学した者三四・四％、法学では一二・五％に対して二五・九％にすぎない。将来におけるパリの法学部および医学部の教授たちの六五％以上は、中等教育段階における知的資本の蓄積を地方で行っているということができよう。その理由としては、法曹・医療の職業に接続する高等教育の課程が、その教育内容から見て必ずしも中等教育の課程の直接的延長上にはないのみならず、開業資格の取得には、地方の学部における修学で足りるため、中等教育段階におけるパリ修学を必要条件とはしないこと、および、法学や医学の教授に関しては、これらの教授中における法曹や医業の家庭出身の子弟の比率が高いことから見て、リセ上級におけるパリ修学による修辞学中心の教育よりも家族の社会的、文化的資本の影響が強く作用していることが挙げられよう。したがって、法学および医学の教授に関しては、出身家族が保有する文化資本と、のちに触れるように、中等教育段階よりも高等教育段階における強度な選抜が重要な役割を果たしていると思われる。

以上から、パリ大学人の中等教育段階における知的資本の蓄積については、中等教育における学業成績優秀というモデルに対する極度の適合性が重要な役割を果たす類型と、家族的伝統が重要な役割を果たす類型とが、対照的に存在しているといえるが、さらにこのことは、全国学力試験「コンクール・ジェネラル」の入賞者が、ソルボンヌやコレージュ・ド・フランスの教授に多いことからも裏付けられよう。たとえば、前者ではベルトロ、クロワゼ兄弟（Alfred, Maurice Croiset）、モーリス・ブリユアン（Maurice Brillouin）、アンリ・ベルクソン（Henri Bergson）、ポール・ルロワ＝ボーリュー（Paul Leroy-Beaulieu）、ジャン＝バチスト・ドゥシャルム（Jean-Baptiste Decharme）、アントワーヌ・トマ（Antoine Thomas）、エミール・ブトルー（Emile Boutroux）、エルネスト・ラヴィッス、ヴィダル・ド・ラブラシュ（Paul Vidal de Lablache）が挙げられるのに対して、後者では法学部教授三名と医学部教授一名が知られているにすぎないのである。

② 教育戦略と投資

中等教育の段階で強度な選抜が行われる分野では、出生地をパリとしない者の場合、そのハンディキャップを埋める方法として、将来における職業的成功を保証する学校的回路に組み入れるための戦略ないし投資が試みられる。とくに、法学および医学以外の分野では、リセにおける中途編入、わけても、コンクールおよび高等教育進学に備える修辞学級からの編入を加えると、機関によって相違はあるが、パリ大学人の約四七％から八四％がパリの大規模リセに学んでいる。これはパリ大学人への軌道における、教育装置を通じて行われる第一次超選抜を意味するといってもかまわないであろう。したがって、地方出身者に関しては、（i）職業的移動を利用した父親のパリ転勤、（ii）最終学年度（修辞学級）の段階におけるパリの大規模リセへの転学、（iii）寄宿学校間における競争とパトロナージュの慣行の利用といった戦略がとられることになる。

（i）職業的移動を利用したパリ転勤は、とりわけ官吏について見られる。パリ大学人中、父親を広義における官吏とする者の比率は、機関によって相違はあるが四分の一から二分の一にも及んでいる。これら官吏は、子弟の教育に関して給費上の特典をあたえられているが、さらに、職業的移動を利用して、子弟の教育のためにパリへ転勤する可能性にも恵まれている。そうした転勤の典型的な例は、のちに高等薬科学校の教授となったヴィリエ＝モリアメ（Villiers-Moriamé）の父親エドモン・エドゥアール・ヴィリエ＝モリアメ（Edmond Edouard Villiers-Moriamé）であろう。彼は、カルカッソンヌのコレージュ校長であった父フランソワ＝ジョズフ（François-Josephe）と同様に、クレルモンのコレージュの学級担当教員を振り出しに中等教育教員のキャリアに入り、一八五五年には、カルカッソンヌのリセの第三等級教授に任命される。しかし彼は、一八六三年、息子の中等教育進学段階にいたって、パリ転任を志望する。ただ、彼は文学バシュリエの資格しかもたなかったため、パリではリセ教授には就任しえず、出納係《エコノーム》の職に甘んじざるをえなかったが、この降格による転勤という代償のおかげで、モリアメは、父の勤務するシャルルマーニュ、コンドルセ、およびアンリ四世といったパリの大規模リセに学びえたのである。[33]

（ii）これに対して、職業的移動を利用する可能性がない場合には、パリの大規模リセの修辞学級のみに就学させるという方法が採られる。のちに法学部教授となったマルク・ソーゼ（Marc Sauzet）の場合がそうである。彼はトゥールノンのリセで全課程を修了しバカロレアにも合格するが、アルデーシュ地方における旧家の法曹でトゥールノンの民事裁判所長であった彼の父親は、古典に関する学業をさらに深めさせるべく、一八六九年、あらためて一年間彼をパリのリセ・ボナパルトの修辞学級で学ばせる。やがて彼は、パリ法学部に学び、一八八一年、法学のアグレガシヨンに合格後、まずリヨンの法学部に赴任し、パリ法学部を射程に入れうることになる。(34)

(iii) 最後に、学業成績の優秀さと当時における寄宿学校間の競争が生んだ偶然的ケースが挙げられる。ラヴィッスの場合がそうである。ラヴィッスは、エーヌ県のコンクールで一位に入賞したおかげで、県の給費を得てランのコレージュに学ぶ機会に恵まれる。しかし、「私がよく勉強したので、私の両親の野心は膨れ上がった」(35)が、公証人の見習いをへてわずかばかりの妻の稼資金をもとにヌーヴィヨン＝アン＝ティエラシュ(Nouvion-en-Thiérache)の町でささやかな流行品店を営んでいた父親の「皇帝の消防夫代理」という資格は、「官吏か士官の子弟にしかあたえられていなかったリセ就学のための給費を支給されるには十分ではなかった」(36)。しかし彼は、パリのリセ・シャルルマーニュと提携関係にあった私立寄宿学校マッサン(Massin)が、「コンクール・ジェネラル」で入賞する可能性のある優秀な生徒を、一食付きの寄宿生という条件で募集していることを偶然知らされる。校長バルベ・マッサン(Barbet Massin)によって採用された彼は、ヌーヴィヨン＝アン＝ティエラッシュとランのコレージュにおける古典人文学級ののち、パリに出てリセ・シャルルマーニュに学ぶことになるが(一八五五年)、さらに、彼の両親が財政的窮乏に陥ると、寄宿料の全面免除の特典が時の寄宿学校長ルサージュ(Lesage)によって提供される。(37) やがてラヴィッスは、「コンクール・ジェネラル」で受賞し、校長の期待に応えることになる。このラヴィッスの例は、その当時ブルジョワジーの優秀な子弟を獲得すべく鎬を削っていた寄宿学校の競争がもたらした例外的な僥倖といえるが、以後の彼の経歴は、「コンクール・ジェネラル」入賞—高等師範学校入学—アグレガシヨン合格—パリ文学部教授というエリート大学人のキャリアーに対するひとつの信仰、「大学」は天賦の才の持ち主には必ず報いる、という信仰を巷間に生むことになる。

(2) 高等教育修学地

このように、将来におけるパリ大学人は、パリの大規模リセにおける修学によって、当時の通念では最良の教育条件に恵まれるだけでなく、全国から集結した俊秀間における切磋琢磨によって、「競争の習慣」、「成功への意志」、および、「自分たちが最も優秀であることを証明する意志[38]」を終生にわたって身に付けることになるが、こうしたパリの特定の中等教育機関による強度の選抜は、高等教育段階でさらに強化される。伝統的特殊性をもつ法学部および稀少的学問分野の教学の場に属する東洋語学校についてはやや比率が落ちるが、文学部、理学部、医学部、コレージュ・ド・フランス、自然史博物館、古文書学校、高等薬科学校の教授は、その八〇％以上がパリで修学しており、このことは、高等教育段階において修学地のパリ集中が一段と強化されることを物語っている（表6）。とくに、各地における医学部の増設にもかかわらず専門分野を完備した医学部がパリにしか存在していなかった医学はいうまでもなく、法学においてもパリ集中が進行する。さらに、中等教育の課程では古典的な地位があたえられていなかったが、当時新たな学問的発展を遂げつつあった学問分野、すなわち、理学、医学、文献学についてもそうであり、理学部教授の九二％、医学部教授の一〇〇％、高等薬科学校教授の一〇〇％、古文書学校教授の約一〇〇％が、パリの機関で学業を修めている。このことは、将来におけるパリ大学人に関しては、ほとんどすべての学問分野で、高等教育の段階でパリ集中が行われたこと、わけても、最も高度かつ最先端的な知的資本の蓄積が、きわめて限定されたパリという特定の空間で行われたことを示すものである。それのみならず、パリにおける修学は、傑出した教師や友人をめぐるネットワークあるいは有力者との庇護関係の形成、大学の周縁部に位置するポスト（実験準備助手、文科系分野における復習教師、医学や薬学の内勤医学生（in-ternat）等）に暫定的に就任する可能性、等々といった、研究者志向のキャリアーには不可欠な付随的資本を提供するだけでなく、多数の学生の集中によって醸成される競争の雰囲気を通じて、さまざまな学問分野を支配するコンクールの精神を助長するのである。

事実、将来のパリ大学人への軌道において決定的な役割を果たすのは、さまざまな学問分野に君臨する、コンクールの精神の具体的表現ともいうべきコンクールと賞の体系である。その典型的な例は、文学および理学の分野においてエリートの地位にいたる最短距離である、パリの大規模リセ修学―高等師範学校入学―アグレガシオン上位合格―ソルボンヌにおける博士号取得というパターンに見られるが、その他、法学では、学士号および博士号における金、銀、銅の賞牌、およびアグレガシヨンにおける合格順位、医学や薬学では、二年間の病院付通勤医学生の身分（externat）を競わせるパリの病院のコンクール、続いて、四年間の内勤医学生の身分の席（六〇～六五）を彼らの中から厳選してあたえる、同じくパリの病院のコンクール、パリ医学部や病院の授与する賞、医学アカデミー、とくに科学アカデミーの授与する賞、アグレガシヨンにおける合格順位[39]、等々が挙げられる。コンクールにおける順位や受賞歴は、パリ大学人に関する伝記作家、あるいは、大学人たち自身が頻々と言及していることからも明らかに推測されるように[40]、特定の学問分野の学業における彼らの優秀さの証明であることはいうまでもないが、さらに、この学業成績優秀性が、とりもなおさず、大学人としての成功の正統化原理でもあることを示している。したがって、彼らにとっては、コンクールと賞の体系によって裏付けられた学業は、大学人として自らを形成してゆく手段であると同時に、他の平均的学生から自らを差異化し自らを肯定する手続きでもありうる。要するに、彼らは、学校による選抜が社会的選抜を保証するものであることを確信させられるのであるが、この学校による選抜が社会的選抜でもありうるというシステムは、彼らが大学人としてのキャリアーを貫徹するかぎり、効果的に機能しつづける。とくに、こうしたシステムに対する信仰は、医学や法学の教授の場合に、いっそう強く作用する。というのは、医学や法学は、文学や理学とは異なって伝統的自由業に直結しており、これらの自由業における職業的成功は、単なる学業成績とは異なる、多種多様な要因に基づいているからである。それゆえにこそ、彼ら大学人は、自らの職業的正統性を確立するためにも、学校による選抜が社会的選抜を保証するという原則を一層強調せざるをえないのである[41]。

三　第二帝政期との対比における世紀転換期のパリ大学人

以上、一九〇一年におけるパリ大学人が、社会職業的出自から見ると、強度に「大学」に備給し国家の役務と最も結び付いた社会職業的範疇の出身者に有利な形で選抜が行われた社会的構成をもつこと、また、これを地理的出自から見ると、中等教育段階ではその修学地には学問分野に応じて二つの類型が認められるが、高等教育段階ではその修学地がほとんどパリに集中していること、つまり、彼らはいわば養子のパリっ子であることを明らかにした。

最後に、第二帝政末期（一八六〇年）におけるパリ大学人の社会職業的出自との対比において一九〇一年におけるパリ大学人の社会職業的出自を考察し、十九世紀末の高等教育改革に伴うパリ大学人の形態学的変容の意味を考察する。

まず、全体的には（ただし、一八六〇年との比較の必要上、古文書学校、東洋語学校、高等薬科学校を除く）、パリ大学人の総数は、一八六〇年には一一三人であったが、一九〇一年には一七六人となっており、約五六％の増加が認められる。これを、パリ大学人の出自をなす各社会職業的範疇が全体に対して占める相対的比重から見

表7　パリ大学人の社会職業的出自（1860年）(42)　（%）

機関名	実数	資産家層	高級官吏	中流ブルジョワジー	法曹職	知識層	中級官吏	小ブルジョワジーおよび民衆的階級	不明
法学部	18	11.1	5.5	11.1	33.3	11.1	16.6	11.1	-
医学部	26	11.5	-	11.5	7.6	26.9	7.6	30.7	3.8
理学部	18	22.2	-	16.6	-	5.5	16.6	27.7	11.1
文学部	15	-	-	20	6.6	20.0	13.3	33.3	6.6
コレージュ・ド・フランス	27	18.5	3.7	7.4	7.4	14.8	14.8	25.9	7.4
自然史博物館	15	13.3	6.6	13.3	6.6	46.6	-	13.3	-
合計	113	13.2	2.6	13.2	10.6	21.2	11.5	22.1	5.3

ると、これらの二つの時期を通じて根本的な変化は見られないが、しかし、詳細に検討すると、そこには二つの相反する傾向が認められる。すなわち、第二帝政末期から初期第三共和政にかけて進行した高等教育改革に伴う五六％増というパリ大学人における量的膨張は、パリ大学人となる可能性を全体としては拡大したはずであるが、この拡大に伴って躍進を遂げた範疇と、これと対照的に、後退した範疇があるというのがこれである。具体的にいうと、パリ大学人の量的膨張に伴うこの可能性の拡大は、小ブルジョワジーおよび民衆的階級、中級官吏出身者を排除する方向に作用する（前者は二二・一％から一九・三％へ、後者は一一・五％から九％へ）とともに、資産家層、高級官吏出身者についても減少を招いている（前者は一三・二％から一一・九％へ、後者は二・六％から二・二％へ）。これに対して、中流ブルジョワジー、法曹職、知識層出身者はいずれも増加しているが、なかでも知識層出身者については目覚ましい進出が認められる（それぞれ、一三・二％から一六・四％へ、一〇・六％から一一・九％へ、二一・二％から二八・九％へ）。

　これらの社会職業的範疇出身者の進出は、所属機関別に見ると、とくに理学部、文学部、コレージュ・ド・フランスにおいて著しい。これらの機関においては、小ブルジョワジーおよび民衆的階級、資産家層出身者が減少する反面、知識層出身者が一律に増加している。たとえば、文学部では、小ブルジョワジーおよび民衆的階級出身者は一八六〇年における三三・三％から一九〇一年における一六％へと半減しているのに対して、知識層出身者は二〇％から四四％へと倍増している。それは、医学部についても同様に指摘されうる。医学部では、小ブルジョワジーおよび民衆的階級出身者は一八六〇年の三〇・七％から一九〇一年の二五・七％へ減少するのに対して、知識層出身者は二六・九％から四二・八％へと急増している。このような現象は、この時期に、相対的に見て経済資本はあまり保有していないが文化資本には恵まれた特定の社会職業的範疇出身者にとって有利な形で、パリ大学人の社会的選抜が進行し、パリ大学人の出自をなす社会職業的構成において同質化が一段と進行したことを示すものであろう。

しかしながら、こうした特定の社会職業的範疇の社会的再生産は、一八六〇年の時期には残存していた、アンシアン・レジーム以来のいわゆる「教授の家系」[43]という意味における閥族支配とは異なる。すなわち、一八六〇年の時点で見ると、パリ大学人全体の一〇・七％は高等教育の教授の子弟であり[44]、この比率は、十九世紀前半における高等教育の教授の絶対数の稀少性を考慮に入れると、著しく高い過剰代表性を示しているということができる。しかし、一九〇一年までには、こうした厳密な意味における「教授の家系」は消滅に向かう。たとえば、自然史博物館は「教授の家系」の伝統に立つ名門のひとつであり、一八六〇年には、自然史博物館の教授一五名中五名がそこの教授の子弟である。これに対して、一九〇一年には、そうした「教授の家系」の伝統を受け継ぐ教授はアンリ・ベクレル（Henri Becquerelle）のみにとどまる。法学部についても同様である。一八六〇年においても一九〇一年においても、法学部の教授の三分の一および四分の一が法曹職を出自としており、法学部についても法曹界との強い粘着性が認められる。しかし、法学部教授の子弟そのものは一八六〇年にはなお一名が数えられていたが、一九〇一年には皆無となっている。すなわち、この時期に、とくに文化資本に恵まれた社会職業的範疇の進出と並行して、旧来の「教授の家系」という意味における閥族支配から、見えざる事前選抜が介在する新しい形態の社会的再生産への移行が進行したということができよう。

したがって、実業界、政界等、社会のその他の場に比してメリトクラシーが浸透していた「大学界」において、[45]十九世紀末の高等教育改革に伴うパリ大学人の形態学的変容は、家系による再生産の最後の痕跡を抹消すると同時に、経済的にはあまり恵まれていないが異常に文化的に恵まれた社会職業的範疇の拡大再生産をもたらすことによって、パリ大学人の同質化[46]を進行させた。競争の激化に伴う、慎ましやかな社会層の犠牲と高級官吏や資産家層といった文化的、経済的に著しく恵まれた社会層の忌避の下で、大学人の量的膨張の恩恵を享受したのは、たしかに「相続人」であった。しかし、その「相続人」は新しい「相続人」、つまり、家系による「相続人」ではなく、パリ大学人というエリート大学人の地位への接近が、文化的に豊かではあるがいまだ社会的成功の域には達していない家族から見ると社会的上昇という意味を持ちつづけている新しい「相続人」であった。大学改革に伴うパリ大学人の量的膨張は、この新しい「相続人」を通じて、パリ大学人の同質化を一段と進行させたのである。

結びに代えて

以上、一九〇一年におけるパリ大学人をその社会職業的出自および地理的出自の観点から考察するとともに、一八六〇年におけるパリ大学人の社会的職業出自との比較を通じて、十九世紀末における高等教育改革期にパリ大学人の同質化が進行したことを明らかにした。大学人中のエリートたるパリ大学人は、文化的にも地理的にも学校と国家の諸制度に近い社会層に有利な強度な選抜によって、文化的にも知的にも同質化された集団を形づくるにいたっていたのである。彼らは、このような同質化によって、大学人としての新たな職業的理想を共有することになるであろう。

しかしながら、パリ大学人にいたる軌道は、多様な学問分野に対応する訓練系統や各機関固有の機能原理、あるいは、新しい学問観や学問分野の登場という観点から見ると、また同時に、差異化の過程でもある。大学人間における競争は、大学人が強度な事前選抜をへてきているだけに、ほとんど代替可能な個人の間における競争である。このような競争裡において彼らは、局外者には無限小にしか見えないが当事者にとってはほとんど絶対的な意味をもつ、さまざまな差異の累積によってのみ選別される。「大学界[47]」のエリートたるパリ大学人への軌道は、同質化の過程であると同時に、そうした差異の累積による聖別の過程でもある。したがって、パリ大学人の形態学的変容の考察には、強度な事前選抜によって同質化されるパリ大学人の内的差異化の過程を明らかにすることがさらに必要であろう。しかし、それに関する考察は次章の課題とする。

第二章　世紀転換期仏エリート大学人の差異化

はじめに

本章は、十九世紀末の高等教育改革に伴うパリ大学人の形態学的変容を、その軌道における差異化の観点から考察し、ひとまず改革が峠を越す一九〇一年の時点において、パリ大学人のキャリア戦略が知的優秀性に関する新たな可能的モデルの出現に伴って多岐化し、大学人の理念像が科学者モデルへと転換しつつあったことを明らかにするとともに、現実の科学者＝教授と「知識界」における支配的な社会的表象としての科学者との乖離を指摘しようとするものである。

一　教授就任年齢

全体として見ると（表1）、一八六〇～一九〇一年間におけるポスト数の増加と、パストゥールがあれ程批判した兼任の減少にもかかわらず、教授就任年齢は高等薬科学校を除きどの機関でも上昇している。とりわけ法学部、医学部、文学部、自然史博物館では志願者数とポスト数の間の不均衡の高まりによって競争が激化し、教授

表1　パリ大学人の教授就任年齢の分布(1)

（上欄1860年、下欄1901年：単位％）

	35歳以下	35～40歳	41～45歳	46～50歳	50歳以上	平均（歳）
法学部	33.3 3.1	50.0 34.3	11.1 46.8	– 12.5	5.5 3.1	37.0 41.6
理学部	11.1 20.0	33.3 24.0	27.7 12.0	16.6 32.0	16.6 12.0	41.9 42.7
医学部	7.6 –	30.7 5.7	34.6 31.4	15.3 42.8	11.5 20.0	41.9 46.8
文学部	6.6 –	26.6 20.0	33.3 32.0	13.3 24.0	20.0 24.0	42.0 45.6
自然史博物館	13.3 11.7	26.6 23.5	40.0 23.5	6.6 17.6	13.3 23.5	42.4 45.8
高等薬科学校	25.0 16.6	25.0 41.6	25.0 33.3	– 8.3	25.0 –	43.5 39.4
コレージュ・ド・フランス	22.2 9.5	14.8 21.4	18.5 26.1	18.5 26.1	25.9 16.6	43.9 44.1
古文書学校	16.6 22.2	50.0 22.2	– 33.3	16.6 11.1	16.6 11.1	40.5 41.5

就任年齢は四～五歳の遅れを示している。これに対して、古文書学校、コレージュ・ド・フランス、理学部のような機関では、教授就任年齢の遅れは一年前後にとどまっている。これは、志願者に求められる資格の厳格化あるいは講座数の増加によって志願者間における競争が、表面上、相対的に緩和されたためであろう。機関別に見るとこのような相違が認められるが、概して教授就任年齢の全般的な上昇は、この約四〇年間における大学人の専門的職業人化の進行の指標のひとつといえるであろう。

ところで、上記の教授就任年齢に関する統計的所与は、個々の大学人の継続的なキャリアー選択の結果である。パリ大学人への軌道は、局外者には無限小にしか見えないが、講座への選任の時点における知的局面に応じてほとんど決定的な意味をもつ差異の累積による聖別の過程である。したがって、究極的には、主体的行為者としての個人に一切が還元されざるをえないであろう。しかしながら、一九〇一年の時点における大学人（教授二一一名）に関して、多様な学問分野に対応する訓練系統、各機関固有の機能原理、あるいは新しい学問観や学問分野の登場に伴う相違を横断して、個々の大学人の主体的選択をある程度類型化することは可能であろう。すなわち、一九〇一年の時点におけるパリの教授は、その大半が改革期以前に由来する古典的軌道に従ったとしても、彼らは、知的革新の結果として、この古典的軌道に対して逸脱的選択をすることも可能であった。わけても、そうした知的革新に基づく選択は、個々の機関や大学を超えて大学外の政治・社会的支持を得る必要に迫られることもありえたのである。

二　キャリアー戦略

そこで、各大学人のキャリアーが「大学界」に対して含意している関係性という観点から見ると、この変革期におけるキャリアー戦略は三つの類型に大別されうる。すなわち、一、古典的戦略、二、職業的あるいは専門的戦略、三、革新的戦略あるいは広義における政治的戦略がこれである。まず第一に、古典的戦略は諸学問分野および「大学界」の現状と葛藤を起こすことなく、先行する世代によって検証されたモデルを踏襲するものであり、既成の規範に対する順応性、知的革新の乏しさ、さまざまな資格の蓄積、および広範な庇護的関係を特色としている。この戦略の対象となるのは、各機関において最も高い威信を誇り、あまねく切望の的となっている講座である。したがって、その候補者は最も多数の切り札を保有する「相続人」である。第二に、職業的あるいは専門的戦略は、古典的戦略との対比において見ると過剰ないし不足として定義されうるであろう。この戦略は、特定の学問分野に通暁することが、さらに新しい稀少的な学問分野の開拓をもたらし、その結果として、従来の古典的枠組みを破壊し既成の知的分業に修正を迫る可能性を孕むものである。しかし他方、この戦略については否定的側面も指摘されうる。視野狭窄、魂なき学識、知的閃きの欠如等々といった指摘がそうであるが[2]、そこには一面の真理が含まれている。というのは、知的抱負に欠けるがゆえにこの戦略を選択することがありうるからである。ところで、この戦略と第三の革新的戦略との境界は一見流動的である。いずれの場合も、課題とされているのは知の専門分化である。しかし、前者にあっては、既成の知の枠組みと知的分業を受け入れた上で、稀少性に賭し、現在存在する専門分野をさらに細分化することが試みられる。これに対して後者は、外的な社会的要求に応えるという趣旨の下に、伝統的な知の枠組みの外にはみ出すことを辞さず、場合によっては、「大学界」以外の政治的、行政的権力の介入を伴うこともありうるのである。

(1) 古典的戦略

古典的戦略は、この時期における高等教育改革の影響を受けることが少なかった法学部、医学部といった伝統的な職業的学部、および、文学部、理学部、コレージュ・ド・フランスの規範的学問分野の講座の教授のキャリアーに主として見られる。その特色は、教授就任年齢がそれぞれの分野でほぼ同一であること、および、教授にいたる行程に、ある程度明確な指標が存在することである。

(1) 法学部

第二帝政末期以前には、法学の博士号を所持していれば、アグレジェや講義担当講師をへることなくパリ法学部の教授に就任することが可能であった。しかし、教授就任の前段階としてのアグレジェ制の定着、および第二帝政末期におけるコンクール・ダグレガシヨンの全国化に伴って、地方学部におけるアグレジェをへてパリ法学部の教授に就任することが通例となる。すなわち、一九〇一年の時点における法学部教授三二名中二二名が二四〜二七歳の間にコンクール・ダグレガシヨンに合格し、まず五〜一〇年間地方の法学部に配属され、次いでアグレジェとしてパリに帰り、コンクール合格からほぼ一五年後、平均年齢四一・六歳で教授に就任しアグレガシヨンを主催するという行程を辿っている。(3) この単純化された軌道の相対的な速さは、全国的に見て文学部や理学部の教授数（文学部一二四名、理学部一三九名）に比して法学部の教授数が多い（一六一名）のみならず、文学部や理学部とは対照的に、教授と非教授のポストの量的関係が逆ピラミッド状をなしていることによるものである。すなわち、パリ法学部では、一八七八年に一九名の教授しかいなかったのに対して一九〇一年には三二名を数えるにいたっているのと反比例して、アグレジェおよび補講担当講師数が減少している。

しかしながら、すべてのアグレジェがパリの教授に選任されるわけではない。まず地方に赴任したアグレジェを差異化する要因を考察すると、以下の三点が挙げられる。

① アグレガシヨン合格順位。原則として、法学にあっては、アグレガシヨンは年功の基準であって知的優秀性の指標ではない。しかし、現実には、パリの教授三二名中二〇名が首席もしくは次席で合格している。アグレガシヨンにおける合格順位が、パリの法学部に選任されるか否かを決定する重要な因子として作用しているのである。(4)

② 地方学部からの早期の転任。地方の法学部に定着することは、パリの教授に就任するのを遅らせることになる。たとえば、リヨン出身のシャルル・オーディベール（Charles Audibert）がそうである。彼は二八歳でアグレガシヨンに首席で合格したにもかかわらず、長期間リヨンの学部にとどまり、パリの教授に選任されたのは四九歳の時であった。彼はリヨンにおける家族的紐帯のほかに、高い知的威信に恵まれるがパリのエリート間で

は地位の低いパリ法学部教授よりも、地方における名望家としての地位を捨て難く感じていたのであろう[5]。したがって、パリへの帰還を望むアグレジェは、できるだけ早く地方学部から脱出しうるように、パリの近郊都市（ドゥエ）、大都市（リヨン）、あるいは法学におけるパリの衛星都市（ディジョン、レンヌ、ナンシー、カン）といった、パリへの還流軌道上に位置する学部に赴任するよう努めるのである。

③　知的伝統主義の遵守。法学にあっては、特定の分野に専門化することは原則として評価されない。学部の事情に応じて臨機応変に専門を変更すること、たとえば、ディジョンにおける憲法学の教授がリヨンで民法を担当し、パリではローマ法を講ずることは当然のこととみなされている。その他の学問分野、とくに理学の分野とは対照的に、法学では伝統的な学問のヒエラルキーが重視され[6]、新分野の開拓は必ずしもパリ法学部への接近には効果的に作用しない[7]。しかも、新しい分野に挑戦するアグレジェは、多くの場合、講壇法学者としての優秀性という基準から見ると周辺的存在であるだけに、それだけいっそう知的伝統主義が強化されることになる。その一例は、パリのイスラム法の教授に任命されたロベール・エストゥブロン（Robert Estoublon）に見られよう。彼は三五歳にしてアグレガシヨンに合格し、その順位も九位であった。そこで、彼は長年にわたってアルジェで教鞭をとることになるが、一八九五年に彼の専門とするイスラム法の講座がパリに新設されるに及んで、ようやくパリの教授に選任されることになる[8]。新設の植民地立法および経済学講座の教授に任命されたジュール・レヴェイエ（Jules Léveillé）のキャリアーについても、ほぼ同様のことが指摘されうる。彼の任命には、知的基準よりも政治的考慮がより強く作用しているのである[9]。

(2)　医学部

全体として見ると、医学の軌道は古典的キャリアーの典型である法学と理学の中間に位置している。一方では、それは博士号およびアグレガシヨンを前提とする点で、基本的には法学と軌を一にする。なかでも、その威信とそれが兼備する権力のために志望者が集中する基礎的講座の教授の軌道は、アグレガシヨンおよびパリの病院のコンクールにおける上位合格という輝かしい経歴のほか、革新的業績、広範な社会的関係、庇護者たる前任者との特権的な絆に恵まれていることを特色としている。たとえば、病理学教授エドゥアール・ブリソ（Edouard Brissaud）はジャン・マルタン・シャルコ（Jean Martin Charcot）とシャルル＝ジャック・ブシャール（Charles-Jacques Bouchard）の弟子であり、比較病理解剖学教授アンドレ・シャントメッス（André Chantemesse）はアンドレ・ヴィクトル・コルニル（André Victor Cornil）の弟子である[10]。

ただし、医学の軌道の各段階は法学よりも高い年齢に位置している。すなわち、一九〇一年の時点における医学部教授中四二・八％が四六〜五〇歳、三一・四％が四一〜四五歳の間で教授に就任しており、就任平均年齢は四六・八歳でパリ大学人中最も高い。こうしたキャリアーの遅れの理由としては、まず第一に、アグレガシヨン受験に先立って博士号を取得することのほか、病院の課する病院付き内勤医学生や通勤医学生の試験等、種々なコンクールにおける合格、および各種の賞の受賞、さらには、有名な病院における講義経験が志願の暗黙の前提となっていることが挙げられる。第二に、教授ポストの少なさが挙げられる。一八六八年との対比において見ると、法学の教授ポストの増加率は七八％であるのに対して、医学は三五％にすぎない。こうしたキャリアー展望の著しい悪化は、医学の伝統的規範から脱し革新的戦略に走るアグレジェを輩出させる一因ともなるのである。

他方、医学はクロード・ベルナールやパストゥールに代表される科学革命によって、学問的再検討を迫られている。この点で、医学は理学に準ずる状況にあるといえよう。少壮のアグレジェは、科学によって新たに開かれた知的景観に魅せられ、いまだ医学教育における支配的な学科目としての地位を獲得するにはいたっていないが、医学的知の発展上不可欠と思われる新しい研究分野に挑戦し、その分野における講座の新設にキャリアー展望を賭ける。しかし、理学部やコレージュ・ド・フランスとは異なって、そうした先駆的企ては容易には制度的裏付けをあたえられない。たとえば、医化学のアルマン・ゴーティエ（Armand Gautier)、生理学のシャルル・リシェ（Charles Richet)、組織学のマシアス・デュヴァル（Matias Duval)、医学生理学のシャルル・ガリエル（Charles Gariel）の場合がそうである。[11] 新しい学問分野にふさわしい講座の新設に対して行政当局や同僚の同意を得るには、著しく長い時間を要するのである。

(3) その他の機関

その他の機関では、古典的戦略は最も聖別された講座の教授に見られる。

これを文学部について見ると、この世代の最も聖別された学問分野の教授には、高等教育における待機の場が存在していない。したがって彼らは、原則的に六～一〇年間パリあるいは地方における中等教育の教授として勤務し、この間に、講座に志願するのに必要とされる資格、とくに博士論文を準備するのである。しかしながら、文学部の講座に到達する上で決定的ともいえる条件は職場の地理的近さであり、パリの大規模リセにおける上級や高等準備級の教授、高等師範学校のメートル・ド・コンフェランス、あるいはソルボンヌの講義担当講師や代理教授を歴任することである。なかでも、半ば慣行化していた代理教授の経歴は極めて重要である。[12] というのは、新設ないし非規範的講座を別とすると、パリの教授に任命されるには、十九世紀的な意味における、いわゆる「パリ大学人の社交界」に属し、前任者のごく自然な後継者として衆目の一致して認めるところとなっていることが必要だからである。[13] このことは、一八六四～八八年間に任命された教授中、地方学部からの選任はわずかに一名にとどまることからも裏付けられよう。こうした古典的キャリアーの典型は、一八九七年にソルボンヌのフランス詩講座に任命されたエミール・ファゲ（Emile Faguet）であろう。彼は一八六九年から一八八三年まで約一五年間にわたって地方のリセ、次いで一八八三年から一八九〇年までパリのシャルルマーニュ、コンドルセ、およびジャンソン＝ド＝サイイのリセで教鞭をとるが、四三歳でソルボンヌの講義担当講師となり、さらに七年後、ようやく五〇歳にして正教授に選任されるのである[14]。

歴史的には革新性をもって知られるコレージュ・ド・フランスでも、最も伝統的な学問分野の教授の軌道は学部の古典的キャリアーの教授と大同小異である。文科系では、ギリシア文学あるいはギリシア碑銘学（モーリス・クロワゼ Maurice Croiset およびポール・フーカール Paul Foucart）、歴史学、哲学（ベルクソン）、ラテン詩、比較文法、ロシア文学、理科系では、力学、解析学、地質学、鉱物化学、一般物理学、比較発生学といった講座の教授がそうであり、彼らの過半数は四一～五〇歳のあいだに教授に就任している。これらの講座の設置はいずれも一八八〇年以前に遡り、したがって、彼らのリクルート圏も高等師範学校卒業生、古文書学者、医学博士、国家技師等、基本的には閉鎖的な範疇に限られている。これらの教授の場合、コレージュ・ド・フランスにおけるキャリアーは文学部や理学部のキャリアーの代替であり、ひいては、文学部や理学部でも辿られうるキャリアーの到達点にほかならない。彼らは、ナポレオンの帝国大学の一環をなしていなかったこの機関に属しているにもかかわらず、きわめて大学人的であるといえよう[15]。ガストン・ボワシエのキャリアーはこれを裏付けている。彼はまず地方のリセ、次いでパリのリセ・シャルルマーニュの教授となり、四三歳にいたって高等師範学校のメートル・ド・コンフェランスに任命され、やがてコレージュ・ド・フランスにおけるサント＝ブーヴ（Charles Augustin de Sainte-Beuve）の代理教授をへて教授に任命される。このボワシエのキャリアーは、二〇年後における先述の文学部におけるファゲのキャリアーの先駆的形態といってもかまわないであろう[16]。

しかしながら、これら古典的キャリアーの教授は文学部およびコレージュ・ド・フランスの教授中約三分の一を占めるにすぎない。法学部や医学部との比較で見ると、古典的キャリアーは被支配的地位にあるか、あるいは少なくとも、かつての覇権を失いつつあるといえよう。これは新しいキャリアー類型の進出によるものである。すなわち、既設の講座から派生した学問分野、あるいは新しい学問分野では、改革によって下級の高等教育教員のポストが増設され、中等教育の教授をへることなく高等教育にいたる経路が形成される。これによって、特定の分野の専門家としてもっぱら研究に基礎を置き、高等教育に限定されたキャリアーをもつ教授が輩出する。その一例は、一九〇一年の時点で最年少の教授であったフェルディナン・ブリュノ（Ferdinand Brunot）であろう。彼は一八八二年に首席でアグレジェとなり、わずか一年間バール=ル=デュックのリセで教鞭をとったのち、まずリヨン文学部、次いでパリ文学部のメートル・ド・コンフェランスに任命され、一九〇〇年、フランス語史の教授に就任している[17]。こうした装置はひとたび確立されると、高等教育に限定されたキャリアーをもつ専門家としての教授が、中等教育の教授で基本的にはジェネラリストである伝統的な古典的キャリアーの教授を駆逐する方向に作用することになる。というのは、古典的キャリアーの教授は、ごく晩年にいたって教授に選任され、後継者の養成によって知的連続性を確立することができないからである。それは、上記のファゲのソルボンヌにおける教授就任年齢が五〇歳であったことからもうかがわれよう。

（２）　職業的あるいは専門的戦略

高等教育改革の進行にもかかわらず、この時期のパリ大学の教授の大多数は古典的な教授モデルを継承している。しかし、高等教育改革に伴うパリ大学界の新たな構造化の中から、新しい教授のプロフィルが現れてくる。

全体としてはなお少数派に属するが、職業人あるいは専門家ともいうべき教授がそうである。この戦略をとる大学人は、もはや固定的な知の再生産者や文化的伝統に依拠しサロンに出入りする名望家ではない。彼らは中等教育との紐帯を切断し、一定の専門に全面的に専念する研究者である。

(1) 理学部――職業人と専門家

伝統的な教授モデルとの絶縁が最も進行したのは理学部である。それは、理学の分野では、研究の専門分化がいち早く進み、実験室等、重装備への依存や現地調査等の必要性が高まったからにほかならない。こうした条件は、①教授就任年齢の低下（四〇歳以前における教授就任者は、文学部の二〇％に対して理学部では四四％に上っている）、②キャリアーにおける中等教育機関との断絶（文学部では教授の八〇％以上が中等教育機関を経由しているのに対して、理学部では八〇％弱が高等教育機関もしくは研究機関を経由している）という、このモデルの特徴となって現れている。いまひとつの特徴は、高等師範学校卒業生の増加に見られる、学業系統の同質化の著しい進行である。すなわち、高等師範学校卒業生がパリ理学部の教授中に占める比率は一八五〇年には七％にすぎなかったが、一九〇一年には六四％に上昇するのである[18]。

ところで、理学部の教授には二つの類型が認められる。職業人と専門家がそうである。前者の職業人はもっぱら高等師範学校卒業生である。これは、高等教育における待機ポストの創出、研究成果の公表等、パストゥールがエリート的科学者を養成するために試みた政治的努力の結果である[19]。彼らはエミール・ピカール（Emile Picart）、ポール・アッペル（Paul Appel）、ガブリエル・ケーニック（Gabriel Koenig）、ガストン・ダルブー（Gaston Darboux）に見られるように、若くして（二五歳以前）博士号を取得して[20]いち早く高等教育の世界に入り、平均的には、高等師範学校卒業生ではない教授よりも四年早くソルボンヌに到達している（四一・二歳対四五・三歳)。しかしながら、高等師範学校卒業生の研究への特化という戦略は、伝統的な学問のヒエラルキーと表裏一体の関係にある。彼らは、アグレガシヨンのヒエラルキーに準拠して、とくに数学、天文学、物理学に集中している。これに対して、当時発展途上にあった化学、生物学、自然史、地質学といった「より純粋でない」学問は、後者の専門家によって担われている。[21] 彼ら専門家の多くは高等師範学校卒業生ではなく、これらの分野における研究上の制約のために、長年にわたって実験準備助手、実習長、あるいは薬学アグレジェといったパリの下級のポストで研究を続けざるをえなかった。したがって、これら純粋科学の職業人と並ぶ形で、華やかな経歴はもたないが二十世紀の研究者の祖にあたる専門家が存在しているのである。最後に、例外はあるが、これら専門家は、職業人に比してより慎ましやかな社会的出自であることを指摘しておきたい。彼らは大学の資格に恵まれていないため、ひとえに禁欲と使命感に基づいた彼らの研究は、同僚からの認知によってのみ報いられる。こうした軌道の代表的な例はミュニエ＝シャルマスであろう。彼は幼くして薬剤師であった父を失い、カルティエ・ラタンで下宿屋を営む寡婦に育てられたため、初等教育しか受けていない。しかし、自然科学に傾倒していた彼は、自然史博物館でささやかな仕事に就き、理学部の地質学講義準備助手となったのは二一歳（一八六四年）の時のことであった。それから一七年後、彼は高等師範学校の実験担当講師に就任するために、急遽学士号を取得する。さらに一〇年後、彼は学位論文を提出するが、それは、彼の師であり、また変わらぬ庇護者でもあった、地質学教授エドモン・エベール（Edmond Hébert）の後を襲うためであった。四八歳の時のことである。[22]

(2) 高等薬科学校――専門家

専門家類型の教授は理学部では少数派であるが、高等薬科学校の教授は概してこの専門家類型に属する。ただし、この高等薬科学校は「大学界」にあっては周辺的存在であり、とくに理学部や医学部との関係から見ると被支配的地位にある。そうした特色は以下の三点に見られる。

まず第一に、大学のその他の分野から高等薬科学校へという一方向的な人的流れが挙げられる。名称の上で理学部と類似した講座が高等薬科学校にも見られる場合でも、その内容は実践的指向の強い、著しく専門化されたものであり、高等薬科学校以外には出口や昇任の可能性のないものである。こうした一方向的な人的流れを示す典型的な例が、本来の志望からの方向転換であろう。例えば、医学から転向したL・プリュニエ（L. Prunier）、エコル・ポリテクニク復習教師から転向したP・ルルー（P. Leroux）、理学から転向したA・べアル（A. Béhal）がそうである。[23] 第二に、平均三九・四歳という最も若い教授就任年齢が挙げられる。こうしたキャリアーの速さは、高等薬科学校の被支配的地位に由来する人的流れによることが考えられるが、ただしそれは、高等薬科学校の教授が、理学部の教授と同様に客観的な切り札に恵まれていることによるよりも、特殊な専門分野の選択と社会の医療化[24]に伴う講座の新設（例えば、隠花植物学、水理学・鉱物学等[25]）といった要因との偶然的一致によるものである。第三に、教授の社会職業的構成における相対的に慎ましやかな階層出身者の多さが挙げられる。小ブルジョワ的、民衆的階層出身の教授は全体の四一・六％を占めており、彼らにとっては、高等薬科学校の教授になること自体が優れて社会的上昇となりうるのである。[26]

(3) 古文書学校、東洋語学校、コレージュ・ド・フランス——碩学

高等薬科学校の教授に見られた稀少的学問分野への専門化は、より容易に高等教育へ接近する方法ともいえるが、こうした稀少的学問分野への専門化は、文科系の分野では、古文書学校、東洋語学校、およびコレージュ・ド・フランスの若干の講座における、いわゆる碩学と称される教授に見られる。彼らの専門分野はきわめてユニークであり、そのキャリアーもそれぞれが特例である。したがって、古典的キャリアーの大学人との対比におい

て見ると、定型的キャリアーは存在しないように見える。しかし、これら碩学のキャリアーには、以下の三つの共通点が認められる。

①　キャリアー展望から見ると、極度に専門的であるため、代替的キャリアーがない点では著しい危険性を孕んでいるが、競争相手の少ない点では有利な選択である。

②　碩学は家族の趣味や特殊な文化資本、あるいは特異な伝記的条件等、古典的キャリアーの大学人とは異質の文化的伝統に依拠している。その意味では、特定の分野における積年の研究やエキゾティックな分野への傾倒といった、最も逸脱的な戦略は最も超決定されているといえる。

③　これらの講座に接近する上で定型的な課程は存在しない。したがって、学部における学士号、博士号、アグレガシヨンといった試験の代わりに、最も動機づけに乏しい者、あるいはモデルに最も合致していない者を排除する間接的選別が行われる。

a　古文書学校　教授にいたる軌道にはコンクールのような定型的選抜システムは存在しないが、その行程はある程度再構成されうる。その基本は古文書学者の知的環境の「ハビトゥス」を身に付けることにある。選任の指標は以下の五点に要約されよう。①卒業時における最終的席次（教授九名中六名が首席か二位である）。②碩学の世界との恒常的関係の維持（九名中八名がパリを勤務地とし、碩学の世界との関係を保っている）。③早期の学問的認知（九名中六名が「碑銘・文学アカデミー」の受賞者である）。④碩学の世界における戦略的地位の獲得（学術誌の運営・協力・創刊、「歴史・科学研究委員会」（Comité des travaux historiques et scientifiques）における役職等）、がそうである。

ただし、これらの指標を通じて究極的に問われているのは、古文書学者としての職業的「ハビトゥス」を身に付けているか否かである。したがって、強固な意志を持ちつづけるならば、さまざまな迂回路をへて同一の到達点にいたることもありうる。たとえば、P・メイエル（P. Meyer）は卒業時の席次が芳しくなかったために地方に配属されるが、英国派遣を機に古文書学者の世界の中心に復帰している。(27)

ところで、古文書学者の世界は、その心性にふさわしい中世的な用語を使うと、「人と人との紐帯」が決定的な役割を果たす世界である。そこで最後に、上記の指標を総括するものとして、⑤後継者となる教授との特権的関係が挙げられる。例えば、シャルル・ド・ラステリー（Charles de Lasteyrie）はキシュラ（Jules Etienne Joseph Quicherat）のお気に入りの弟子であり、ポール・ヴィオレ（Paul Viollet）はタルディフ（Tardif）の弟子で彼の代理教授を務め、ジュール・ロワ（Jules Roy）はブータリック（Boutaric）の代理教授である。こうした特権的関係は、その他、アカデミー会員選挙や共同研究における協力者という形をとることからもわかるように、後継者が典型的な碩学としての人物像を形づくる諸要素を身体化し、職業的「ハビトゥス」を内面化したことを証明するものである。(28)しかも、この「ハビトゥス」の内面化は、社会的差異性を抹消する方向にさえ作用する。古文書学校の教授中に、旧貴族（C・ド・ラステリー）や由緒ある家柄のブルジョワ（P・ヴィオレ）、あるいは農民（J・ロワ）や財産のない士官の子弟（A・モリニエ Auguste Molinier）が同時に見られるのはそのためにほかならない。(29)

b　コレージュ・ド・フランス、東洋語学校

上記の古文書学校の教授に比して、東洋語学校やコレージュ・ド・フランスにおける類似の稀少的学問分野の教授のキャリアーははるかに多様である。というのは、彼らの軌道は、同一の学校を経由する古文書学校の教授とは異なり、一元的ではないからである。しかしながら、そこには、大別すると三つの類型が認められる。①古文書学校の教授に酷似した天職としての碩学。たとえば、父親を

継いで同じくコレージュ・ド・フランスの教授となったルイ・アヴェ（Louis Havet）、G・パリス[30]、また、高等研究院にウィリアム・ウォディントン（William Waddington）が創設した聖書成立以前のヘブライ語講座研究指導教授（歴史学・文献学部門）ジョズフ・ドゥランブール（Joseph Derembourg）を父とし、東洋語学校のアラビア文語教授、高等研究院のアラビア語講座（歴史学・文献学部門）、同イスラム教およびアラビアの宗教講座（宗教学部門）の教授となったアルトヴィク・ドゥランブール[31]（Hartwig Derembourg）は、生まれながらにして碩学的な環境に属している。彼らがあまり古典的ではないキャリアーを辿る危険を冒し、ドイツ大学留学によって先駆者としての役割を果たしえたのは、この家族的環境によるものであろう[32]。②転向による碩学。大学におけるより高尚で中心的な知の分野には接近しえないため、周辺部に賭した教授がそうである。③大学とは無関係な人物あるいは異邦人。東洋語学校教授一六名中、領事出身者七名、外国滞在経験者二名は、従来フランスでは教えられていなかった言語に関する特殊能力によって採用されたものである。コレージュ・ド・フランスでは、ガストン・マスペロ（Gaston Maspero）がこれに該当する。彼は高等師範学校卒業生であるが、イタリア生まれで、「母親年金生活者、父親不明」である。彼はリセの修辞学級時代からヒエログリフに親しみ、二一歳にして翻訳を公にし、二六歳でコレージュ・ド・フランスのエジプト学講座に無競争で推挙されている[33]。このような碩学の極限的事例は、この時期の大学人中における唯一の独学者、オーギュスト・ロンニョン（Auguste Longnon）であろう。パリの製靴職人の息子であった彼は、まず父親の工房で働き独学で歴史研究を志すが、父親の顧客であった碩学たちの激励と支援によって国立古文書館のささやかな職に就き、ついに一八九二年、ルナンの庇護の下に、四八歳にしてコレージュ・ド・フランスの歴史地理学講座の教授に就任するのである[34]。

以上、職業化あるいは専門的戦略について考察を試みたが、この戦略をとる大学人には、文科系か理科系かを問わず、社会資本や文化資本に関して平均値以上に豊かな者も、これらの両面で必ずしも豊かではない者も認められる。つまり、彼らの一方の極には、科学や文献学の寵児が、他方の極には、無名の職人が見られるのである。ただし、職業人あるいは専門家としての大学人には、大学界における知的分業を現状のままに受け入れているという点で、古典的キャリアーの担い手との間に共通点がある。他方彼らは、以下に考察する革新的戦略をとる大学人に近いにもかかわらず、次の一点で彼らとは異なる。すなわち、革新的戦略をとる大学人は、旧来の枠組みに則った知の分類をあらためて問題にし、新たな分野の制度化に際しては、大学外の社会や権力による認知をも必要とするというのがこれである。

(3) 革新的戦略

革新的戦略は、上記の二つの戦略モデルの特徴を兼備している。革新的戦略をとる大学人は、古典的戦略をとる大学人と同様に、伝統的な大学人としての優秀性に関する外的指標を十分に備えている。しかし、また同時に彼らは、極限的な形ではいわゆる碩学に見られるように、稀少的専門性を備えている。とくに、稀少的専門性に賭する大学人とこの知的革新に賭する大学人との境界は一見曖昧である。というのは、稀少的講座は新しい知的革新に基づいて設けられたものであり、新設の講座とは、行政その他の権力がその社会的、知的必要性を認めた稀少的講座に他ならないからである。しかし、そこに基本的な相違がある。つまり、新設の講座はやがて古典的講座となるが、稀少的講座が古典的講座になることはきわめて例外的である。したがって、革新的戦略をとり新設の講座に就任する大学人は、古典的戦略をとる大学人と同様に、伝統的な大学人としての知的優秀性に関する外的指標を十分に備えている必要がある。また同時に彼らは、碩学等と同様に、彼らがその分野に挑戦した時点ではキャリアー展望を期待しえなかった稀少的専門性をも備えていることを必要とされるのである。しかし、知的革新に賭し革新的戦略をとる大学人の専門性は、東洋学者やエジプト学者の専門性のように、それ自体がエキゾティックなのではなく、既成の学問の場との相対的関係においてエキゾティックなのである。したがって、革新的戦略をとる大学人には、自らの稀少的学問の制度化の必要性を知的、社会的、さらには政治的手段を通じて政府や大学に認知させることが必要になるのである。

(1)　科学性と社会的効用

革新的戦略をとるにあたって、最大限に切り札を動員することを迫られるのは、おそらく医学と法学であろう。まず第一に、これらの学部における教育は明確な職業的目的をもつために、文学部や理学部に比して、知的革新は容易には受け入れられない。第二に、講座数が相対的に多いために、新しい講座は既存の講座から敵対視される。というのは、新しい講座の新設に伴う学科課程の再編成によって、学部全体が知の新たな再検討を迫られるからである。

このような革新に対する学部のエスタブリッシュメントとしての保守的性格が典型的に見られるのは医学部の『専門的臨床講座の創設に関する報告書』（報告者―パリ医学部教授レオン・ル・フォール（Léon Le Fort）、一八七八年四月）[35]である。

この『報告書』は、かつてフランスが科学の専門分化に先駆的役割を果たし、ヨーロッパの医学・外科学における中心的地位を占めていたにもかかわらず、「科学的専門分化の長所よりも職業的専門分化の弊害」の側面を顧慮しすぎたために、この三〇年来全欧を席巻している科学的専門分化の動きに遅れをとりつつあることを指摘し、専門的臨床講義を正規の講座へ昇格させることを検討するよう説いている[36]。しかし、この『報告書』は、そうした改革的論調にもかかわらず、原則論においてはこれら臨床講座の創設に伴う消極面を指摘し、革新に対して著しく慎重な態度をとるのである。すなわち、「したがって、補講担当講師のポストのいくつかを講座《シェール・マジストラル》に昇格することが必要である。しかしまた、これらの専門的講座のひとつへの任命が、学部へすべり込むためのより容易な手段、やがて一般臨床講座へ接近するための側面の扉……にならないようにすることが必要である」[37]。この『報告書』は、専門的な臨床講座の威信が一般臨床講座よりも低く、したがって、新設の臨床講座がより威信の高い一般臨床講座に到達するための「踏み台」となる危険性を指摘し、検討の対象となった眼科学、小児病学、皮膚病学、性病学、婦人科学のうち、講座の新設を眼科学、小児病学、および皮膚病学のみに限定するのである。こうしたこの『報告書』の両義性は、医学部における革新や新しいプロフィルの教授に対する障壁の厚さを示すものであろう。

　したがって、こうした保守的性格の強い分野では、革新的戦略には学問的革新性のみでは足りない。ラファエル・ブランシャール（Raphaël Blanchard）の医学自然史講座の名称変更は、革新的戦略における学問的革新性のみならず社会的効用の必要性を証明する一例である。彼は動物学、とくに寄生虫学を専攻し、一八八〇年に博士号を取得後理学アグレジェとなり（一八八三年）、病院における研修経歴をもたない、理学部に見られるような実験室型研究者の軌跡を辿っている。たしかに、彼の講座の「寄生虫学および医学自然史」への名称変更は、フランスにおける寄生虫学の開祖としての彼の学問的貢献によるものである。「……もはや医学教育において……記述的な動物学や植物学の存在の余地はなくなるであろう。これらに代わって寄生虫学が先頭に立つ。すなわち、この数年来寄生虫学がなしとげた発見は、今後それが、科学的発展の途上にある医学の最も忠実な導きのひとつとなることを証明している」[38]。しかし、この名称変更は、そうした学問に内在的な理由のみに負うものではない。それは、寄生虫学の外的な社会的必要性、すなわち、彼自身による植民地医学研究所（Institut de médecine coloniale）の創立（一九〇二年）にも見られるように、当時の植民地政策から生じた社会衛生上の必要性に応えるものでもあったのである。

このような学問の内的必然性や社会的効用にもかかわらず、学部の抵抗が著しく強い場合、大学外の権力が介入することになる。婦人科学講座や皮膚病および性病学講座の創設はその典型であろう。

婦人科学講座は専門的臨床講座の候補のひとつとして、上記の一八七八年の委員会で検討されている。その『報告書』によれば、婦人科学に関する学業は「産科、内科、外科に散在しており……完結した教育に必要な要素を提供している」[39]が、「科学としての一体性」（un corps de science）をもたず「科学的専門性」を確立するにはいたっていない。さらに、婦人科学が解剖学、産科学、あるいは病理学といった既存の講座との競合を招くことも懸念され、専門的講座への昇格は提案されなかった。しかしこの問題は、一八八七～八八学年度におけるサミュエル・ポッジ（Samuel Pozzi）の自由講義を契機に再燃する。しかしながら、医学部は、「婦人科学は学業および実地の専門性を必要とする完全な科学としての意義を得るにいたっていない」[40]という理由で、再度これを退ける。こうした学部の再三の拒絶には、ポッジ自身に対する敵愾心も作用していたと考えられる。というのは、公教育省に提出したドイツ派遣報告書中で、彼はドイツ大学との対比においてフランスにおける婦人科学の制度的弱体性を批判し、新設を説いた講座の教授に自らを擬しているからである[41]。

この婦人科学講座をめぐる問題は、一九〇一年パリ市による講座の創設とポッジの任命をもって決着を見る。しかし、この決着にいたるには、ポッジがピエール・ブロカ（Pierre Broca）の弟子として絢爛たる経歴の持ち主であったことはいうまでもなく、ドルドーニュ県選出上院議員として、また、外科医として「パリ社交界」、わけても、芸能界のスターたちの寵児の観のあった彼が培っていた、大学外の政治・社会的関係が強力に作用したのである。

講座新設をめぐる権力の介入は、一八七九年に創設された臨床性病および皮膚病学講座についても指摘されうる。元来この講座は、上記の『報告書』では、皮膚病と性病の理論的、臨床的相違を根拠に、臨床皮膚病学講座として提案されたものであった。[42] しかし政府は、性病をも含む名称の下に講座を発足させた。わけても医学部の抗議を招いたのは、皮膚病の専門家ではなく、学位論文（一八六〇年）以来性病の専門家として知られたアルフレッド・フルニエ（Alfred Fournier）を、学部の事前の了解もなく任命したことであった。[43] こうした行政的権力の介入の背景には、その当時における売春と性病に対する社会的嫌悪、[44] および民族的頽廃からの防衛という世論の高まりを看取することができよう。

(2) イデオロギー

文科系の分野では、講座の新設は医学以上に政治的色彩が濃厚である。この分野では、講座の新設は、純然たる学問的革新性や社会的効用にもまして、当時のイデオロギー的課題に応える知的革新に基づいて行われることが多いからである。とくに、共和派による政権の掌握に伴って、政治的性格の強い一連の講座が創設されている。

こうした政治的講座が多いのは、講座編成上学部に比してはるかに柔軟な歴史的伝統を誇るコレージュ・ド・フランスである。まず、アルベール・レヴィル（Albert Réville）の宗教史講座（創設一八八〇年）が挙げられる。この講座の設置は反カトリック聖職者運動の延長上にある。事実、レヴィルはプロテスタントの牧師で自由主義的プロテスタントの指導者であり、熱烈な共和主義者であった。彼はガンベッタとフェリーの支持を受け、フェリーの死に際しては、庇護者フェリーに講義中で頌辞を捧げさえしている[45]。コントの弟子ピエール・ラフィット（Pierre Lafitte）についても同様である。まず一八八〇年より、フェリーがソルボンヌおよびコレージュ・ド・フランスにおける自由講義を彼に認め、次いで一八九二年、公教育大臣レオン・ブルジョワ（Léon Bourgeois）がこれを科学史（Histoire générale des sciences）の名称の下にコレージュ・ド・フランスの講座として発足させた[46]。しかし、「耄碌した……老人」ラフィットの任命について、世論は彼の卓越した経歴よりも政治指導者たちの公認の哲学の制度化を看取し、ブルジョワは厳しい批判の前に立たされることになった[47]。最後に、ジャン・イズーレの社会哲学講座（創設一八九七年）が挙げられる。この講座の創設は、十九世紀末における社会問題の噴出、社会諸科学の登場という知的風土、および社会主義の出現への対処という政治的考慮に由来している。したがって、この講座の教授の選任に際しては、新たに誕生した社会学のさまざまな方法論、私的な学芸保護、さらに、政府の干渉が相克するところとなったが、デュルケムを含む候補者のうち、最終的に大臣によって任命されたのは、レイモン・ポワンカレ（Raymond Poincaré）とブルジョワの支持するイズーレであった。というのは、この講座の設置目的に最も合致していたのは[48]、権力を掌握し保守化していた共和派エリートの代弁者ともいうべきイズーレだったからである[49]。

文学部でも、共和派による政権の掌握に伴って政治的講座が設けられたが、コレージュ・ド・フランスに比して、政治的講座は原則として周辺的にとどまり、その教授も、古典的キャリアーの大学人としての優秀性を示す条件を満たしていることが多い。

まず第一に、アルフレッド・ランボー（Alfred Rambaud）の近世・現代史講座が挙げられる。彼はパリのリセ―高等師範学校―歴史学アグレジェ（合格順位二位）―文学博士―地方文学部の教授という、古典的キャリアーの大学人としての資格を完備している。しかし同時に、新しい文献学的方法に基づいたビザンティン史やロシア史に関する彼の研究は、ソルボンヌの伝統からすると革新的な外国史研究である。他方彼は、一八七九年、ナンシーの文学部教授から公教育大臣フェリーの官房長に就任し、やがて参事官、上院議員、公教育大臣を歴任することになる。彼は学界と政界の両棲類であったといえよう。一八八三年、フェリーは彼の官房長辞任に先立って、既存の近世史講座と部分的に重複するにもかかわらず、ソルボンヌに講座を用意する。一八八四年一月、彼は四二歳にして近世・現代史講座の教授に任命されるのである(50)。

類似の例は、彼の同僚の近世史教授、ラヴィッスにも見られる。ラヴィッス自身も、パリのリセ―高等師範学校―歴史学アグレジェ（合格順位二位）―文学博士―パリのリセの代理教授という、古典的なキャリアーの持ち主である。しかし、プロイセンの君主制を扱った学位論文（一八七五年）に始まる一連の彼の著作はドイツを主題としており、当時外国に開かれていなかったソルボンヌの歴史学の伝統から見ると逸脱的である。他方、彼は第二帝政期の公教育大臣デュリュイの秘書、ナポレオン三世の家庭教師、「高等教育問題研究協会」事務局長を務めており、先述のランボーほどではないにしても、広い意味で政治的存在であったといってもかまわないであろう(51)。

第二に、教育科学講座が挙げられる。この講座は、補習講義《クール・コンプレマンテール》の形で教育学を講じていたアンリ・マリヨン（Henri Marion）のために、共和派の学校における「ライシテ」および教授方法に理論的、イデオロギー的武装をあたえるという趣旨の下に、一八八七年に設けられた(52)。その政治的性格は、マリヨンがソルボンヌにおける教育科学講座就任講義で、「諸君の前で、私が大学とその諸長に負っている感謝の念を述べさせていただきたい。すなわち、一般的利益と同様に人物に対する配慮に満ちている大臣、ジュール・フェリー氏に対して、また……

大臣の卓越した協力者であるデュモン氏、ゼヴォール氏、ビュイッソン氏に対して。[53]」と述べていることからもうかがわれる。彼の後任には、ビュイッソンが選任されるが、ビュイッソンが初等教育局長を辞任し教育科学講座教授に就任した（一八九六年）背景には、フェリー時代以来一〇年余にわたって初等教育局長の職にあって「ライシザシヨン」に尽力したビュイッソンに対し、「ライシテ」をめぐる論争の鎮静化に傾いていたが、組閣にあたって露骨な方法を回避しようとしたジュール・メリーヌ（Jules Méline）の隠れた政治的意図の存在も推測されうる。[54]

最後に、アルフォンス・オラール（Alphonse Aulard）のフランス革命史講座が挙げられる。この講座の政治的性格はさらに顕著である。オラールは高等師範学校―アグレジェ―文学博士―地方学部のメートル・ド・コンフェランス等、文学の分野における古典的キャリアーを辿ったように見える。しかし、彼が一八七七年に博士号を取得した論文はイタリア文学を対象としたものであり、南仏の学部やリセで成功に恵まれなかった彼は、ポワチエの文学部におけるフランス文学講師からパリのリセ、ジャンソン＝ド＝サイイにおける修辞学級の教授に転任し、フランス革命史研究を志向する。[55]この転向は、彼の急進的政治イデオロギーおよび「フランス革命史協会」（Société d'histoire de la Révolution française）における積極的役割によって説明されうるであろう。彼はこの「協会」を通じて多数の共和派の要人と交流し、一八八六年二月、極左が過半数を占めるパリ市議会が、アレクサンドル・ミルラン（Alexandre Millerand）の提案に基づいて、フランス革命史に関する自由講義をソルボンヌに創設することを可決すると、彼はその講義担当講師に任命される。この市議会の決定の原点に位置していたのはミルランであり、彼は同僚たちの明確な賛同を得るために、次のように言明している。「なお、われわれは、この講義が決定的かつ恒常的に創設されること、および、その正教授は……彼の大革命に関する第一級の研究が諸君全員に知られており、その民主主義的見解は、その教育の精神が諸君の意志に合致したものであることを諸君に確実に保証する歴史家であるという、明らかな保証を公教育大臣の口そのものから受け取った」[56]。

これに対して文学部は、「当学部は、今後講義の新設およびそれを付託される教授の選任が学部との事前的合意の対象となる、という要望を大臣殿に提出する」[57]と反発する。さらに、近世史講座および近世・現代史講座との重複に関する懸念も表明される。しかし、当初の混乱が鎮静した一八九一年、ブルジョワの下で自由講義は講座に昇格され、彼はその正教授に就任するのである[58]。

結び

以上、十九世紀末の高等教育改革に伴うパリ大学人の形態学的変容を、その軌道における差異化の観点から考察し、大学人の専門的職業人化が全体として進行しつつあったこと、およびそのキャリアー戦略が、一、古典的、二、職業的あるいは専門的、三、革新的といった、知的優秀性に関する可能的モデルに従って多岐化したことを明らかにした。こうした戦略の多岐化から指摘されうるのは、理学や文献学の磁極における支配的モデルが文科系の学部や職業的学部に次第に波及し、新たに地位を確立しつつあったことである。端的にいうと、パリ大学人は伝統的な文人モデルから職業人や専門家といった科学者モデルへと転換しつつあったのである。したがって、この十九世紀末の高等教育改革期におけるパリ大学人の量的拡大は[59]、大学人の理念像に質的変化をもたらし、専門的職業人としての科学者という新しい大学人像を生み出したといえよう。

ところで、この高等教育改革期におけるパリ大学人の量的拡大は、社会職業的、地理的出自の観点から見ると、中流ブルジョワジー、法曹職、知識層出身者、ならびに、パリ修学者を中心とする文化的、知的同質化をもたらした[59]。しかし、それはまた、キャリアー戦略の観点から見ると、新しい可能的モデルの出現に伴う、キャリアー戦略の多岐化をもたらした。この文化的、知的同質化とキャリアー戦略の多岐化は同時に進行したのである。したがって、パリ大学人の量的拡大は、社会職業的、地理的出自の観点と知的観点から見ると、正反対の結果をもたらしたといえよう。パリ大学人が限られた社会職業的、学校的範疇からリクルートされるようになればなるほど、彼らは同一の職業的理想を共有するようになる。しかしその反面、彼らはこの同一の職業的理想の枠組みの範囲内で、新しい研究分野の開拓や新しい研究方法の提示、さらには、学問的水準の高度化を通じて、純粋に知的な距離が彼らを相互に隔てていることを強調するよう迫られることになる。そこには、同質化するがゆえに差異化するという作用が働くのである。

こうした同質化するがゆえの差異性の追求という、パリ大学人における社会的論理から登場してきたのが、新しい大学人像としての科学者モデルであった。それは、政界に関与し弁舌巧みな文化人としてサロンに出入りする名望家[60]とは異なり、世間に対して距離を置き研究室や実験室に閉じこもる研究者である。それは研究の職業化、専門化、細分化を属性とする部分的真理の専門家にほかならない。

したがって、共和国によって崇拝の対象とされた、「知識界」の支配的な社会的表象としての科学者と、科学者モデルへの傾斜に伴ってますます世間から隔絶し、孤立していかざるをえなかった現実の専門的職業人としての科学者＝大学人とを隔てる距離は拡大する一方であった。この分裂こそ、部分的真理の専門家である彼らの職業的理想でありうると同時に、彼らの政治・社会的凝集の表徴ともなりうるような、新しい集合的人物像――「知識人」――の誕生を促したのではないであろうか。この点については、今後の検討に待ちたい。

補遺　世紀転換期ヨーロッパにおける国際的大学市場の出現

――学業および学位の国際的等価性を中心に――

はじめに

一八八九年から一九〇〇年にかけて高等教育に関する国際会議が三次にわたって開催され、その主題のひとつとして、「学業および学位の国際的等価性」(équivalence internatioale des études et des grades)がとり上げられる。

本稿は、学生移動の量的把握を通じて、この「学業および学位の国際的等価性」に関する国際会議の提案が、世紀転換期ヨーロッパにおける国際的大学市場の出現ともいうべき状況を背景に提出され、学生の国際的移動に関する国際的合意、ひいては、大学人の交流に関する国際世論の形成を目ざしたことを明らかにしようとするものである。

一　「国際高等教育会議」における「学業および学位の国際的等価性」

（1）「国際高等教育会議」の発足

十九世紀は国際会議の時代であった。十七世紀に始まる国際会議は、十九世紀末葉から第一次世界大戦前夜にかけて最盛期のひとつを迎える。[1] この国際会議の盛況について、「国際高等教育・中等教育会議」組織委員長オクターヴ・グレアールは、その『報告書』の序文において、「今日、〔国際〕会議《コングレ》は時代の風潮となっている。……これら情報と討論の中心の創造は、おそらく十九世紀の特徴のひとつであろう[2]」と述べている。こうした国際会議の盛況という雰囲気の中で、高等教育に関する第一回国際会議が、とくに「文明の基盤と人類の将来そのものにかかわる問題を、国と国、大学と大学との間で日常的に扱う上における恒常的な合意[3]」に導く、という趣旨の下に開催される。

この第一回の会議は、正式には「国際高等教育・中等教育会議」の名称の下に、パリ万国博覧会と同時に、一八八九年、パリで開催された。以後、第二回が、「国際高等教育会議」の名称で、リヨン博覧会およびクロード・ベルナール像の除幕式を機に、一八九四年にリヨンで、第三回が、同じくパリ万国博覧会の機会に、一九〇〇年にパリで開催される。第四回は一九〇三年に開催が予定されていたにもかかわらず、[4] 実際には開催されず、第四回が開催されるには、第一次世界大戦後における一九二二年のルクセンブルク会議を待たなければならなかった。[5] しかしながら、ルクセンブルク会議以降、「国際高等教育会議」は、これを受け継ぐ国際高等教育コンフェランスとドイツ系大学の学長会議とに分裂することになる。したがって、以下、『報告書』が現存する第一回から第三回に限定して、「国際高等教育会議」における「学業および学位の国際的等価性」の問題について考察を試みる。

(2)「国際高等教育会議」の主題中における「学業および学位の国際的等価性」の位置

会則によると、第一回から第三回まで、会議における主題は組織委員会(comité d'organisation)において採択され、会則に定められたものとされている。(6) この主題別に部会が組織されて討議が行われ、討議の結果は総会において審議ののち議決される。以下、各回における主題を考察し、(7) これらの主題中に「学業および学位の国際的等価性」の問題が占める位置を概観する。

第一回会議における主題

一、中等の学業の制限および認定、二、学業および学位の国際的等価性、三、中等教育の諸形態――それぞれの形態において、古典語、近代語、および科学にどのような位置をあたえるべきか、四、高等教育の学課課程において、経済・社会諸科学にどのような地位をあたえるべきか。

第二回会議における主題

一、パリおよび地方における教授のリクルート様式について――外国との比較における――、二、フランスおよび外国の大学における学業および学位の等価性について、三、フランスの各大学の適性、傾向、および地域の特性に応じて、各大学の発展を促しつつ、学課課程の画一性を大学に免れさせる諸手段について。

第三回会議における主題

一、大学拡張、二、学生支援事業の創設、学生の孤立を回避する手段、フランスおよび外国に存在する諸制度、

三、大学による高等、中等、および初等教育の教師の養成について、四、農業、工業、商業、および植民地教育における大学の役割について、五、さまざまな国の大学間およびこれらさまざまな大学の教授間における関係、これらの関係を促進するのにふさわしい諸制度について――高等教育構成員の国際的連盟（union internationale）について、六、法学部と文学部の間における諸関係について。

これら総会で討議される主題のほかに、第三回会議では、とくに学業組織および方法の討議のために五部会が設けられた。すなわち、一、法学、二、政治科学もしくは社会科学、三、地理学、四、歴史学および文献学、五、哲学および関連諸科学である。(8)

以上、三次にわたる会議の主題から、まず第一に、高等教育固有の内在的問題から大学拡張の問題へと主題が拡大されていることがわかるが、さらに、大学の地域性、大学における教師養成、経済・社会諸科学の高等教育における地位、農学、工学、商学等、実学教育、あるいは植民地教育に対する大学の役割、既成の文科系諸学問における専門分化と総合化等、その当時、各国が高等教育の整備に際して共通に直面していた問題が次第に登場してきていることがわかる。しかし、それらの中でも、国家間・大学間における「学業および学位の等価性」、また、この問題をさらに発展させた形で、大学間交流の問題が、この三次にわたる会議で常に主題のひとつに取り上げられていることは、とくに注目すべきであろう。この種の問題は、組織委員会によって用意された主題中でも、最も重要なものとして認識されていたと思われる。そのことは、第一回国際会議組織委員長グレアールが、この問題はフランスも直面している重要な問題であることを指摘しているのみならず、(9)「等価性」に関する高等教育部会の討議の詳細な分析が『報告書』にとくに採録されていること、(10)さらに、第三回会議組織委員長兼会議議長P・ブルーアルデル（P. Brouardel）が、「提出された問題中……最も国際的であり……躊躇せずにいうと、提出されうる問題中でも最も重要なもののひとつである」[11]と述べていることからも明らかである。

(3)「学業および学位の国際的等価性」に関する提案

第一回から第三回を通じて最も重視されていたこの問題について「国際高等教育会議」において議決された「提案」ないし「要望」を、以下、審議過程に沿って考察する。

第一回会議における「学業および学位の国際的等価性」の問題は、パリ法学部教授C・ビュフノワール(C. Bufnoir)およびT・カルト(T. Cart)の「基調報告」に基づいて、高等教育部会で討議が行われた。同部会の報告および「要望」は総会において審議・修正ののち、「提案」として満場一致で採択され、この「提案」が各国の大学に送付されることが決定された[12]。

総会をへて決定された「提案」は、以下の三項からなる。すなわち、

「一、さまざまな種類の高等教育の学業に対する進学の条件として要求される、中等教育の学業を証明する証書ないし証明書の国際的等価性を確立することが必要である。
二、有益な国際的実践として、外国の大学で修学期間の一部を行う権利を学生に認めることを奨励する。
三、提示された資格の評価ののち、国籍の如何を問わず、科学的観点から、また、より高度な学位の追求の条件として、試験の免状および学位の国際的等価性を認めることが望ましい[13]」。

第一項は、高等教育就学資格の国際的等価性の確立を提案するものであり、第二項は、外国の大学における修

学を自国の大学における修学と同等のものとして認定しようとするものである。第三項は、職業資格としての学位・資格は別とするという限界は認めつつも、なお、純粋に科学研究の見地に立脚して、博士号等、より高度な学位を目指すための資格としての、試験および学位の国際的等価性を確立することを志向するものである。

ところで、このような合意の背景には、二つの前提があったと思われる。本主題に関する「基調報告」の執筆者であり、かつまた、高等教育部会において主導的役割を果たしたビュフノワール自身がいみじくも述べているように、「それぞれの国は、その高度な学校に、自国の科学的、道徳的影響力を国外で高めてくれる外国の顧客を集めることに関心をもっている。また、各国は、逆の方向で、自らの国民が外国の大学に就学することを通じて、外国における科学の方法、発明、および進歩に親しむことに関心を抱くであろう[14]」。すなわち、そのひとつは、高等教育を媒介とする文化的輻射力の発揮に対する各国の関心、および、外国の科学的進歩に接する必要性に対する各国の認識である。いまひとつは、学生の国際的移動が、「すでに相当大幅に国際的実践[15]」として行われているという事実に対する認識である。

第二回会議では、「等価性」の問題は、第二部会において「フランスおよび外国の大学における学業および学位の等価性について」という標題の下に扱われた。「基調報告」は、リヨン法学部長、E・カイユメール（E. Caillemer）によって行われた[16]。第二部会の討議の結果としての「要望」は、同じく、カイユメール自身によって総会に報告され、全員一致で可決された。総会において可決された「要望」は、以下の三項である。

「一、就学の等価性は……すでに多数の国において承認されているが、一般化され、とくに、

(1)　一定の国籍の学生は、自分の国で要求されている大学の就学期間に、外国の大学で過ごした一定の学

業期間を繰り入れることを認められること。

(2) 外国人学生は、彼が外国の大学で過ごした時間の全体を利用することが許されること。

二、若干の学位の等価性は、外国人に対して至る所で承認されること。ただし、それは、ひとえに、科学的見地においてであり、また、より高度な学位の追求を許さんがためである。

しかしながら、これは、個人的資格において、また志願者の資格に関する特別な審査の後にあたえられうる等価性を妨げるものではない。

三、高等教育構成員からなる次期国際集会において、各国における大学の免状の取得に課される条件に関する、画一的プログラムに基づきただひとつの言語で起草された、完璧な『提要』の作成に着手すること。

一八九四年の会議の構成員中から選ばれた委員会が、この『提要』の起草を準備するために任命される。

四、あらゆる国において、学位もしくは称号の等価性は無償で認められること[17]」。

第二回会議においても第一回会議と同様に「等価性」の問題が扱われることについて、報告者は、この問題がフランスのみならず諸外国における高等教育会議でも常時取り上げられるようになっているが、常に懸案のままで終わっていることを強調する。わけても、パリの第一回会議において全員一致で採択された「提案」は、あらゆる側面からこの問題について討議を尽くしたものではなく、したがってまた、この問題に関する議論に終止符を打ったものでもないと説く。というのは、パリ会議における「提案」は「一般的定式」に関して合意を得たにすぎず、採択された「提案」の詳細に関する適用にあたっては、常に議論が蒸し返されざるをえないからである[18]。すなわち、第二回会議においては、第一回会議の「提案」を前提とした上で、そこに提示された諸原則の現実的適用に重点が置かれたといえる。したがって、第二回会議においては、「等価性」の認定における手続きの簡素化[19]、学位授与における財政的負担の軽減[20]、および、より高次の学位取得のための便宜の促進[21]に関する討議に重点が置かれ、基本的には、「学業および学位の国際的等価性」に関して新たな思想的展開はなかったといってもかまわないであろう。その意味では、各国の大学が授与する免状の取得に必要な条件に関する完璧な『提要』の作成のための編集委員会の組織（編集委員――ジュネーヴ大学教授ベルナール・ブーヴィエ（Bernard Bouvier）、『国際教育評論』誌編集主幹ドレフュス＝ブリザック（Edmond Dreyfus-Brisac）、リヨン文学部教授フィルムリ（Firmery）、ボン大学教授ヴェンデリン・ファルスター（Wendelin Farster）、フローニンヘン大学教授A-G・ファン・ハーメル（A. -G. van Hamel）、フリブール大学教授ヨーゼフ・カレンバッハ（Joseph Kallenbach））に関する「要望[22]」は、第二回会議の趣旨が、第一回会議において合意が得られた基本的原則の現実的適用面における障壁の除去にあったことを、最も象徴的に表現するものといえよう。

第三回会議では、「等価性」の問題は、「さまざまな国の大学間およびこれらさまざまな大学の教授間における関係、これらの関係を促進するのにふさわしい諸制度について――高等教育構成員の国際的連盟について」という主題の下に、総会の議題として扱われる予定であった。しかし、パリ商科学校教授ジョルジュ・ブロンデルによって「報告書」があらかじめ準備されていたにもかかわらず、八月三日（金曜日）に予定されていた議事は、実際には行われなかった。その理由について、組織委員会事務局長兼会議事務局長フェルナン・ラルノード（Fernand Larnaude）は、大学間および国家間における学生と教授の交流という問題の重要性を十分に認識するがゆえにこそ、「祭典の打ち続く万国博覧会の日程中では、この問題にふさわしい時間を割くことができなかった。……この問題にふさわしいより大規模、より完全な討議には、次回会議を待ちたい[23]」と説明している。すなわち、第三回会議においては、「等価性」の問題は、教授の交流および教授の国際的連盟の結成を含む、大学間国際交流をめぐる問題の一環として位置づけられたのであるが、この問題そのものがきわめて重大な問題であり、限られた日程中では審議されることは期待しがたいものであった。したがって、「等価性」の問題も総会で討議されるにはいたらなかったのである。

しかし、この議題およびその一環としての「等価性」の問題に関する組織委員会の取り組み方は、第三回会議の準備段階で作成・検討され、事前に参加者全員に配布されていたブロンデルの「報告書」に基づいてその輪郭を窺うことができる。

ブロンデルの「報告書」は、(1)国際的学術協会連盟の構想、(2)大学人、とくに教授の交流の促進、(3)国際的情報誌の必要性、(4)大学刊行物の交換の促進、等々に及ぶものである。「等価性」の問題は、とくに大学間における関係の促進の方策に関する具体的提案、すなわち、一、国際会議の定期的開催、二、教授・学生の交流、三、大学人の知的活動に関する情報交換誌の発刊、といった提案中に位置づけられている。しかしながら、そこでは、「等価性」そのものに関する提案というよりも、国内外における学生の大学間移動の積極的推進、および、そうした大学間における移動がふさわしい学生の水準の検討の必要性、という提案をもって終わっている。(24)

したがって、ブロンデルの報告は、第一回、第二回会議における「等価性」問題への接近の仕方とはニュアンスを異にしているといえよう。組織委員会によって提案された総会の議題そのものについてもいえるが、ブロンデルの報告は、学生の国際的移動を、政治的、経済的水準における国家間の競争の熾烈化に対抗するに足る、知的水準における関係の緊密化の必要性という観点からとらえ直そうとしているのである。彼は、「いかにも平和そうな外見の下に、ほとんど常に闘争と敵対、少なくとも活発な競争が覆い隠されている、物質的、経済的水準の関係の熾烈さに対抗して、より理想的あるいはより高邁な水準の努力が対応しなければならない」[25]と説き、そうした努力として大学間交流の推進、ひいては、大学人の国際的連盟の創設を主張し、その一環として、学生の交流をとり上げているのである。要するに、第三回にいたって、「等価性」を論ずる観点は、大学人における知的連帯性確立の必要性という観点に転換され、この観点から、学生の国際的移動が課題とされたといってもかまわないであろう。

したがって、第一回から第三回にいたるあいだに、学生の国際的移動の高まりという現実を踏まえて提出された「学業および学位の国際的等価性」の問題は、単に知的な次元における「等価性」の問題から、国家間の対立・相克という国際政治の現実に拮抗するに足る、大学人の知的連帯性確立の試みの一環としての、学生の国際的移動の問題へ展開を遂げたということができる。しかし、そうした三次にわたる会議におけるこの問題に対する観点の相違、とくに、第一、二回と第三回の間における観点の相違にもかかわらず、学生の国際的移動の高まりという現実に対する認識、およびその促進に関しては、基本的合意が存在していたといえるであろう。

それでは、この「等価性」が「国際高等教育会議」の主題とされた、世紀転換期における学生の国際的移動の状況はどの様なものであったか。以下、その実情について考察を試みる。

二　国際的大学市場の出現

（1）一八八〇年代以前

中世の大学が、定義上、民族的、文化的、あるいは政治的差別のない、学生の移動を常態とするコスモポリタン的市場として機能していたとすれば、この中世大学のネットワークは、二度にわたる細分化を経験する。ひとつは、宗教改革と対抗宗教改革に伴う宗派的分裂であり、いまひとつは、近代国家の形成に伴う政治的分裂である。前者が、宗派的信条に即して、学生の流動を一定方向に誘導したのに対して、国家の公権力は、政治的理由をもって、時には外国就学を禁止し、あるいはその反対に、「ナシヨナリザシヨン」の名の下に、外国人学生の流入に対して暗黙理の、あるいは明白な障壁を設けることになる。

したがって、十八世紀から十九世紀後半にかけて、一方では、英・独・仏という大学モデルが次第に独自性＝特異性を強めていく反面、現実の学生のリクルートにおける地理的範囲は、次第に狭隘化する傾向を示すことになる。(26)

たとえば、十九世紀前半、刷新のさなかにあったドイツ大学でさえ、一八三五年には、外国人就学者は四七五人を数えるにすぎず（図1）、これはドイツ大学における登録者総数一一、八四六人の四・二％を占めるにとどまる（図2）。しかも、これを前世紀と比較すると、ドイツ諸邦以外の出身者は十八世紀よりも減少しているのである。(27)

それのみならず、一八八〇年以前の段階では、「自国民」の大学就学者そのものが少ない。相対的に見て多数の教養エリート層を擁する西欧のいわゆる発展した社会においてさえ、一八八〇年代までは、中等教育以後の学業系統における「自国民」就学者数は、それぞれ該当年齢層人口の約一％台にとどまる。(28) すなわち、一八八〇年代における学生数を概数で見ると、ドイツ二一、〇〇〇人、フランス一三、〇〇〇人、イギリス一〇、〇〇〇人、ロシア八、〇〇〇人、オーストリア六、〇〇〇人（オーストリア・ハンガリー帝国における固有のオーストリアに限定する）、ベルギー五、〇〇〇人、スイス二、〇〇〇人である（図1）。しかも、これらの国で外国人学生が登録

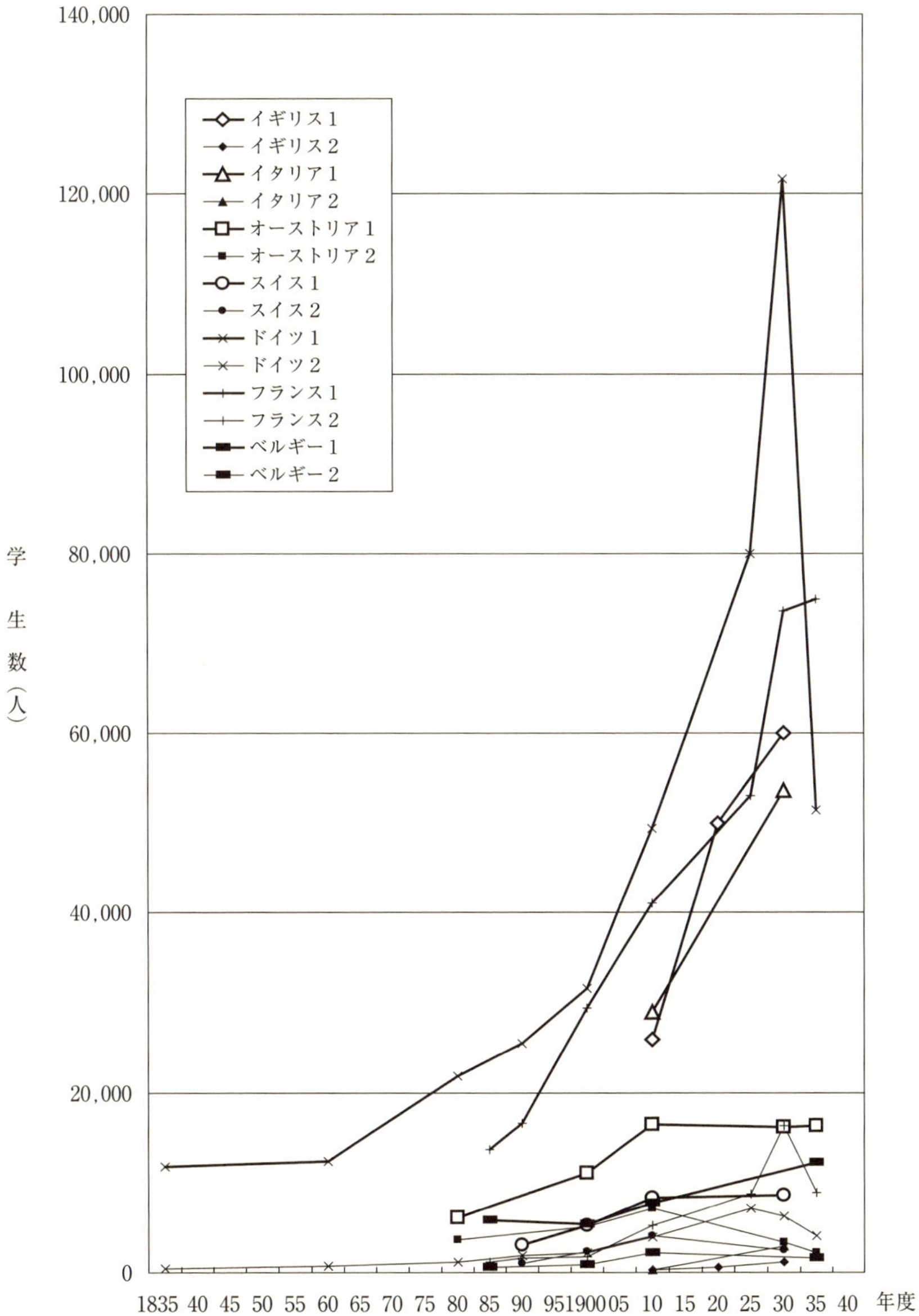

図1　西欧諸国における学生総数および外国人学生数（1835-1935年）

注）　1は自国民学生数、2は外国人学生数を示す

者全体に対して占める比率は、スイスのような著しく狭い国民的ネットワークに限定された国、あるいはオーストリアのような特殊なケースを別とすると、一〇％以下である（図2）。したがって、一八八〇年代までは、大学教育に対する国際的需要の圧力は、全体としてはまだ弱かったといえる。学生の国際的流動性の高まりは、一八九〇年代以降を待たなければならないであろう。

(2) ヨーロッパにおける国際的大学市場の出現

(1) 大学教育に対する需要

ところで、学生の流動性の高まりにはひとつの前提がある。社会的エリートの条件としての大学の学位・資格の必要性、および、西欧への追い付き現象としての大学ネットワークの地理的拡大に基づく、大学教育に対する需要の全面的拡大がこれである。前者の典型は、十九世紀末における英・仏の大学改革に見られるであろう。後者は、西欧を追って新たに登場した中・東欧における国民的高等教育ネットワークの形成である。すなわち、十九世紀初期には、オーストリア、ボヘミア、およびプロイセン以東には、わずかにロシア二、ポーランドおよびハンガリー各一の大学が存在するのみであった。これに対して、十九世紀末までには、多数の大学が、新しいバルカン半島諸国家、あるいは東欧の帝国主要諸州に誕生している。すなわち、ボヘミア五、ハンガリー三、ルーマニアおよびガリツィアに各二、ブコヴィナ、ブルガリア、クロアティア、セルビアに各一の大学がこれである。

こうした大学教育に対する需要の高まりを西欧について見ると、国によって程度の差は見られるが、学生数の急騰が開始するのは十九世紀末以降である。以後一九三〇年代までの期間では、この間イタリアが著しく増加する反面、ナチス・ドイツおよびベルギーが一時的に減少し、オーストリアおよびスイスは停滞する局面も認めら

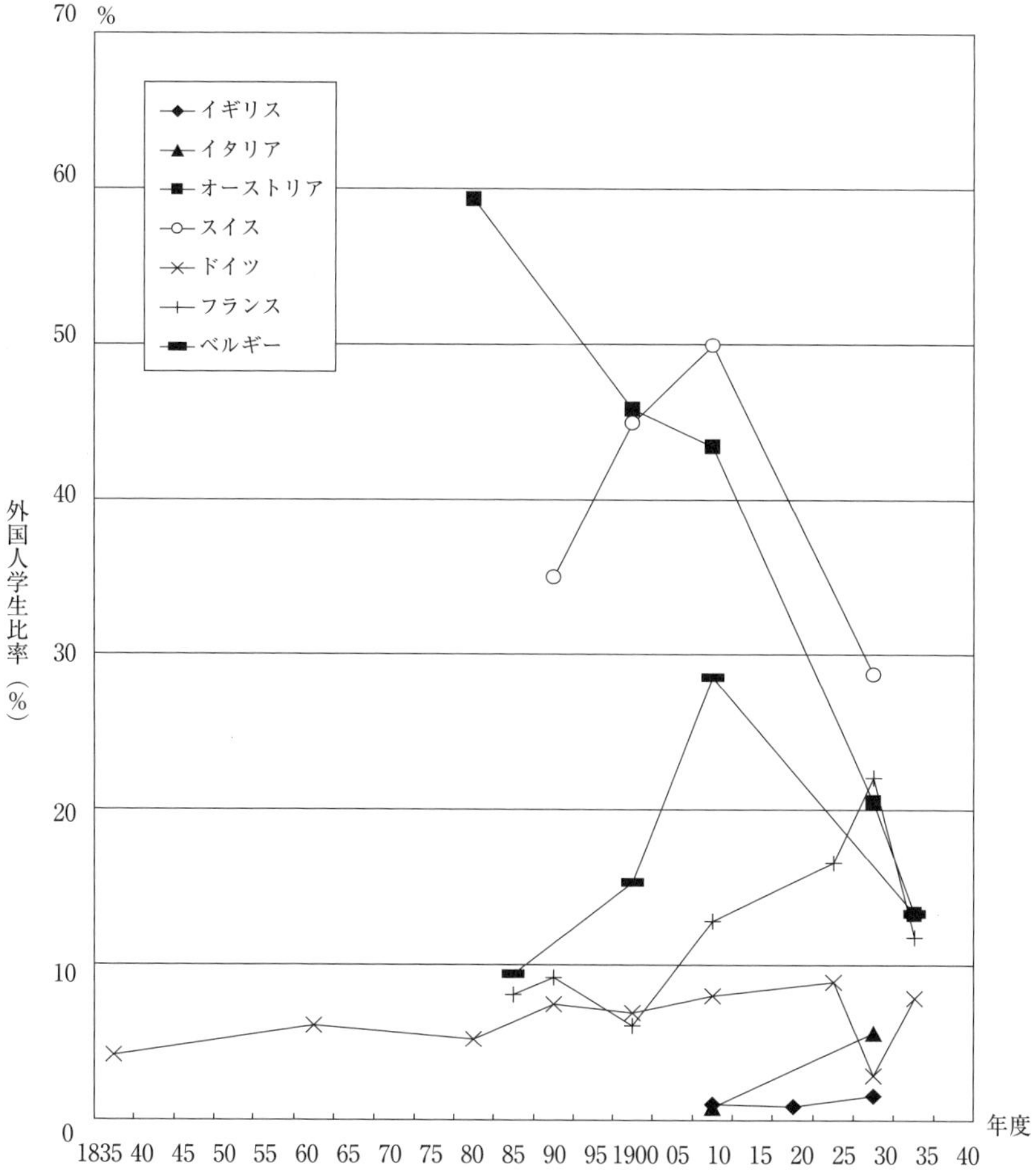

図 2　西欧諸国における外国人学生比率

れるが、西欧全体としては、学生総数は著しく増加する（図1）。これを、十九世紀末以降西欧において外国人学生の主要な受け入れ国となったドイツ、スイス、フランス、ベルギーに関して（オーストリアを除く）、とくに急騰の始点にあたると考えられる一八九〇年代以降第一次世界大戦前夜の期間について見ると、「自国民」学生の増加率は、それぞれ一・九二倍、二・三六倍、二・三七倍、一・〇三倍に上り（図1）、これら四か国における学生総数は四五、八八〇人から九〇、九四三人へと倍増している。

(2) 学生の国際的流動性

ヨーロッパにおける学生の流動性の高まりは、上記の西欧における需要の高まりに追随する形で進行する。「自国民」学生に対する外国人学生の比率を国別に見ると、まずオーストリア、スイス、ベルギーが優位に立ち、これをドイツ、フランスが追う形を取るが（図2）、全体として見ると、西欧の大学における外国人就学者の比率は、一八九〇年代に学生総数の一一～一二％とすると（約八、八〇〇人）、一九一〇年代に約一七％に上昇し（約二三、五〇〇人）、やがて、一九三〇年代には九～一〇％に低下する（約二六、六五〇人）。したがって、学生の国際的流動性は、一八九〇年代から第一次世界大戦前夜にかけて最盛期のひとつを迎えたということができよう。

a 外国人学生の受け入れ国別分布

この時期の西欧の受け入れ国における外国人学生の分布を考察すると、オーストリア、ドイツ、スイス、フランス、ベルギーといったフランス語圏およびドイツ語圏諸国の大学への集中が著しい（図3）。ただし、オーストリアについては、その外国人学生のほとんどが固有の意味におけるオーストリア以外のハプスブルク帝国内出身者によって占められ、セルビア、イタリア、ドイツ、ルーマニアといった、帝国の隣接地域出身者はごく少数にすぎないことから見て[29]、主たる受け入れ国からは除外することができよ

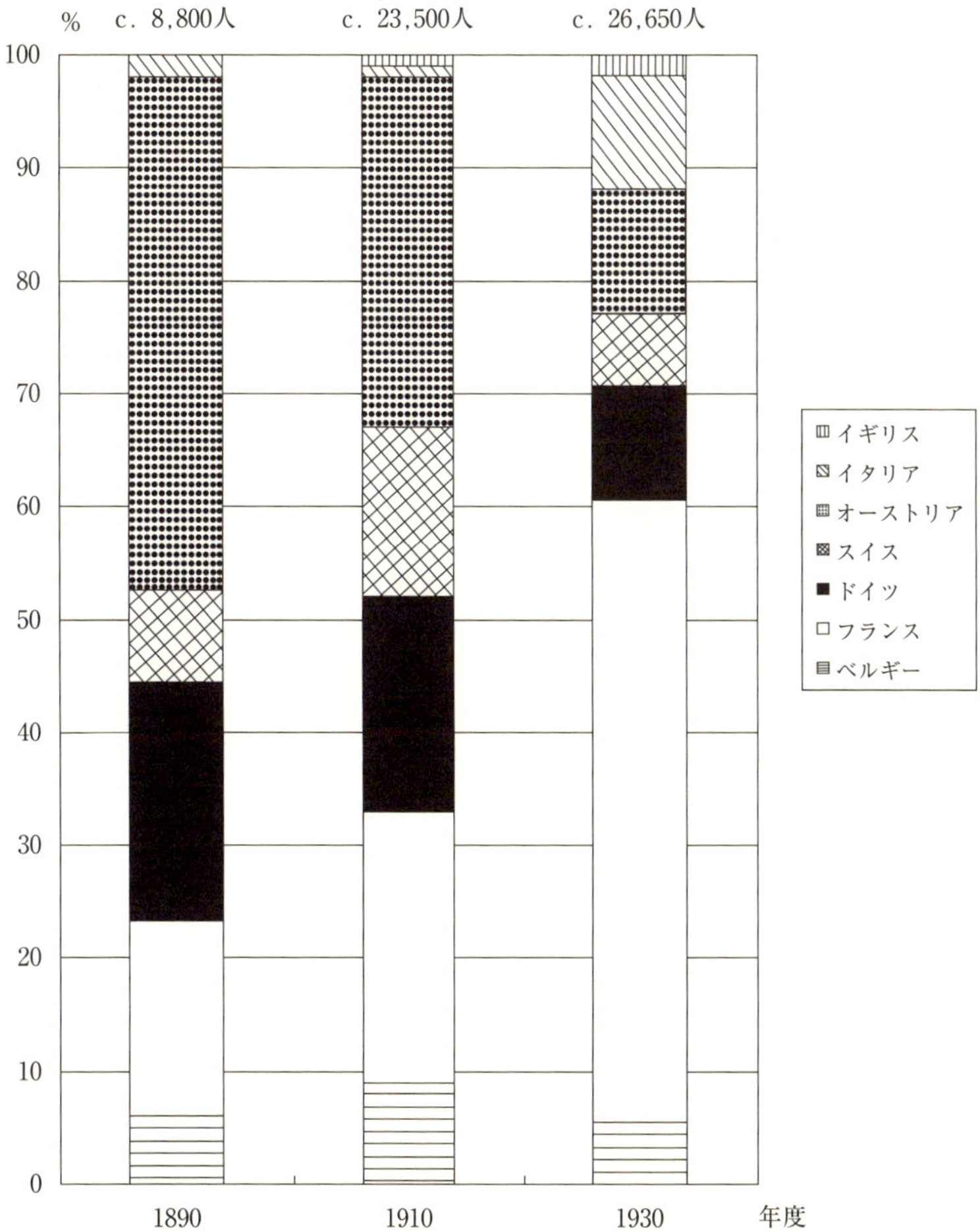

図 3　外国人学生の受け入れ国別分布

う。

一方、これと対照的に、イギリス、オランダ、イタリア、スペイン等、大学史上重要な役割を果たしたのみならず、相当規模の大学ネットワークを保有している諸国における分布が乏しい。まず、イギリスに関しては、公式統計によると、一九一〇～一一学年度の登録者総数二六、〇〇〇人中大陸ヨーロッパ出身者は三〇〇人以下にとどまる。[30]これは、イギリスが世紀末以降大英帝国の植民地および「コモンウエルス」出身者の受け入れには努めたが、少なくとも一九四〇年代までは、大陸ヨーロッパ出身者の需要に対してあまり関心を示さなかったことによるであろう。オランダについても、ほぼ同様な理由が指摘されうる。大学史上かつては中心的勢力であったイタリアも、ムッソリーニの時代の一九三一年には、学生総数五三、六〇〇人を数え、そのうち外国人は三、〇〇〇人に上るにいたっているが[31]、公式統計では、一九一〇～一一学年度に、学生総数二九、〇〇〇人中二四八名の外国人学生を数えるにとどまり[32]、戦間期にいたるまで外国人学生は少ない。これは、イタリア大学が伝統的に誇りとしてきた法学と医学が、イタリア統一期の一八七一年まで停滞したこと、さらには、イタリアにおける大学の近代化がファシズムの時代まで遅れたことによるものであろう。スペインについては、この期間を通じて外国人学生は僅少であるのみならず、そのほとんどすべてがスペイン語圏ラテン・アメリカの出身者である。

したがって、まず一八九〇年代から一九三〇年代の期間について見ると、ヨーロッパの国際的大学市場はドイツとフランスの大学によって支配されたといっても過言ではないであろう。ただし、一八九〇年代には、外国からの需要の約四分の三がドイツ語圏の大学に集中していたのに対して、一九一〇年代になるとフランスとドイツがほぼ拮抗するにいたり、この均衡はやがて逆転へと向かう。すなわち、一九三〇年代には、外国からの需要の四分の三がフランス語圏の大学に集中し、フランスがドイツを凌駕するにいたる。したがって、一八九〇年代から第一次世界大戦前夜までの時期について見ると、外国人の大学教育需要は、ドイツ集中からフランス集中へ向かう潜在的趨勢の下に、独仏拮抗の状況にあったといえよう。

b　外国人学生の地理的出自

次に、上記の受け入れ国別分布から明らかになった西欧の主たる受け入れ国ドイツ、スイス、フランス、ベルギーの四か国について、外国人学生の地理的出自を考察する（表1）。

学生の出身地域を西欧、アメリカ合衆国・カナダ、ロシア、東欧、その他に大別すると、一八九〇年代から第一次大戦前夜の期間には、ロシアおよび東欧出身者が圧倒的多数を占めるにいたることが、まず指摘されうる。すなわち、彼らは、一八九〇年代に外国人学生全体の約四〇％をすでに占めているが、一九〇〇年代には約五〇％、一九一〇年代になると約七〇％を占めるにいたっている。なかでもロシア出身者は、一九三〇年には全体の五％程度に急減するが、一九〇〇年代から一九一〇年代にかけて著しく急速に増加し、全体の約四分の一から約半数近くを占めるにいたる。これに対して、東欧出身者は、一九三〇年代には、ロシアの急減とは対照的に全体の半数以上を占めるにいたるが、一八九〇年代から常時全体の四分の一程度を占めつつ緩やかに増加し、ロシア出身者に迫る趨勢を示している。一方、アメリカ合衆国・カナダおよび西欧出身者は、一八九〇年代には全体の約四〇％を占め、ロシアおよび東欧出身者と拮抗しているが、一九〇〇年代以後漸減傾向を示している。これは、とくにアメリカ合衆国・カナダ出身者の絶対数そのものが予想外に少なく、常時四〇〇人前後にとどまっているのみならず、一九〇〇年代以降、外国人学生全体に対して占める比率においても四％台に半減し、以後停滞することによるところが大きい。したがって、この時期における学生の国際的移動は、主として東から西に向かって行われた。換言すれば、外国における学業需要の大部分は、ロシアおよび東欧出身者に由来するものであったということができる。これに対して、西欧出身者は、一九〇〇年代～一九一〇年代の間に全体に対して占める比率

表1　西欧大学における外国人学生の出身地域(33)

1890年代

出身地域	受け入れ国（%）				外国人学生中の比率	外国人学生数
	ドイツ	スイス	フランス	ベルギー		
西　欧	49.6	—	26.9	23.5	30.1%	1,167 人
合衆国・カナダ	88.5	—	9.8	1.7	10.5	408
ロシア	55.8	—	33.6	10.6	16.2	629
東欧	40.7	—	42.3	17.0	23.4	907
その他	17.8	—	63.3	19.0	19.8	771
外国人学生中の比率	46.3	—	37.0	16.7		
外国人学生数（人）	1,797	—	1,437	648		3,882

1900年代

出身地域	受け入れ国（%）				外国人学生中の比率	外国人学生数
	ドイツ	スイス	フランス	ベルギー		
西欧	28.2	34.2	19.0	18.6	31.4%	2,163 人
合衆国・カナダ	78.8	—	16.9	4.3	4.7	326
ロシア	30.6	43.2	19.6	6.6	27.1	1,864
東欧	39.3	17.6	34.0	9.1	22.0	1,516
その他	18.1	18.8	48.4	15.0	14.8	1,021
外国人学生中の比率	32.2	29.1	26.7	12.0		
外国人学生数（人）	2,220	2,203	1,841	826		6,890

1910年代

出身地域	受け入れ国（%）				外国人学生中の比率	外国人学生数
	ドイツ	スイス	フランス	ベルギー		
西欧	24.6	28.4	31.9	17.7	21.6%	2,911 人
合衆国・カナダ	43.0	10.6	34.8	11.6	4.1	388
ロシア	26.6	25.9	35.9	11.6	45.9	7,113
東欧	40.0	24.4	21.1	14.5	24.2	3,775
その他	15.0	—	64.7	20.3	16.7	1,320
外国人学生中の比率	28.7	23.3	33.8	14.1		
外国人学生数（人）	4,455	3,604	5,241	2,187		15,487

1930年代

出身地域	受け入れ国（%）				外国人学生中の比率	外国人学生数
	ドイツ	スイス	フランス	ベルギー		
西欧	21.2	14.2	56.3	8.2	21.6%	5,164 人
合衆国・カナダ	14.1	13.5	65.7	6.6	4.1	972
ロシア	6.6	1.9	75.1	16.4	5.1	1,232
東欧	19.5	6.5	69.8	4.1	52.5	12,552
その他	7.7	6.6	75.3	10.3	16.7	4,002
外国人学生中の比率	17.0	8.2	67.9	6.8		
外国人学生数（人）	4,077	1,972	16,254	1,619		23,922

は低下するが、常時約二〇%~三〇%を占めるのみならず、実数においても一、〇〇〇人~三、〇〇〇人台を維持している。これは、ロシアおよび東欧から西欧へという主たる移動の流れと同時に、この時期の西欧諸国内部においても、相当数の恒常的移動が定着していたことを物語るものである。

最後に、これら外国人学生の出身地域と受け入れ国との関連について考察を試みる。まず、一八九〇年代には、西欧、アメリカ合衆国・カナダ、ロシア出身の外国人学生はドイツに集中するが、一九三〇年代には、あらゆる地域出身の学生が圧倒的にフランスに集中するにいたる。こうした、逆転の流れの中で、とくに、一九一〇年代までの時点で見ると、一九一〇年代には、西欧出身者の三分の一以上がフランスを目ざし始めるのに対して、アメリカ合衆国・カナダ出身者の外国人学生中の比重は一八九〇年代に比べると著しく比重は低下するが、なおその四〇%以上がドイツを目ざしている。なかでも著しい特徴は、東欧出身者は一八九〇年代以来四〇%前後がドイツに集中し続けているのに対して、一九一〇年代になると、ロシア出身者の約三六%がフランスを目ざすようになる点である。そこに、帝政ロシアのエリートに対するフランスの影響力、東欧に対するドイツの知的覇権を看取しうると同時に、西欧内部におけるフランスを中心とする移動軸の存在を指摘しうるであろう。

以上、一、一八九〇年代から第一次世界大戦前夜の世紀転換期における学生の国際的流動性の高まりが、西欧における大学就学率の上昇を追って進行したこと、二、この流動の様式については、(1)この流れが、最終的にはフランスへ収斂する潜在的趨勢を胚胎しつつ、ドイツとフランスに集中したこと、(2)ロシアおよび東欧から西欧へという移動が主要な流れを形成するが、西欧内部においても相当程度の恒常的移動が定着していることを指摘した。

結び

上記の世紀転換期における学生の国際的流動性の高まりを、大学の保有する知的資本の供給に対する需要の高まりという観点から見ると、それは国際的大学市場の出現といってもかまわないであろう。[34] いうまでもなく、この市場に関しては、ヨーロッパにおける大学市場の国際化の進行を規定した変数群を考慮に入れる必要があるであろう。すなわち、需要については、(1) 西欧の先進諸国間における需要およびヨーロッパの後進地域における西欧に対する需要といった構造的需要、(2) たとえば女性やユダヤ人等、国民的高等教育の場からの被排除者の需要、(3) 経済的、文化的後進地域に属する追い付き途上国群のエリートにおける、西欧の学業・資格のもつ新しい社会的機能に関連した特殊な需要、等々といった観点から、また、供給については、(1) 特殊な技術的知識、(2) 権威のある大学の象徴資本、(3) 言語的技能、(4) より投資効率の高い訓練、(5) 文化的メトロポリスにおける付随的サーヴィス、等々といった観点から、さらに詳細な分析を進める必要があるであろう。これらに関する検討は今後の課題として、ここではとくに、この世紀転換期における学生の国際的移動の高まりが、外国人学生の特定のトポスへの集中という現象によって、社会的可視性を一段と増幅したことを指摘しておきたい。まず、特定の大学への地理的集中について見ると、フランスに関しては、外国人学生はフランス人学生自身以上にパリに集中している。すなわち、一八九五年には、フランス人学生の四一%がパリに集中しているのに対して、外国人学生は六二%がパリに集中している。一九一四年では、フランス人学生三八%に対して、外国人学生の五五%がパリに集中している。ドイツに関しては、一八八〇年には外国人学生の五二%、一九一一年にはその五九%がベルリン、ミュンヘン、ライプツィヒの三大学に集中している。[35] これを学問分野から見ると、時代によって変化はあるが、ほぼ医学と文学に集中している。[36] こうした外国人学生の特定の大学および特定の学問分野への集中は、外国人学生の存在感、換言すれば、学生の国際的流動性の高まりに対する社会的意識を一段と尖鋭化させたと思われる。それは、外国からの需要に対して、大学の装備を適応させる方向に作用するか、あるいは、知識人の「生産過剰」論や大学の「大衆化」といった常套的表現[37]の再現を招き、ひいては、「望ましからざる」（non gratae）外国人学生を標的とする批判を惹起する方向に作用することになる。前者については、外国人を対象とするフランス語講座の開設（たとえば、グルノーブル大学、ナンシー大学）が挙げられよう。後者に関しては、一八九五年にフランスで創設された大学博士号が挙げられるが、これは、この学位所持者の外国人を医師、歯科医、薬剤師、弁護士といった自由業の国民的市場から排除するという保護主義的側面をもつものである。[38] 同様な例は、ドイツにおける一八九三年の医師開業制限にも見られる。さらにドイツでは、一九〇三年から、ロシア人学生に対する排外主義的運動が勃発し、一九一三年には、政府によって定員制（numerus clausus）が施行されさえされることになる。[39] これに対して、三次にわたる「国際高等教育会議」の提案は、学生の国際的流動性の高まりに対して必要な国際的合意形成への努力の表現であるとともに、このような移動を促進し、学生のみならず教師に関しても交流を拡大しようとする試みであった。世紀転換期における西欧近代国家の高等教育装置には、この「国際高等教育会議」における合意が何らかの形で刻み込まれていたのではないであろうか。

あとがき

本書は、「はしがき」にも記した通り、近代フランス大学史を思想史的観点や制度史的観点といったものではなく、大学を構成する人的集団、つまり、主として大学人の観点から考察しようとしたものである。顧みると、そうした関心は、フランス政府給費留学生としての最初の滞仏時代（一九六三〜六六年）に遡る。それは、第一回が広島の厳島対岸で開催された大学史研究会の「大学史研究通信」創刊号に収録された「私の研究関心」にも記されている通りである（「関心……社会集団としての大学人……」、一九六九年一月、六頁）。その関心は常に筆者の脳裏を離れることはなかったけれども、しかし、その当時は、大学人集団を基軸にして大学史を考察するとはいっても、研究一般の客観的情勢においても、また、筆者自身においても、その準備は全く整っていなかった。それが可能になったのは、この十数年余のことにすぎない。

本書は、そうした研究関心に発して近代フランス大学人について執筆した拙論の一部を収録したものである。出版年度および掲載誌は以下の通りである。

第Ⅰ部第一章　広島大学教育学部教育学科編「教育科学」二〇、一九九〇年、五―一九頁。

第二章　同右一九―二八頁。

第三章　広島大学教育学部教育学科編「教育科学」二一、一九九三年、四九―八五頁。

第Ⅱ部第一章　広島商科大学商経学会誌「広島商大論集」第一〇巻第一号、一九六九年、二七九―三一一頁。
　第二章　「広島大学教育学部紀要」第一部第二五号、一九七七年、一三―二三頁。
第Ⅲ部第一章　「広島大学教育学部紀要」第一部第四三号、一九九四年、七五―八五頁。
　第二章　平成七年度文部省科学研究費補助金研究成果報告。「広島大学教育学部紀要」第一部第四四号、一九九五年、五三―六四頁。
第Ⅳ部第一章　平成九―一〇年度文部省科学研究費補助金（基盤研究C）（2）研究成果報告書、「十九世紀末フランス「知識界」再編局面における社会的表象としての科学者」、一九九九年、一―二二頁。
　第二章　平成九―一〇年度文部省科学研究費補助金（基盤研究C）（2）研究成果報告書、「十九世紀末フランス「知識界」再編局面における社会的表象としての科学者」、一九九九年、二三―三八頁。
第Ⅴ部第一章　「広島大学教育学部紀要」第一部第四八号、二〇〇〇年、一―一〇頁。
　第二章　「広島大学教育学部紀要」第三部第四九号、二〇〇一年、一―一〇頁。

これらは四〇年近くの長期にわたる歳月の中からとり上げたものだけに、執筆時における筆者の問題意識についても先行研究一般の状況についても、現在の時点から見るとはるかに隔世の感のあるものが含まれている。しかし、それらも、その当時のままの姿で収録することとした。それらは、その時点における大学をめぐる問題状況、あるいは、史料整理の状況や先行研究の蓄積の状況を体現していると思われるからである。

上記の諸編のほか、補遺として、「世紀転換期ヨーロッパ国家横断的大学市場生成局面における学業および学位の国際的等価性」（『広島大学教育学部紀要』第一部第四七号、一九九八年、一―一〇頁）を収録した。本稿は学生の国際的移動とこれに並行して開催された「国際高等教育会議」の主題のひとつを扱ったものである。今後における教師・学生の国際移動史研究あるいは国際会議史研究に資することができれば幸いである。

末筆ながら、出版事業ますます多難な折にもかかわらず、アカデミックな理念と視野の下に本書をあえてとり上げ、出版を決意された知泉書館の小山光夫社長、また、同氏を扶けて原稿の整理、推敲にご尽力いただいた高野文子氏に深甚の感謝を捧げる。さらに、本書の上梓に際して、小山社長に仲介の労をとられた大東文化大学名誉教授、岩村清太氏に心から御礼申し上げる。

二〇〇九年　早春

池端 次郎（いけはた・じろう）
広島大学名誉教授。
〔主要訳著〕編著『西洋教育史』，福村出版社，1994年。アントワーヌ・レオン著『フランス教育史』，白水社，1969年。ステファン・ディルセー著『大学史—その起源から現代まで—』（上・下），東洋館出版社，1988年。

〔近代フランス大学人の誕生〕 ISBN978-4-86285-058-4

2009年 5 月 15 日　第 1 刷印刷
2009年 5 月 20 日　第 1 刷発行

著　者　池　端　次　郎
発行者　小　山　光　夫
印刷者　藤　原　愛　子

発行所　〒113-0033 東京都文京区本郷1-13-2
電話03(3814)6161 振替00120-6-117170
http://www.chisen.co.jp
株式会社 知泉書館

Printed in Japan

印刷・製本／藤原印刷

人名索引

ア　行

アヴェ Havet, L.　243
アッペル Appel, P.　238
アドネ Adnet　87
アレール Haller, A.　211
アンリ四世 Henri IV　35
イズーレ Izoulet, J.　116, 249
イソクラテス Isokrates　41
ウェルギリウス Vergilius　41
ウォディントン Waddington, W.　243
ヴァロン Wallon, H.　87, 209
ヴィオレ Viollet, P.　242
ヴィダル・ド・ラブラシュ Vidal de Lablache, P.　218
ヴィリエ＝モリアメ Villiers-Moriamé　219
ヴュルツ Wurtz, C. A.　112
ヴント Wundt, W. M.　146
エストゥブロン Estoublon, R.　233
エベール Hébert, E.　239
エリオ Herriot, E.　183, 184
エル Herr, L.　113, 146
オラール Aulard, A.　251
オーディベール Audibert, C.　232
オートフイユ Hautefeuille, P.　208

カ　行

カイユメール Caillemer, E.　259
カプティエ Captier, P.　84
カルト Cart, T.　258
カレンバッハ Kallenbach, J.　261
ガリエル Gariel, C.　235
キケロ Cicero　41
キシュラ Quicherat J. E. J.　242
ギゾー Guizot, F.　84, 86-88, 90-92, 93, 101
クセノフォン Xenophon　41
クリュシェ Cruchet, R.　111
クロワゼ Croiset, A.　218
クロワゼ Croiset, M.　218, 235
クーザン Cousin, V.　93
クーランジュ Coulanges, F. de　142-144
グノー Gounod, C.　192
グラシエ Grassier, E.　190
グレアン Gréhant　211
グレアール Gréard, O.　190, 255
ケーニック Koenig, G.　239
コリニョン Collignon, M.　108,113,114, 118
コルニル Cornil, A. V.　234
コルリー Caullery, M.　110, 113, 115, 117, 118, 123, 136
コント Comte, A.　178, 249
ゴーティエ Gautier, A.　235
ゴードリ Gaudry, A.　208

サ　行

サント＝ブーヴ Sainte-Beuve, C. A. de 236
サン＝マルク＝ジラルダン Saint-Marc-Girardin　87
シェヌロン Chesnelong　95
シャルコ Charcot, J. M.　234
シャルメル＝ラクール Challemel-Lacour 92, 96-101, 186-188, 191
シャルル Charle, C.　162
シャントメッス Chantemesse, A.　234
シュヴァンディエ Chevandier　92, 96, 97, 100
シュヴルール Chevreul, M. E.　192

シューレル＝ケストネール Scheurer-Kestner　87
ジヤール Giard, A. = M.　209
ジュリア Julia, D.　40, 47
ジュリアン Jullian, C.　108, 113, 115, 134, 138, 140-144
ジョベール Jaubert　87
ジルベール Gilbert　31
スグリ Segris　84
スーリ Soury, J.　194
セアイユ Séailles, G.　108, 113, 114
セニョーボス Seignobos, C.　107, 111, 113, 114, 117-119, 123, 129, 130, 132, 133, 138, 139, 142, 144
ソーゼ Sauzet, M.　219
ゾラ Zola, E.　169, 194

タ　行

タルディフ Tardif　242
ダゲソー d'Aguesseau, H. F.　20, 31
ダルブー Darboux, G.　238
ティエール Thiers, L. A.　87
ティヨー Tillaux, P.　211
テュロー＝ダンジャン Thureau-Dangin　84
テーヌ Taine, H.　185, 189-191, 194
デカルト Descartes, R.　184
デジャルダン Desjardin　87
デバッサン・ド・リシュモン Desbassayns de Richemont　87
デモステネス Demosthenes　41
デュヴァル Duval, M.　235
デュパンルー Dupanloup　92, 94, 95, 97
デュプラ Duprat, P.　87
デュマ Dumas, J. B.　191
デュモン Dumont, A.　251
デュルケム Durkheim, E.　109, 113, 114, 118-120, 123, 129, 130, 134, 135, 249
デュ・ギロー du Guiraud　87
デュ・メニル du Mesnil　208
デューラフォワ Dieulafoy, G.　209
トゥルッソー Trousseau, A.　209
トゥルニエ Tournier, G.　142, 183
トマ Thomas, A.　218
ドゥシャルム Decharme, J. = B.　218
ドゥランブール Derembourg, H.　243
ドゥランブール Derembourg, J.　243
ドレフュス Dreyfus, A.　153
ドレフュス＝ブリザック Dreyfus-Brisac, E.　261
ドロイゼン Droysen, J. G.　130
ド・ブローイ de Broglie　84, 86
ド・マルトンヌ de Martonne, E.　110, 113, 115-117, 135, 137, 138, 144, 146
ド・ラヴェルディ De L'Averdy　31
ドーマール Daumard, A.　156

ナ　行

ナポレオン Napoléon I　vi, x, 53, 56, 65, 90
ナポレオン三世 Napoléon III　83, 188, 250

ハ　行

ハーメル Hamel, A.-G. van　261
バルドゥ Bardoux, A.　87, 92, 99-101, 185
バレース Barrès, A. M.　194
パストゥール Pasteur, L.　83, 112, 183-186, 189-192, 228, 234, 238
パタン Patin, H.　191
パリス Paris, G.　116, 146, 243
ビダール Bidart　87
ビュイッソン Buisson, F.　210, 251
ビュフノワール Bufnoir, C.　258, 259
ビュルドー Burdeau, A.　194
ピカール Picart, E.　238
ファゲ Faguet, E.　236, 237
ファルスター Farster, W.　261
ファルー Falloux, F. A. P. de　83
フィルムリ Firmry　261

フェリー Ferry, J.　87, 248-250
フォンターヌ Fontanes, L. de　54
フルクロワ Fourcroy, A.-F. de　54
フルニエ Fournier, A.　248
フルーリ Fleury, J. de　20
フーカール Foucart, P.　236
フーリエ Fourrier　87
フンボルト Humboldt, W. von　117, 147
ブシャール Bouchard, C.-J.　234
ブトミ Boutomy, E.　189
ブトルー Boutroux, E.　218
ブラン Blanc, L.　92-97, 101
ブランシャール Blanchard, A.　43
ブランシャール Blanchard, R.　246
ブリソ Brissaud, E.　234
ブリュノ Brunot, F.　237
ブリュンヌ Brunhes, J.　110, 113, 115, 117
ブリュンヌティエール Brunetière, F.　183
ブリユアン Brillouin, M.　218
ブルジョワ Bourgeois, L.　249, 252
ブルーアルデル Broualdel, P.　257
ブロカ Broca, P.　247
ブロンデル Blondel, G.　109, 110, 113, 114, 117-119, 121, 123, 129, 130, 132, 135, 143, 261
ブーヴィエ Bouvier, B.　261
ブーヴィエ Bouvier, L. E.　211
ブーシェ＝ルクレルク Bouché-Leclercq, A.　211
ブータリック Boutaric　242
ブールジェ Bourget, P.　194
プシェ Pouchet, G.　107, 116
プリュニエ Prunier, L.　240
プルショ Pourchot, E.　28, 33
プルタルコス Plutarchos　41
プレヴォー＝パラドル Prévost-Paradol　84
ヘルムホルツ Helmholz, H. L. F. von　122
ベアル Béal, A.　240
ベクレル Becquerelle, H.　225
ベルクソン Bergson, H.　218, 236
ベルトロ Berthelot, M.　112, 189, 190, 192, 218
ベルナール Bernard, C.　185, 188, 190-192, 194, 234
ベール Bert, P.　92-94, 96, 98, 101, 192
ベン・アモス Ben Amos, A.　192
ペロ Perrot, G.　183
ペロー Perraud, P. A.　84
ホメロス Homeros　41
ボワシエ Boissier, G.　183, 191, 236
ボーシール Beaussire, E.　92, 99, 100
ポッジ Pozzi, S.　247
ポワンカレ Poincaré, R　249

マ　行

マカンヌ Maquenne, L.　211
マスペロ Maspero, G.　243
マッサン Massin, B.　220
マッシー Massy, R. de　87
マリヨン Marion, H.　250
マルキニー Marquigny　95
ミュニエ＝シャルマス Munier-Chalmas, E.　210, 239
ミルラン Millerand, A.　251
ムッソリーニ Mussolini, B.　270
メイエル Meyer, P.　242
メリーヌ Méline, J.　251
モノ Monod, G.　113, 116, 142, 143, 146, 179
モリニエ Molinier, A.　242
モレ Molet　83
モンタルジ Montargis, F.　107, 111
モープー Maupeou, R.-N. de　7, 8, 22

ヤ　行

ユグナンク Hugounenq, L.　110
ユゴー Hugo, V.　191, 192

ラ　行

ラヴィッス Lavisse, E.　179, 190, 193, 211, 218, 220, 250
ラステリー Lasteryie, de　242
ラフィット Lafitte, P.　249
ラブーレ Laboulaye, E. de　xi, 82, 84, 87, 92-95, 97-99, 101, 102
ラルノード Larnaude, F.　261
ランケ Ranke, L. von　130
ランボー Rambaud, A.　249, 250
リヴァール Rivard, F.-D.　44
リヴィウス Livius, T.　41
リシェ Richet, C.　235
リトレ Littré, E.　190, 191
ルイ十四世 Louis XIV　36
ルナン Renan, E.　83, 185-188, 190-192, 194
ルフラン Lefranc, A.　110, 113, 115
ルルー Leroux, P.　240
ルロワ=ボーリュー Leroy-Beaulieu, P.　218
ル・フォール Le Fort, L.　110, 245
レイボー Reybaud, L.　184
レヴィル Réville, A.　248
レヴェイエ Léveillé, J.　233
ロラン Rollin, C.　18, 27, 48
ロラン・デルスヴィル Rolland d'Erceville　v, 8, 10, 13, 17, 23, 31, 33, 47, 49
ロワ Roy, J.　242
ロンニョン Longnon, A.　243

注

第Ⅰ部　近代フランス大学人史前史

はじめに

1）Décret portant oganisation de l'Université, Titre IV, §. Ier, Art. 30.

2）P. Gerbod, *La condition universitaire en France au XIXe siècle*, Paris, 1965, p. 19 sqq.

3）従来，1760年代に始まる改革から帝国大学の組織にいたる系譜の問題は，大革命を全面的断絶，絶対的蒼生とする見方によって曖昧にされてきた。しかし，そこに一連の連続性が指摘されうることについては，たとえば，cf. M. -M. Compère, Les professeurs de la République, rupture et contitnuïté dans le personnel enseignant des Ecoles Centrales, *Annales historiques de la Révolution française*, 53e année, Paris, 1981, pp. 39-80; *Du collège au lycée*, Paris, 1985, p. 134.

第1章　教授職と聖職禄

1）イエズス会の追放に伴う教育界の混乱に対する対処をめぐる，高等法院，大学，司教，都市自治体，教育修道会等を中心とした世論の沸騰およびその論点については，cf. D. Julia, Les professeurs, l'église et l'état après l'expulsion des Jésuites, 1762-1789, dans D. N. Baker et P. J. Harrigan, *The Making of Frenchmen*, Ontario, 1980, numéro spécial de *Historical Reflections*, VII, 2-3, 1980; C. R. Bailey, French Secondary Education, 1763-1790, *Transactions of the American Philosophical Society*, Philadelphia, 1978.

2）カリキュラム改革については，cf. C. R. Bailey, Attempts to institute a 'system' of secular secondary education in France, 1762-1789, dans J. A. Leith (ed.), *Studies on Voltaire and eighteenth century*, Oxford, 1977, pp. 116-124; D. Julia, Une réforme impossible, *Acte de la recherche en sciences sociales*, 47-48, Paris, 1983, pp. 53-76.

3）D Julia, *Les trois couleurs du tableau noir. La Révolution*, Paris, 1981, p. 125.

4）この時期の自由学芸学部およびコレージュにおける教師の主要カテゴリーとしては，中世大学の「現職教師（レゲンス）」(regens）に由来する「レジャン」(régent）と教師のポストの講座化に伴って用いられるようになった「教授」(professeur）があり，正規の文書においても，「……教授ならびにレジャン……」という表記法が一般的に使用されている。ただし，本稿では，とくに「レジャン」と明記する必要のある場合を除き，レジャンを含めて「教授」という用語を使用することが多い。

5）D. Julia, Les professeurs, l'église et l'état...... 1762-1789 *op. cit,*. p. 460; D. Julia, La réforme de l'enseignement en France (1762-1789), texte de la communication au Congrès International organisé par la Commission d'Histoire Ecclésiastique Comparée, Varsovie, juin, 1978 (non-publié), p. 2.

6）構想の要諦は，Rolland d'Erceville, Mémoire sur l'Administration du College de

Louis-le-Grand, et Colleges y réunis, dans le *Recueil de plusieurs des ouvrages de Monsieur le Président Rolland*, Paris, M. DCC. LXXXIII, p. 200 (dans D. Julia (présentée par), La réforme de l'enseignement au siècle des Lumières. ミクロフィッシュ資料）に3点にまとめられている。この構想は，Rolland d'Erceville, Compte rendu aux Chambres assemblées...... relativement au plan d'Etudes à suivre dans les Colleges non dépendans des Universités, & à la correspondance à établir entre les Colleges & les Universités, *op. cit.*, pp. 5-146において敷衍されている。

7）「教育舎」については，とくに，cf. Rolland d'Erceville, Compte rendu aux Chambres assemblées......, *op. cit.*, p. 59 sqq.

8）たとえば，Mémoire pour l'Université de Perpignan, s. d. [1762], AD Pyrénées-Orientales, D 13 および，Mémoire de l'université de Bordeaux sur les moyens de pourvoir à l'instruction de la jeunesse (Bordeaux, s. d.), pp. 27-28, cit. dans D. Julia, Les professeurs, l'église et l'état......, *op cit.*, p. 462. なお，cf. R. Chartier, D. Julia, M.-M. Compère, *L'Education en France du XVIe au XVIIIe siècle*, Paris, 1976, p. 256.

9）Mémoire de l'Université de Paris en exécution de l'arrêt de la cour de Parlement du 3 septembre 1762, archives de l'Université de Paris, carton n°. 15, pièce n°. 98 および Mémoire présenté à la cour par l'université en conséquence de l'arrêt du 8 janvier 1762, *ibid.*, pièce n°. 88. なお，この『覚書』に関するロランの分析は，Rolland d'Erceville, Compte rendu aux Chambres......, *op. cit.*, pp. 77-90に見られる。その他，パリ大学が高等法院に提出した『覚書』としては，教育内容に関するもの，たとえば，1763年8月13日付け修辞学および古典人文学《ユマニテ》の教授法に関する『覚書』，および，1764年2月20日付け哲学教育案に関する『覚書』が挙げられる。

10）D. Julia, *op. cit.*, p. 461-462. パリ大学の『覚書』に対するペリシエ（Pélissier）師の『覚書』の影響については，cf. D. Julia, *Les trois couleurs......*, p. 150.

11）「コレージュ理事会」については，第1章　3を参照。

12）三つの「使徒的特権」，および，これらに対するパリ大学の態度に関するロランの論評については，cf. Rolland d'Erceville, Compte rendu......, *op. cit.*, p. 77 sqq.

13）Rolland d'Erceville, Compte rendu......, *op. cit.*, p. 87.「連携」は，かつてイエズス会のコレージュや司教区の神学校に適用され，多大な難題をもたらした「加盟」(affiliation）と解されている。とくに，学位授与権をめぐるパリ大学とイエズス会との凄惨な闘争については，cf. A. Douarche, *L'Université de Paris et les Jésuites*, Paris, 1888, repr., Genève, 1970, p. 245 sqq.

14）Piales, *Traité de l'expectative de gradués*, t. I, 1757, cit. dans M. Targe, *Professeurs et régents de collège dans l'ancienne Université de Paris*, Paris, 1902, p. 219 sqq.

15）雇用市場の概念は，高等師範学校卒業生の研究に際して，L'expansion universitaire et l'évolution des inégalités devant la carrière d'enseignant au début de la IIIe République, *Revue française de Sociologie*, XIV, Paris, 1973, pp. 443-470; Recherche sur la morphologie du corps universitaire littéraire sous la Troisième République, *Le mouvent*

social, Paris, 1976, pp. 47-79 以来，V. カラディ（Victor Karady）により分析概念として大幅にとり入れられた。アンシアン・レジーム期の大学およびコレージュの分析における市場性の概念の導入は，D. ジェリア（Dominique Julia)，W. フリジョーフ（Willem Frijhoff）等によって試みられている。Cf. J. Verger, *Histoire des Universités en France*, Paris, 1986, pp. 191-194; D. Julia, J. Revel, R. Chartier, *Les universités européennes du XVIe au XVIIIe siécle*, Tome I, Paris, 1986, pp. 205-244, Tome II, Paris, 1989, pp. 353-358.

16) Leges et Statuta in usum Academias et Universitatis Parisiensis......, Statuta Facultatis Artium, LIV, dans C. Jourdain, *Histoire de l'Université de Paris au XVIIe et XVIIIe siècle*, Paris, 1862-1866, repr. Bruxelles, 1966, pièces justificatives, I.

17) 高等法院の委員と国務会議の委員との間にも，意見の相違があったことについては，cf. M. Targe, *op. cit.*, Paris, 1902, pp. 269-270.

18) Edit portant Réglement pour les Colleges qui ne dépendent pas des Universités, de Février 1763, vérifié en Parlement le 6 du même mois, repr. dans Rolland, d'Erceville, *op. cit.*, pp. XXVIII-XXXIV.

19) D. Julia, La naissance du corps professoral, *Acte de la recherche en sciences sociales*, 39-1, Paris, 1981, p. 73.

20) 高等法院もしくは高等評定院所在都市にあっては，高等法院長，検事総長，それ以外の都市もしくは土地にあっては，その地の国王裁判所あるいは領主裁判所の筆頭法官，検事局からその任を委ねられる者（Edit, *ibid.*, Art. V, VI)。

21) Edit portant Réglement......, Art. XVI, XVII, XVIII.

22) これについては，以下に詳細な規定がある。Arrêt de réglement du 29 Janvier 1765 portant Réglement pour les Colleges qui ne dépendent pas des Universités, Art. XI-XII, XIV-XV, XVII-XVIII, XX-XXII, repr. dans Rolland d'Erceville, *op. cit.*, pp. XL-XLII.

23) Edit portant Réglement......, Art. XXI. Arrêt de Réglement......, Art. X.

24) 1763年10月26日付け（サン＝フルール)，1764年4月7日付け（ラ・フレーシュ)，1776年12月12日付け（リル）『コレージュの批准勅許状』による。

25) 学生の謝礼に代わる固定給―暫定給制は，すでに1719年にパリ大学の自由学芸学部において，国王に対する逓送業務権（droit de messagerie）の貸与による賃貸料の配分に基づいて定められている（1719年4月14日付け開封勅許状)。ただし，この勅許状の規定が施行されるには1756年2月28日を待たなければならなかった。その当時の公証人証書によると，当時存在していた9の全科コレージュの教授の俸給は，哲学，修辞学級1,000リーヴル，第2，第3学級800リーヴル，第4，第5，第6学級600リーヴルとされている（Pièces concernant les messageries de l'Univerisité, pp. 67-68, cit. dans M. Targe, *op. cit.*, Paris, 1902, p. 195)。この給与面における3等級への分化は，自由学芸の教授の身分における三階層化，および昇給を伴う「昇進」という慣行をもたらした（M. Targe, *op. cit.*, pp. 193-200)。そうした担当する学級の「威信」に基づく教授の階層分化は，1762年に行われた旧イエズス会のコレージュ，ルイ＝ル＝グランへのコレージュ・ド・リジユーの移転に際して継受されている（M. Targe, *op. cit.*, p. 278)。Cf. C.

R. Bailey, French Secondary Education..., *op. cit.,* p. 111 sqq.

26) Edit portant Réglement......, Art, XXI. なお，名誉退職年金制の採択を教職のキャリアー化の指標のひとつとみなすことについては，cf. D. Julia, La réforme de l'enseignement en France (1762-1789) (inédit), Varsovie, 1978, p. 17.

27) ラ・フレーシュは，例外的に，最高額を500リーヴル・トゥルノワとしている。

28) ただし，高等法院による平均200～300リーヴル昇給後の1782年の規定。勤務年数20年の場合，俸給の半額。勤務年数25年以上，俸給の８分の５。30年以上，８分の６。35年以上，８分の７。40年以上，全額である。Cf. L. -H. Tranchau, *Le collège et le lycée d'Orléans (1762-1892)*, 1893, p. 152.

29) 聖職禄との市場的競争力の問題については，注15）および本文 pp. 15-16 を参照。

30) M. Targe, *op. cit.*, p. 227.

31) 旧イエズス会のコレージュでも，文法学級のレジャンの俸給は主任司祭の最低年収を超えないものがかなりある。Cf. C. R. Bailey, *op. cit.*, p. 41 et. p. 85.

32) C. R. Bailey の調査によると，1762年から1789年までの期間で，地方のコレージュの教師約250人中，俗人は45人で全体の約５分の１弱を占めるにすぎない（C. R. Bailey, *op. cit.*, p. 84）。

第２章　教授養成機関の創設

1）コレージュの「寄宿生《パンシヨネール》」，「通学生《エクステルヌ》」および他大学の自由学芸教師も，可能性としては考えられる。しかし，「寄宿生」にとって，レジャンの地位は志望するにはあまりに低く，「通学生」はレジャンとして採用するには信頼性に欠けた。他大学出身者については，その学位・資格の有効性に問題があり，あらためてパリのコレージュで１年間哲学を修め試験を受けることが必要であった（*Statuta Honorandae Nationis Gallicanae*, cap. v, art. 6）。

2）Cf. M. Targe, *op. cit.*, pp. 42-43. なお，「レジャン申請」については，cf. C. Jourdain, *Histoire de l'Université de Paris au XVII*[e] *et XVIII*[e] *siècle*, Paris, 1862-1866, repr., Bruxelles, 1966, p. 18.

3）こうした規定は，大部分の全科コレージュの規約に見られる。ただし，校長は講座の賦与にあたって旧給費生を優先するよう促されているだけであって，それを強制されていたわけではない。たとえば，ルモワヌ枢機卿コレージュやコレージュ・ダルクール等，若干のコレージュの旧給費生たちは，母校における空席の講座を自分たちが占める権利を主張しているが，その主張は，大学および高等法院によって常に退けられている。Cf. Targe, *op. cit.*, p. 43.

4）C. Rollin, *De la manière d'enseigner et d'étudier les belles-lettres*, Tome IV, Livre VI, Chap. I, Des devoirs du principal, Art. II, Paris, M. DCC. LV, pp. 526-528. さらに，以下も参照。「コレージュ校長にとって肝要なことは，優れた人物を自分のコレージュで自ら育て上げ，彼らを早くからレジャンの職に準備しておくことである」（C. Rollin, *op. cit.*, p. 523.）。

5）アルクール，ルモワヌ枢機卿，ナヴァール，モンテーギュ，プレッシ，リジユー，ラ・マルシュ，グラッサン，マザラン，ルイ＝ル＝グランの各コレージュ。

6）M. -M. Compère, *Du collège au lycée*, Paris, 1985, p. 23. なお，この時期におけるコレージュの分類については，cf. M. -M. Compère, D. Julia, *Les collèges français 16e-18e siècles*, T. 1, Paris, 1984, p. 5.

7）Cf. M. Targe, *op. cit.*, p. 48; H. Chisick, Bourses d'études et mobilité sociale en France à la veille de la Révolution, *Annales. Economies, Sociétés, Civilisations*, Paris, 1975, n°. 6, p. 1562.

8）M. Targe, *op. cit.*, p. 274.

9）給費の最高額はコレージュ・ド・ブルゴーニュの700リーヴル，最低額はコレージュ・ダラスの75リーヴル，コレージュ・ド・コルヌアイユの50リーヴル，平均300～400リーヴルであった。なお，貨幣価値の変動に伴う給費額の実質的低下については，コレージュ・ド・フォルテの例が挙げられる。すなわち，そこに設けられていた給費のひとつ，ボーシェーヌ（Beauchène）の３つの給費の総額350リーヴルは，16世紀には３名の給費生の生計を保証しえたが，18世紀には１名の給費生を扶養するのに足りなかった。さらに，1762年になると，この額は実質的に65リーヴル足らずの価値しかなくなる。これは，ただ１名の給費生に対しても，到底問題にならない額である。Cf. H. Chisick, *ibid.*, p. 1564; M. Targe, *op. cit.*, p. 47.

10）この“pauperes”という言葉は，「貧困学生」を指す特定の用語として定着している。Cf. Dupont-Ferrier, *Du collège de Clermont au lycée de Louis-le-Grand*, Paris, 3 vol., 1921-1925, t. I. pp. 70-72.

11）貨幣価値の変化と給費数の関係については，cf. H. Chisick, *ibid.*, p. 1564; M. Targe, *op. cit.*, pp. 47-50. さらに，Rolland d'Erceville, Compte rendu......, *op. cit.*, p. 66 を参照。

12）D. Julia, La naissance du corps professoral, *Acte de la recherche en sciences sociale*, 39-1, Paris, 1981, p. 75.

13）M. Targe, *op. cit.*, p. 48.

14）コレージュ・ド・リジユーの移転の経緯，および，それと小規模コレージュの給費生の統合との関係の詳細については，cf. J. Morange, J. -F. Chassaing, *Le mouvement de réforme de l'enseignement en France*, 1760-1798, Paris, 1974, pp. 60-64; Rolland d'Erceville, Mémoire sur l'Administration du College de Louis-le-Grand......, *op. cit.*; M. Targe, *op. cit.*, p. 273.

15）Rolland d'Erceville, Mémoire sur l'Administration du College de Louis-le-Grand......, *op. cit.*, p. 158. なお，1762年８月末に高等法院に提出されたパリ大学の『覚書』，Mémoire présenté à Nos Seigneurs du Parlement par le recteur et son Conseil en conséquence de l'arrêt rendu le 28 août 1762, dans C. Jourdain, *op. cit.*, pièce justificative CXCVIII には，小規模コレージュの給費生の統合が提案されている。

16）[Fourneau et alii], Mémoire sur la réunion des petits collèges fondés en l'Université de Paris, Paris, 1764, dans Bibliothèque de l'Université, Recueil U, 35, in-4.

17） ただし，ここにいう「貧しさ」は学業成績優秀という枠組みの範囲内のものであり，そこにはエリート選抜への志向が看取される。すなわち，「国家の一般的福利は，貧しい者たちが，素晴らしく学業に成功するかぎりでしか，学業には専念しないことを求めているように思われる」（[Fourneau et alii], *ibid.*, p. 67, cit. dans D. Julia, La naissance du corps professoral, *Acte de la recherche en sciences sociales,* 39-1, Paris, 1981, p. 75）。

18） [Fourneau et alli], *ibid.*, pp. 74-75, cit. dans *ibid.*, p. 76.

19） 勅許状，前文。Cf. Rolland d'Erceville, Mémoire sur l'Administration du College de Louis-le-Grand......, *op. cit.*, pp. 177-178.

20） 給費額は，まず400リーヴルに定められたが，やがて，450リーヴル，つづいて500リーヴルに引き上げられた。また，提題準備中の学生に対しては，試験料が支出された（1767年８月20付け開封勅許状，第１章，第２章を参照）。

21） C. Jourdain, *op. cit.*, p. 437.

22） 反対運動は，膨大な『覚書』を生み出した。なかでも，最も厳しい批判はHamelin, Réflexions d'un Universitaire en forme de Mémoire à consulter concernant les Letters patentes du 20 août 1767 によって展開された。1767年12月９日，高等法院はこれを破棄し焚書に付した。Cf. Rolland d'Erceville, Mémoire sur l'Administration du College de Louis-le-Grand......, *op. cit.*, p. 195; C. Jourdain, *op. cit.*, pp. 437-438.

23） 「規律委員会」は1767年８月20日付け勅許状によって廃止された。

24） Rolland d'Erceville, Mémoire sur l'Administration du College de Louis-le-Grand......, *op. cit.*, p. 197.

25） H・シジック（H. Chisick）は，統合された給費の保有者からは，本当の「貧困学生」が排除されていたことを指摘し，この事実は，給費賦与に関する審査委員会の恣意的配分（地縁性，血縁性に基づく給費の私有財産化）によるだけでなく，給費の統合を企画した高等法院の委員たちの政策そのものに由来するものであるとしている（H. Chisick, *ibid.*, p.1573 sqq.）。この点については，先述の学頭たちの『覚書』（注（17））も，高等法院の委員たちとほぼ同様な考え方に立っている。

26） D. Julia, La naissance du corps professoral, *Acte de la recherche en sciences sociales,* 39-1, Paris, 1981, p. 76.

第３章　選抜試験「コンクール・ダグレガシヨン」の発足

１） Lettres Patentes concernant l'emploi du vingt-huitieme du Bail des Postes & Messageries, relativement à la Faculté des Arts de l'Université de Paris, & portant établissement de Docteurs aggrégés dans ladite Faculté, Supplément au mémoire sur l'Administration du College de Louis-le-Grand, et Colleges y réunis, dans le *Recueil de plusieurs des ouvrages de Monsieur le président Rolland,* Paris, M. DCC. LXXXIII, pp. 216-217.

２） Cf. Statuta facultatis artium, XXXVII, dans Leges et statuta in usum Academiae et Universitatis Parisiensis, lata et promulgata anno Domini millesimo quingentesimo

nonagesimo octavo, die tertia Septembris, jubente et mandante christianissimo et invictissimo Francorum et Navarre rege Henrico IV. なお，他大学の学位所持者の場合は，パリ大学の教授のひとりの下で1年間哲学を学び，しかるのち，その能力を証明するために試験を受け，大学の一員として登録することが必要であった。

3） Statuta facultatis artium, LIII, *ibid.*

4） M. Targe, *op. cit.,* Paris, 1902, p. 79. なお，エティエンヌ・パーキエ（Etienne Paquier）は，「彼がボネをかぶったというとき，それはあたかも彼が教師になったというに等しい」（E. Paquier, *Recherches de la France*, Paris, p. 375）と述べている。

5） Statuta facultatis artium, XXXVII-LIII, *ibid.* なお，この規約は中世における慣行に表現をあたえたものといわれる。

6） Rolland d'Erceville, Compte Rendu aux Chambres Assemblées....... (Plan d'Education......), du 13 mai 1768, *op. cit.*, p. 33 et p. 41.

7） 昇進については明文化されてはいなかったが，大規模コレージュの場合，新任のレジャンは下級の学級の担当をへて上級の学級の担当となるのが慣行であった。とくに18世紀には，哲学級のレジャンはほとんど例外なく神学部の学位所持者であり，若年者はいなかったという。Cf. Targe, M., *op. cit.*, pp. 88-89. C. Rollin, *Traité des études*, Paris, M. DCC. LV., livre VI, chap. II, du devoir des régents.

8） M. Targe, *op. cit.*, p. 75 et p. 283.

9） Bulaeus, *Historia Universitatis Parisiensis*, t. VI, Parisiis, 1668, p. 11. Cf. Statuta facultatis artium, LVIII, *ibid.*

10） 学位売買に関しては，とくにカオール，ヴァランス，ブルジュといった若干の地方大学について頻々と指摘が見られる。ロランによると，イエズス会士に委ねられていたブルジュ大学の自由学芸学部は，半ば公然と免状を売買していたという。Rolland d'Erceville, Compte Rendu aux Chambres Assemblées....... (Collège de Bourges), du 29 avril 1763, *op. cit.*, p. 432 et suiv.

11） C. Thurot, *De l'organisation de l'enseignemet dans l'Université de Paris au Moyen Age*, Paris, 1850, pp. 59-60. Cf. M. Targe, *op. cit.*, p. 87.

12） C. Rollin, *op. cit.*, livre VI, seconde partie, chap. I, des devoirs du principal, art. 2, p. 523.

13） 第2章1を参照。

14） M. Targe, *op. cit.*, p. 285.

15） 極端な場合には，「屋根の上で屋根葺き職人をやっていた兄弟をそこへ捕まえに行き，これをレジャンにした」コレージュ校長すら見られたという。Mémoire historique (manuscrit) concernant les établissements faits en l'Université de Paris, depuis l'année 1762. Arch. de l'Université, carton 15, 2e dossiers, no. 23, dans M. Targe, *op. cit.*, p. 285.

16） Reformatio statutorum celeberrimae artium facultatis universitatis parisiensis, dans C. Jourdain, *op. cit.*, Paris, 1862-1866, réimpr., Bruxelles, 1966, pièce justificative CLXVII, pp. 169-176. Cf. M. Targe, *op. cit.*, p. 85 et p. 284.

17） Declaration de Louis XV portant reglement pour ceux qui obtiendront a l'avenir des

degres dans les Universites de Royaume.

18) Rolland d'Erceville, Compte Rendu aux Chambres Assemblées....... (Plan d'Education......), *op. cit.*, pp. 41–42 et note (63). Mémoire présenté à la cour par l'université en conséquence de l'arrêté du 8 janvier 1762, Archive de l'Université de Paris, carton 15, pièce 88, dans D. Julia, La naissance du corps professoral, *Acte de la recherche en sciences sociales*, 39–1, Paris, 1981, p. 76.

19) Mémoire de l'Université de Paris en exécution de l'arrêt de la cour de Parlement du 3 septmbre 1762, Archives de l'Université de Paris, carton n°. 15, pièce n°. 89, dans D. Juila, Les professeurs, l'église et l'état....., *op. cit.*, Ontario, 1980, numéro spécial de *Historical Reflections*, VII, 2–3, p. 462.

20) 「……新しいコレージュの管理は，その他のコレージュの管理とは著しく異なるから，そこに配置されるレジャンの選任に関しても，異なる形式を設けたとしても不都合はないであろう。以下は，この点について提案しうると思われることである。

現在就任しているレジャンは授業を行いつづける。しかし，講座が空席になった場合には，その講座はコンクールに付され，必要な資格および条件を有するすべての人びとによって挑戦されうる。このコンクールの形態，審査員の選任，能力の鍛練ないし証明は，……公表される規則において詳細に説明される。コレージュ校長については，コンクールの審査員によって選ばれる3名の人物からの選択を彼に委ねることにより，その権利を温存すべく注意が払われる。

このようなレジャンの任命様式は，コレージュにとって有益である。その講座は，試めされ承認された能力をもつ教師たちによってしか占められえなくなるからである。さらにそれは，レジャンたち自身にとってもいっそう名誉のあることになる。彼らが獲得した特権は，彼ら自身の才能に負っているからである。最後に，それは志願者の間に競争心を掻き立てるのに役立つ。彼らは，講座を獲得しうるのは策謀によってでも，また庇護によってでもなく，自らの善行と努力，そして自らの学業の著しい進歩によってであることを知るからである。

講座の任命に関してコンクールという方途を提案することによって，それが唯一の方法であり，いささかの難点もないというつもりはない。……しかし，コンクールの難点を持ち込むことなく，その効用のみを生かすような整備を行うことが可能ならば――そして，それが実際に可能であると考えるのであるが――……コンクールが選択されるに値することは疑いない。このような整備を提案するのは大学の任務であり，そうした整備はあらゆるコレージュの講座に関して行われなければならないであろう。その間，誰であれ理性のある人ならば，コンクールの方が今日実際に行われていることよりも限りなく望ましい，ということを否定しうるとは思わない」(Fourneau Recteur, Vallette, Le Neveu, Cochet, Hamelin, D. Gigot, Mémoire sur la réunion des petits collèges fondés en l'Université de Paris, Paris, 1764, pp. 63–65)。

21) パリ大学のみならず，ペルピニャン大学も，管区内のコレージュの講座に関して大学のコンクールを設けるという計画を提案し，また，ボルドー大学も，大学が審査員と

なるコンクールに基づいて，コレージュの講座に候補者を推薦する権利を要求している。Cf. D. Julia, Les professeurs, l'église et l'état......, *op. cit.*, p. 462.

22) M. Targe, *op. cit.*, p. 85.

23) Rolland d'Erceville, Mémoire sur l'Administration du College de Louis-le-Grand......, *op. cit.*, pp. 187-188.

24) ロランはパリ大学自由学芸学部におけるコンクール・ダグレガシヨンの導入について，それが元来大学に由来するものであるという理由を掲げ，慎重に正当化を試みている。すなわち，「いかにそれが強いものであったとしても，大学の成員の熱意だけでは，かくも望ましい善行を行うために，その組織において必要な諸変化を行うには十分ではなかった。君主が大学を援けにやってくること，教授や教師の能力――自由学芸教師資格はもはや名目をあたえるにすぎず，かつてこの学位が要求していた学問を保証するものではなくなっていた――を保証するために試験を確立することが必要であった」（Rolland d'Erceville, Mémoire sur l'Administration du College de Louis-le-Grand......, *op. cit.*, p. 186）。しかし，社団的国家においてパリ高等法院が大学に介入するということ自体に，基本的抵抗が予想された。それゆえにこそ，ロランは，コンクール・ダグレガシヨンの案が実際に採択される以前には，「国務会議と高等法院のその他数名の行政・司法官に相談し」たが，直接パリ大学そのものの意見は徴することなく，むしろパリ大学にとっては周辺的機関にあたるコレージュ・ド・フランスの教授で末期ビザンティン史家の「ルボー氏（M. Lebeau）の意見を聴く」（Rolland d'Erceville, Mémoire sur l'Administration du College de Louis-le-Grand......., *op. cit.*, p. 188）にとどめたと考えられる。

25) Rolland d'Erceville, Mémoire sur l'Administration du College de Louis-le-Grand......., *op. cit.*, p. 188.

26) Rolland d'Erceville, Compte Rendu aux Chambres Assemblées....... (Plan d'Education......), *op. cit.*, pp. 42-43.

27) 天野知恵子「18世紀フランスのコレージュ改革とパリ高等法院」，『史林』72巻3号，1989。

28) W. Frijhoff et D. Julia, Les oratoriens de France sous l'Ancien Régime. Premiers résultats d'une enquête, *Revue d'Histoire de l'Eglise de France*, LXV, 1979, pp. 233-340. D. Julia, Les professeurs, l'église et l'état......, 1762-1789, *op. cit.*, p. 478.

29) Rolland d'Erceville, Compte Rendu aux Chambres Assemblées....... (Plan d'Education......), *op. cit.*, p. 39.

30) Rolland d'Erceville, *op. cit.*, p. 40.

31) Rolland d'Erceville, *op. cit.*, p. 41.

32) Rolland d'Erceville, *op. cit.*, p. 40.

33) Rolland d'Erceville, *op. cit.*, pp. 40-41.

34) D. Julia, Les professeurs, l'église et l'état......, *op. cit.*, p. 460.

35) Rolland d'Erceville, *op. cit.*, pp. 43, 59, et 91.

36）二宮裕之「フランス絶対王政の統治構造」，『全体を見る眼と歴史家たち』1988。

37）Lettres Patentes qui ordonnent l'exécution d'un Réglement concernant les Aggrégés de la Faculté des Arts, dans Rollins d'Erceville, *op. cit.*, pp. 223–224.

38）Réglement arrêté au Conseil du Roi, en exécution de l'article XIII des Lettres Patentes du 3 Mai 1766, concernant l'établissement d'Aggrégés dans la Faculté des Arts de l'Université de Paris, dans Rollins d'Erceville, *op. cit.*, pp. 224–238.

39）R. Chartier, M. –M. Compère, D. Julia, *L'éducation en France du XVIe au XVIIIe siècle, Paris*, 1976, p. 251.

40）Edit du roi portant règlement pour l'étude du droit canonique et civil, avril, 1679, dans C. Jourdain, *op. cit.*, pièce justificative CXXXV, p. 107.

41）Arrêt du conseil d'Etat en forme de règlement du 16 novembre 1680 portant l'établissement de douze docteurs agrégés en la faculté des droits canonique et civil en l'université de Paris et d'un docteur professeur en droit français établi en la même faculté avec leurs fonctions, droits et prérogatives, dans C. Jourdain, *op. cit.*, pièce justificative CXXXIX, pp. 112–113.

42）ただし，彼らは６か月間職務を怠ると罷免されうる。

43）J. Dauvillier, La notion de Chaire Professorale dans les Universités, depuis le Moyen Age jusqu'à nos jours, *Annales de la Faculté de Droit de Toulouse*, Toulouse, 1959, t. VII, vol. 2, pp. 296–297 sqq. なお，cf. L. –H. de Parias, *Histoire générale de l'Enseignement et de l'Education en France*, t. 2, Paris, 1981, pp. 565–567.

44）彼らの補佐者という性格は服装にも表れている。パリの場合，彼らは黒い長衣を貂の毛皮の赤い頭巾とともに着用する。ただし，「提題」の主宰に際しては，彼らは赤い長衣を着用する。

45）発足当初にかぎり，彼らは教授および主たる行政・司法官の意見を聴取ののち，地方総監によって選ばれ提案された。1680年３月23日付け国務会議の決定は，将来において，彼らはコンクールをへることなく，30歳以上の「形成されたドクトゥール」中より，３分の２の多数をもって学部の選挙により叙任されると規定している。

46）1703年１月７日付け宣言は志願者が受験しうる年齢を25歳に引き下げている。

47）1742年６月10日付け宣言はコンクールにおける「授業」数を教会法３，ローマ法３，計６に増やしている。

48）R. Chartier, M. –M. Compère, D. Julia, *op. cit.*, p. 257.

なお，ロランは，コンクール・ダグレガシヨンの意義を強調するにあたって，当時法学部以外にもアグレジェが存在していたことを指摘している。「私は1679年の勅令の規定……によって，あらゆる法学部に存在している……アグレジェについては語らぬとしよう。……ソサン（Saussin）氏の報告は，ヴァランス大学には神学部と医学部においてさえアグレジェが存在していることを教えている。ブザンソン大学には，神学部に９名のアグレジェが見られる。最後に，ドゥエの自由学芸学部にもアグレジェが存在している」（Rolland d'Erceville, Compte Rendu aux Chambres Assemblées....... (Plan

d'Education......), *op. cit.*, p. 42 (note 65)。

49) Lettres Patentes concernant l'emploi du vingt-huitieme du Bail des Postes & Messageries, relativement à la Faculté des Arts de l'Université de Paris, & portant établissement de Docteurs aggrégés dans ladite Faculté, Supplément au mémoire sur l'Administration du Collège de Louis-le-Grand, et Collèges y réunis, dans Rolland d'Erceville, *op. cit.*, Paris, M. DCC. LXXXIII, pp. 216-217. 以下，Lettres Patentes と略記。

50) 第 2 回は翌年 4 月を予定。Lettres Patentes 第 1 条。Réglement arrêté au Conseil du Roi, en exécution de l'article XIII des Lettres Patentes du 3 Mai 1766, concernant l'établissement d'Aggrégés dans la Faculté des Arts de l'Université de Paris, Titre IV, Art. Ier, dans Rollins d'Erceville, *op. cit.*, p. 227. 以下，Réglement と略記。

51) Lettres Patentes 第 1 条，第 7 条。Réglement 第 1 節，第 1 条，第 2 条。

52) Réglement 第10節，第 1 条，第 2 条。

53) Lettres patentes 第 8 条。Réglement 第 2 節，第 1 条～第 3 条。ただし，初回のコンクールにかぎり，審査委員は退職した名誉ドクトゥールから選任される。

54) Réglement 第 3 節，第 2 条。

55) Lettres Patentes 第10条。Réglement 第 3 節，第 1 条。

56) Réglement 第 9 節，第10節。

57) Lettres patentes 第 3 条。Réglement 第 9 節，第10節。

58) Lettres Patentes 第 3 条。Réglement 第10節，第10条。

59) Lettres Patentes 第 2 条。Réglement 第 9 節，第 2 条。

60) Réglement 第10節，第10条。

61) Réglement 第10節，第 4 条。

62) Lettres Patentes 第 5 条。Réglement 第10節，第 4 条，第 5 条，第 7 条。

63) Lettres Patentes 第 6 条。Réglement 第10節，第13条。

64) Lettres Patentes 第16条。第 I 部第 1 章 2 を参照。

65) Réglement 第 5 節，第 1 条。以下，試験の形式に関する記述は，Réglement 第 5 節，「コンクールの試験について」による。

66) Réglement 第 5 節，第10条。

67) Réglement 第 5 節，第 5 条，第30条。

68) Réglement 第 5 節，第28条。

69) 口述試験における出題に関する記述は，D. Julia, La naissance du corps professoral, *Acte de la recherche en sciences sociales*, 39-1, Paris, 1981, p. 79 に拠る。

70) 17世紀末から18世紀にかけてのコレージュの学校化過程については，M. -M. Compère, *Du collège au lycée*, Paris, 1985, pp. 71-132 を参照。さらに，cf. P. Ariès, *L'enfant et la vie familiale sous l'Ancien Régime*, Paris, 1960, pp. 298-317. 杉山光信，恵美子訳『〈子供〉の誕生』，1980，第 2 部第 6 章。森田伸子「アンシャン・レジームにおける子どもと社会——その心性とイデオロギー——」，宮沢康人編『社会史のなかの子ども』，第 2 章，1988。天野知恵子「寄宿生たち——18世紀後半のフランスにおけるエ

リート教育の一側面――」，長谷川博隆編『権力，知，日常――ヨーロッパ史の現場へ――』1991。

71) イエズス会追放事件を契機とする，聖職禄から峻別された意味における世俗的キャリアーとしての教授職の成立については，第1章3を参照。

教育修道会や教団（オラトリオ会，サン＝モールのベネディクト会，キリスト教教義普及会等）は，18世紀後半に，構成員における俗人比率の増加，教授職（さらには，家庭教師，世俗のコレージュの教授，その他行政職等）への準備機関化，および，新入会員の入会審査時における学校的基準の重視に伴い，結成時における「成聖」の理念から次第に訣別して，世俗的教授の団体かつその再生産機構へと変貌する。たとえば，D. ジュリアの次の指摘を見よ。すなわち，「宗教的意図から分離された，特定の教育の「キャリアー」という観念は，アンシアン・レジームの最後の30年間に根を下ろすことができたのである。ほとんど欺くことのないひとつの表徴は，パリ自由学芸学部のコンクール・ダグレガシヨンによって呼び起こされた関心であり，25年の間に，200人以上の志願者がそこに受け入れられている」（D. Julia, Les professeurs, l'église et l'état......, *op. cit.*, p. 481)。Cf. D. Julia La réforme de l'enseignement en France (1762-1789). Le recrutement des professeurs, communication faite au colloque de Varsovie, 1978, p. 21.

なお，これら教育修道会や教団の変質に関しては，オラトリオ会については，cf. J. Maillard, *L'oratoire à Angers aux XVIIe et XVIIIe siècles*, Paris, 1975. W. Frijhoff et D. Julia, Le recrutement d'une congrégation enseignante et ses mutations à l'époque moderne: l'Oratoire de France, dans D. N. Baker and P. J. Harrigan, *op. cit.*, pp. 443-458. キリスト教教義普及会については，cf. J. de. Viguerie, *Une œuvre d'éducation sous l'Ancien Régime*, Paris, 1976. ベネディクト会については，cf. D. Julia, Les Bénédictins et enseignement aux XVIIe et XVIIIe siècles, dans *Sous la Règle de Saint-Benoît: structures monastiques et société en France du moyen âge à l'époque moderne*, Genève, 1982, pp. 345-400.

72) J. Verger, *Histoire des Universités en France*, Paris, 1986, p. 195.

73) L. -H. de Parias, *op. cit.*, t. 2, p. 592.

74) A. Blanchard, *Les ingénieurs du "Roy" de Louis XIV à Louis XVI, étude du corps des Fortifications*, Montpellier, 1979, pp. 188-189. なお，cf. R. Chartier, Un recrutement scolaire au XVIIIe siècle, l'Ecole royale du génie de Mézière, *Revue d'histoire moderne et contemporaine*, t. XX, juillet-septembre, Paris, 1973, pp. 353-375. R. Taton, L'Ecole royale du génie de Mézières, dans R. Taton, *Enseignement et diffusion des sciences en France au 18e siècle*, Paris, 1964, pp. 566-586.

75) A. Blanchard, *op. cit.*, pp. 201-202.

76) Arch. M., Reg. XLVIII, f. 27 et s., dans C. Jourdain, *op. cit.*, pièce justificative CCV Procès-verbal de l'assemblée générale de la Faculté des arts du 12 may 1766, pp. 224-226.

77) コレージュ・ダルクールの校長ルーヴェルの『覚書』は，アグレガシヨンに対する

批判者の見解を集約したもので，Mémoire et consultation pour le proviseur du collège d'Harcourt, Paris, 1766 の標題の下に，同年６月付けで公にされた。この『覚書』は，Lettre d'un Universitaire à M. le proviseur du collège d'Harcourt (in-fol.) による反論を招き，これに対して再びルーヴェルは，Mémoire à consulter et consultation pour le proviseur du collège d'Harcourt をもって激しく応酬している。当局は，この論争がコンクールをめぐる紛糾を一層拡大することを懸念し，国務会議の裁決をもってこれらの『覚書』を発禁処分にした。Cf. Arch. M., Reg. XI ter, f. 280, v, et f. 293; Reg. XLVII a, f. 64, dans C. Jourdain, *op. cit.*, pièce justificative CCX Arrêt du Conseil d'Etat, portant suppression de divers écrits sur le concours d'agrégation (12 et 15 août 1766), pp. 233-234.

78）注５）参照。なお，ノルマンディー国民団の留保の理由については，cf. C. Jourdain, *op. cit.*, p. 422.

79）C. Jourdian, *op. cit.*, p. 426.

80）神学部の作成した「請願案」(projet de requête au Roi）については，cf. Bibliothèque Mazarine, in fol. P. 1535.

81）とくにソルボンヌは，コンクールの発足によって，「ソルボンヌの若い寮生の義務とドクトゥール・アグレジェに課される職務とが相容れなくなる」という理由で，ソルボンヌのバシュリエおよびリサンス所持者を，この勅許状の定める一般法の適用から除外するよう求めている。Conclusion de la Nation de Normandie, Arch. M., Reg. XI ter, fol. 297 v et s., dans C. Jourdian, *op. cit.*, pièce justificative CCVIII Note de la maison de Sorbonne contre les nouveaux règlements du concours d'agrégation (juillet 1766), p. 227.

82）François-Dominique Rivard, *Recueils de mémoires touchant l'éducation de la jeunesse; surtout par rappport aux Etudes*, Paris, 1763, pp. 126-137. 以下，リヴァールからの引用は上記に拠る。

83）Recueil de la Bibliothèque Mazarine, in fol. P. 1535: les représentations faites au roi par la Faculté de théologie, Bibliothèque Mazarine, manuscrit 3310, pp. 47-58. 以下，神学部の抗議からの引用は上記に拠る。なお，神学部の抗議の結果，1766年５月３日付け勅許状，第５条では，アグレジェは上級学部に進学した場合コレージュの講座への選任の可能性を全く失うとされているが，８月10日付け規則，第４章，第７～９条，および第10章，第16条は，上級学部のドクトゥールのみを排除し，同期の神学教授免許取得者のうちの最も優秀な25名に対しては試験免除を定めている。医学のバシュリエについても，試験の一部の免除の形で特典が認められた。

84）D. Julia, La naissance du corps protessoral, *Acte de la recherche en sciences sociales*, 39-1, Paris, 1981, pp. 81-82. なお，1766 年から 1791 年までのコンクール・ダグレガシヨンの記録は，Registres no°. LXXXVIII (Archives du Ministère de l'Instruction publique) に収められている。初回コンクールの志願者は，哲学11名，文学18名，文法16名，計45名であった。

85）教育修道会や教団への依拠という政策転換をもたらした理由としては，教育修道会

や教団の経営するコレージュは多額の出費を必要としないという財政的理由，および，教育修道会や教団の中央集権的組織によって，コレージュにおける教育の一貫性が保証されるという理由が挙げられる。他方，教育修道会や教団（とくに，ベネディクト会，オラトリオ会，キリスト教教義普及会）に内在する理由としては，1775年から1785年にかけて入会者数が再び増加に転じたことが指摘されうる。Cf. D. Julia, Les professeurs, l'église et l'état......, *op. cit.*, pp. 479-480. とくに，オラトリオ会への入会状況の変遷については，cf. W. Frijhoff et D. Julia, Les oratoriens en France sous l'Ancien Régime, *Revue d'Histoire de l'Egilse de France*, LXV, Paris, 1979, p. 239.

86） Représentations faites au roi......, Bibliothèque Mazarine, manuscrit 3310.

87） 「コンクール・ジェネラル」の対象は，パリ大学自由学芸学部の全課程を備えた10のコレージュの第6学級から修辞学級までの在学者であった。サンプル調査によると，パリの哲学課程の生徒の約3分の2は地方のコレージュで古典人文学の課程を修めている。

88） 帝国大学評議会で定められた1810年のアグレジェ規約は，試験の性格・数・形態のみならず，受験年齢，道徳性の証明にいたるまで，1766年8月10日付け「規則」の定めたコンクール・ダグレガシヨンの試験の様式をほとんど全面的に踏襲しており，1852年4月12日デクレによって大幅な変更を加えられるまで，名実ともに「規則」を継受している。Cf. Archives nationales, F ＊ 17 1753 (Instruction publique), Séance du Conseil de l'Université impériale du 24 août 1810, pp. 255-261. Bulletin administratif de l'instruction publique, t. III, p. 53 et suiv. C. Jourdain, *op. cit.*, p. 430. 帝国大学の基盤をなす世俗的キャリアーとしての教授職という観念は，すでにこの時期に成立している。

第Ⅱ部　基本法

第１章　ナポレオンの帝国大学法

1）以下に，ナポレオンの帝国大学に関する立法措置を列挙する。1808-9-17 (Direction exclusive de l'enseignement, dispositions réglementaires), 1808-12-11 (biens des établissements d'instructions publiques), 1809-2-17 (droit du sceau), 1809-6-4 (régime des anciennes écoles mises en harmonie avec celui de l'Université), 1809-7-31 (costume), 1809-9-12 (expropriation forcée), 1811-11-15 (régime de l'Université)

2）*Correspondance de Napoléon Ier*, t. x, N° 8328, p. 184.

3）注7)，10）参照。

4）とくに，共和暦10年法のリセが，「無信仰を教える」という批難をこうむり，ブルジョワジーから敬遠されたため，ナポレオンは共和暦11年霜月19日の統領令《アレテ・コンシュレール》によって，各リセに学校付司祭（aumônier）を配置し，宗教教育を行っている。

5）Cf. F. Ponteil, *Histoire le l'enseignement en France 1789-1965*, Paris, 1966, p. 125. なお，A. オラール（Alphonse Aulard）は，ナポレオンの帝国大学が中等教育を包括する点，および学位授与権を独占する点に，パリやボローニャの伝統的大学の遺産を，また，それがフランス唯一の大学であるという点に，トリノ大学の影響を指摘する（A. Aulard, *Napoléon Ier et le monopole universitaire*, Paris, 1911, pp. 157-59)。とくに，トリノ大学の影響については，A. ランデュ（Ambroise Rendu）が *Parallère des deux Universités de France et du Turin*, Paris, 1816. p. 3ff に，両大学の比較を試みている。

6）G. Lefèvre, *Napoléon*, Paris, 1969, p. 420.

7）教員団の構想は，まず1804年に，アントワーヌ・シャプタル（Chaptal, Jean Antoine, *Comte* de Chanteloup）が提案したオラトリオ会再建案として登場する。続いてフルクロワも――またはシャプタルともいう。Cf. Louis-Grimaud, *Histoire de la Liberté d'Enseignement en France*, T. IV, Paris, 1946, p. 38――オラトリオ会，キリスト教教義協会，およびサン＝モールのベネディクト会を統合した組合に対して，政府への絶対服従，政府作成の教育案と教授法の採用，および内務大臣と総視学官の監視という条件の下で，教育を担当させる案を提出する。しかし，これらはまだ，旧教育修道会の復活の域を出ない。むしろナポレオンは，1805年２月15日付の「リセに関するノート」（*Correspondence de Napoléon Ier*, t. x, p. 147）に見られる通り，現行のリセ校長，学監，教授を基礎とし，これらに一貫した昇進と階級の制度をとり入れることによって，教員団を組織すること，すなわち，世俗的，市民的，公共的団体としての教員団の編成を構想している。ナポレオンはこの見解を，1806年の初め――E・ランデュ（E. Rendu）は1805年の夏という。Cf. E. Rendu, *M. Ambroise Rendu et l'Université de France*, Paris, 1861, p. 27. ――，サン＝クルーでフォンターヌとフルクロワに提示する。これに基づいて，フルクロワの1806年付けの法案は作成されるのであるが，そこでは，当の教員団が中等・高等教育を一括し，全国的な教育機構を備え，また，独占を行使し，さらに，帝

国大学（Grande université impériale）と呼ばれており，のちの帝国大学の構想は，厳密な意味ではこれより始まるといえよう。この法案は，1806年２月から４月にかけて，国務院で審議され，その間９回にわたって起草を重ねたと伝えられる（L. Liard, *Enseignement supérieur en France*, T. II, Paris, 1894, p. 91.）。しかし，それは122条に及ぶ膨大さと，その内容に対する異論のため，結局，立法院には提出されるにいたらず，これに代えて，1806年５月６日，ナポレオンはわずか３条の法案をフルクロワを通じて提案し，「教員団」の創設を決定する。すなわち，この法律である。

8）「民事上の」（civile）義務とは，第６章に定める諸義務，また「特定の」（spéciale）義務とは，大学成員の職業上の義務，とくに第38条に定める一般的原則に基づいて教育を行い，さらに教育の内容と方法についても，第80条，第106条等に示唆されているように，大学評議会の定める公けの方針に従う義務を指す。なお，これらの義務は，大学成員として帝国大学にとどまるかぎりにおいて課されるものであり，「時間的」義務である。

9）この規定に基づいて，「大学の組織に関するデクレ」が公布されるのであるが，ただし，この規定自体は，全面的には実行されなかった。すなわち，フルクロワは，法案の提案理由の中で，次の通り説明する。「この法案の第３条によると，それ（政府）が教員団の一般的組織の承認を諸君に求めるのは，1810年の会期となっている。しかし，この組織は，諸君の裁可を得る以前に，すでに経験によるそれを受けはじめていることと思う」（*Archives parlementaires*, 2e série, t. IX., p. 406, 2e col, cité dans A. Aulard, *op. cit.*, p. 168.）と。つまり，ここには，教員団の組織が単なるデクレによって行われることが示唆されている。したがって，この第３条の規定は，教員団の組織が４年後に行われることを定めたものではなく，適当な時期に教員団が組織され，この既成事実に基づいて，立法院の承認が求められることを規定したものである。ただし，1810年にいたると，完全に独裁者となっていたナポレオンは，教員団の組織の批准を立法院に求めることを全く考慮しなかった。

10）プロイセン戦役後の1808年１月28日，ナポレオンは，大学の組織に関する法案を，神学部を加えた上で提出するよう，フルクロワに命ずる。これは，宗教問題に関してジョズフ・フェッシュ（Joseph Fesch）枢機卿との協議ののち，同年３月５日，国務院で採択され，同３月17日，皇帝の承認を得る。すなわち，このデクレである。

11）ここにいう神学校は，共和暦12年風月23日法律の設けた首都大司教区神学校――国の施設であって，このデクレによって神学部となった――ではなく，コンコルダ第11条の規定に基づき，司教が設置する権利をもつ司教区神学校（séminaires diocésains）を指す。この種の神学校は，原則として，大学の管轄外に残される。しかし，「カトリック信仰政教条約国内法化令」（Organiques du culte catholique）の第11条は，神学校の設置に政府の認可を要するものとし，また第24条は，その教授が1682年のフランス僧族宣言に同意し，これに含まれる教義を教授するよう義務づけており，これら神学校は，ここに定める神学校規則への服従とともに，大学外的な措置を通じて，政府によって規制されるのである。

12） 以上の３条は，後の「教育の自由」（Liberté de l'enseignement）の主唱者達——とくにカトリック教会——が批難した「大学の独占」（monopole universitaire）（学位授与権の独占，学校開設の認可制）を定める。なお，大学の施設には，国・公立と私立の区別が，実質上は存在する。いわば，法的フィクションによって，ナポレオンは，私立学校に対する監督を強化するため，これを大学に包括したといえよう。

13） 従来，貴族の学校や学者・芸術家の団体の名称，または，パリ大学の俗称として使用されたが，ここでは，帝国大学の行政区画を指し，以後今日まで，学区を意味することになった。1812年には，34の学区を数える。すなわち，パリ，エクス，アミアン，アンジェ，ブザンソン，ボルドー，ブルジュ，ブリュッセル，カン，カオール，クレルモン，ディジョン，ドゥエ，ジェノヴァ，ジュネーヴ，グルノーブル，リエージュ，リモージュ，リヨン，マインツ，メッス，モンペリエ，ナンシー，ニーム，オルレアン，パルマ，ポー，ピサ，ポワチエ，レンヌ，ルーアン，ストラスブール，トゥールーズ，トリノ。当初予定されていたアジャックシオ，ブレーメン，フローニンヘン，ライデン，ミュンスター，ローマは実現しなかった。なお附表参照。

帝国大学の学区，学部，リセの設置

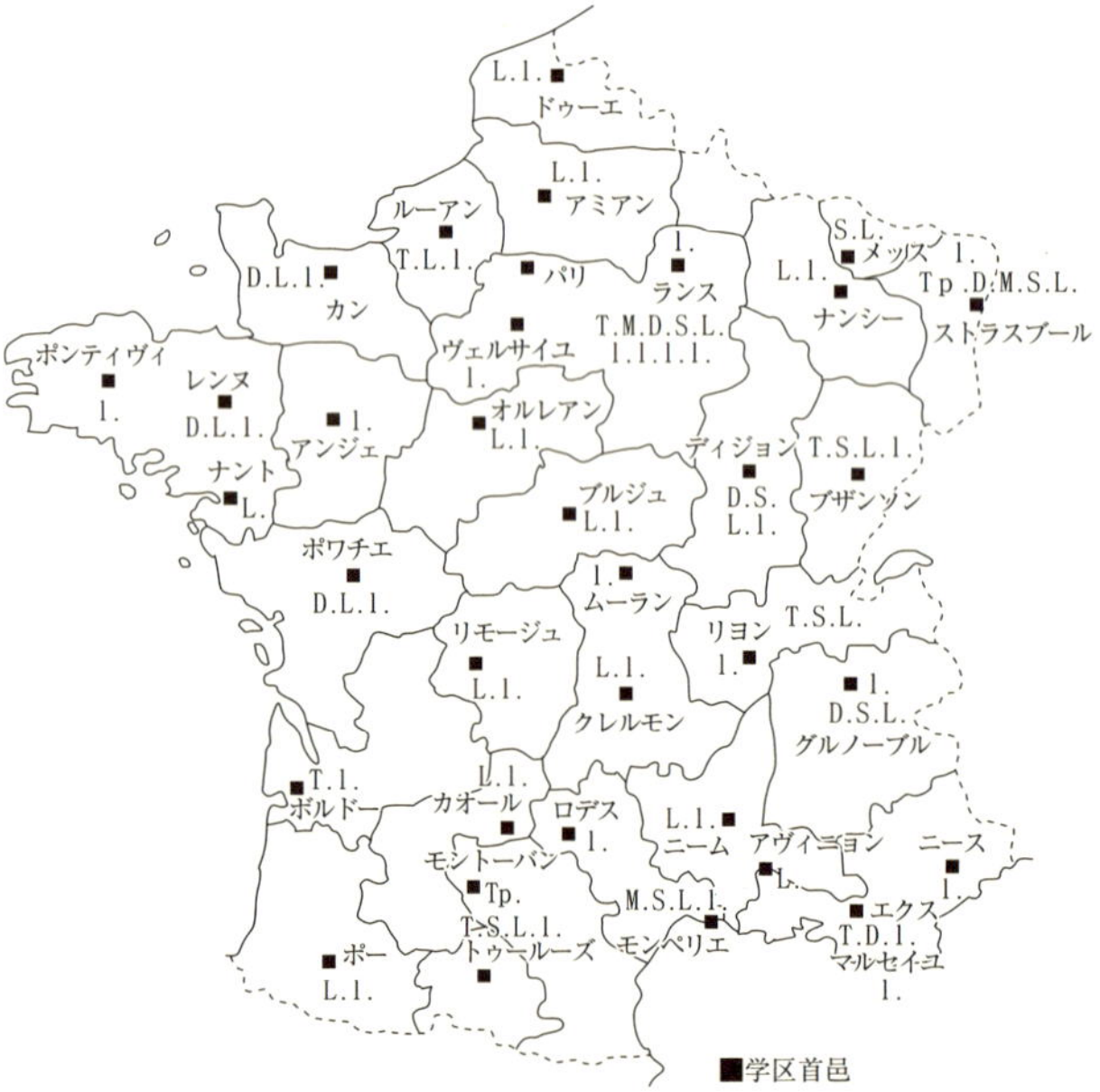

1．表記外の学区および学部（併合地域）

ブリュッセル—D（法），S（理），L（文）；ジェノヴァ—D，M（医），S，L；ジ

ュネーヴ— Tp（改革派神），S，L；リエージュ—S；マインツ—D（コブレンツ）；パルマ—T（神），M，L，；ピサ—T，M（シエナ），D，S；トリノ—T，D，M，S，L．

2．表記外のリセ（併合地域）

ブリュッセル，ガン，ブリュージュ，カザル，リエージュ，ボン，パルマ，トリノ，マインツ。

3．史料：*Almanach de l'Université, année 1812*. A. Aulard, *Napoléon Ier et le monopole universitaire*, p. 315-355. *Atlas historique de la France*, Paris, 1966, p. 159. による。

14）学校の設置者から分類すると，学部，リセは国立，コレージュは公立，アンスティテュシヨンおよびパンシヨンは私立である。なお，小学校には，私立のものと公立のものとがある。

15）学部は，このデクレによって，はじめて復活した。また，文，理の両学部の創立もこのデクレによる。ただし，これらは，職業的有用性のみを高等教育に求めたナポレオンの方針から，従来の専門学校（écoles spéciales）の性格を脱するものではなく，また学部相互間のつながりも全くもたない。なお，職業学部としての神・法・医の３学部と，リセに併設された文・理の両学部という編成は，上級３学部と自由学芸学部で組織されていた旧大学のそれに酷似する――もっとも，旧大学が「王国内の群小王国」（L. Liard, *op. cit.*, T. II, Paris 1894, p. 35）であったのに対して，帝国大学は帝国の機構の一環として統合されているという基本的相違を別にした場合のことであるが。

16）A. オラールは，この個所の意味は不明瞭という（A. Aulard, *op. cit.*, p. 193）。

17）神学部は，1806年のフルクロワ案には見られない。ナポレオンは，1808年１月，フルクロワに対して，このデクレ案の起草を命じたとき，神学部を追加するよう求めたという。なお，カトリック神学部の設置は，大学に神学教育をとり入れ，これを国の監督の下で行おうとする意図に発する。第38条，４参照。

18）ストラスブールはルター派神学部，ジュネーヴはカルヴァン派神学部である。

19）従来の専門学校は，学部に改称した法学校，医学校を除き，帝国大学には含まれない。

20）文学部もリセも，アンシアン・レジームの大学の自由学芸学部に由来し，学部はその学位授与機能を，また，リセは学寮の機能を継承する。文学部のリセ併設は，この歴史的理由のほかに，直接的には，教授資格であり他学部進学の基礎条件でもある文学バシュリェ号の授与機関をリセに併設することによって，リセを他の中等教育施設――とくに私立のそれ――に対して特権的な位置に置こうとした意図に発する。たとえば，フルクロワは1806年の法案で，「旧大学で，自由学芸教師資格は大学団に所属するために必要な最初の学位であた。……何人も，まず自由学芸教師たることなしには，寄宿学校を開き，また何らかの学部のアグレジェ，教授，あるいは博士になることができなかった。今日のリセは，ちょうど昔の大規模な学寮にあたる。これらのリセに，コレージュに対する優位をあたえる最良の方法は，リセが置き換った施設の享受していた特権を，再びリセにあたえることである……」（L. Liard, *op. cit.*, T. II, Paris, 1894, pp. 85-86）と

説明している――もっとも，その結果，文学部の教育はリセのそれの延長を出ないものとなり，その固有の機能は学位授与のみとなったのであるが。

21） これらの学位は，旧大学の学位制度の復活である。ただし，それらは一定の職業に対する国家授与の適任証であり，したがって，この措置は，大革命が確立した職業の自由に伴う職業資格の混乱への対策という意味をもつ。これらは，まず，医，薬，法学校で復活し，次いで神，理，文の各学部でも採用されて，聖職者および教員の資格として要求されることになった。

22） 原則として，文学部のバシュリエ号は諸学部の授与する学位とリセ以下の中等教育を分かつ位置にある。なお，1810年２月16日の文学部の学則は，バシュリエ号の受験資格として中等教育施設就学を要求し，「修辞学級１年および哲学級１年を，リセまたはこれら２学科目を教授することが公式に認可されている学校において修了したことを証明する」こと，と明記する。

23） 原文は“soutenir une thèse”。「公開の討論裁定あるいは審査の席で，提題に対する反論に論拠を示して，これを支持し主張する」という意味である。

24） 第14章第２節，および注39）参照。

25） すでにアンシアン・レジームのコレージュにおいて，助教師（sous-maître）の名で存在していた。リセにおける生徒監の配置を定めたのは，共和暦10年花月11日の法律である。共和暦11年平原月21日の「リセに関する一般的規則」は，生徒25名の１学級につき各１名の生徒監（14歳以下の学級では３学級に２名）の配置を規定し，その職務をほぼ次の通り定める。すなわち，担当の寮生と食・住を共にし，教授の課す宿題の遂行を監督し，寮生の外出を引率し，生徒を講義室に導き，風紀上好ましからぬ書物を没収すること。つまり，その職務は，講義時間以外の生徒の訓育の全体にたずさわることである（cf. F. Buisson, *Nouveau Dictionnaire de Pédagogie*, Paris, 1911, art. “maître d'études”）。

26） 私立施設の教員に対しても，国・公立のそれと同じく，学位の所持が要求されることになる。ただしこの規定は，必ずしも私立施設の発展を阻害する結果にはならなかったと思われる。すなわち，1808年９月17日のデクレは，最初の組織にかぎり，この規定の適用を1815年１月１日以降とし，また公教育に10年以上在職したリセおよびコレージュの教授に対して，その職務に対応する学位を無条件で授与する。続いて，1809年５月23日の大学評議会布告は，アンスティテュ第１部の会員，エコル・ポリテクニクと自然史博物館の教授，およびコレージュ・ド・フランスの理学の教授に理学博士号を，アンスティテュ第２部と第３部の会員およびコレージュ・ド・フランスの文学の教授に文学博士号を，大学評議員，総視学官，学区長，および学区視学官に文学または理学博士号を，また，エコル・ポリテクニクの復習教師には理学士号をそれぞれ授与する。一方，1809年８月22日の大学評議会布告は，私立学校の教員に対しても，10年以上在職の場合は，ほぼ同等の特典をあたえる。すなわち，全課程を完備した施設の場合，第６・第５・第４学級の教授にバシュリエ号，第３・第２学級の教授に学士号，修辞学級の教授に文学博士号，哲学級の教授に文学士または理学博士号，神学の教授には神学博士号を

授与し，また同じく，全課程を完備しない小規模の施設の場合にも，その教授にバシュリエ号が授与されている。したがって，この規定は，結果的に見て，「私教育の威信を高めさえした」（A. Aulard, *op. cit.*, p. 175）といえよう。

27）共和暦10年法下のリセは，ラテン部門と数学部門に大別され，6学級およびラテン・フランス文学（2年）と高等数学（2年）からなる。なお，1809年9月19日付け規則は，ラテン部門と数学部門の区別を廃し，文法2年・古典人文学2年・修辞学1年・特殊数学1年とし，学区首邑のリセには，これらの上に高等数学（mathématiques transcendantes）1講座および哲学1講座を置く。

28）この条項は，ローマおよびフランス聖職者との協調を意味しない。いわゆる「カテキズム」（Catéchisme à l'usage de toutes les Églises de l'Empire français）第7章からうかがわれる通り，国の監督の下でカトリックの掟を数える意図に発する。ただし，原則として，これはカトリック教徒の子弟に対して適用される（cf. Louis-Grimaud, *op. cit.*, pp. 86-87）。なお，この条項の「カトリック教」は，国務院採択の法案では「キリスト教」となっており，これが最終段階で何者かによって「カトリック教」と修正されたもの。一説には，この修正はナポレオン自身によるものというが，A. オラールは，これをポルタリス（Poltalis）がフェッシュ枢機卿と協議の末，フルクロワの承認を得て行った修正と見る（A. Aulard, *op. cit.*, p. 187）。

29）司教座空位をめぐる教皇との争いの激化に際して，ルイ14世はパリに聖職者会議を招集したが，これはボシュエ（Bossuet, Jacques Bénigne）の主導下に，1682年3月，（1）教皇の権威は信仰に限られる，（2）公会議は教皇権に優先する，（3）ガリカン教会の慣習は教皇と無関係，（4）教皇の無謬性は教会の同意を要する，という4個条を宣言する。すなわち，「フランス僧族宣言」（Declaratio clergi gallicani）である。これは王令として公布・登録される。のちにナポレオンは，1801年のコンコルダ締結に際し，いわゆる「基礎個条」によってガリカニスムを復活する。さらに1810年2月25日付けデクレによって上記の王令を帝国の一般法と宣言し，この王令と宣言を公刊している。

30）帝国大学の組織の上で，最大の功労者は内務省の公教育総局長であったフルクロワである――ただし，ナポレオンが，1806年の初め，帝国大学組織の意図をサン＝クルーで洩らしたのは，フルクロワと当時の立法院院長のフォンターヌであったという――が，ナポレオンはあえてフルクロワを退けて，フォンターヌを大学総長に任命する。つまり，「ナポレオンが……宗教を自分の権力に奉仕させるべく，大学における教育の基礎をカトリック教の掟に求めることを決心したのと同じ理由で，大学の首長にカトリック教徒を配そうとした」（A. Aulard, *op. cit.*, p. 200）ため，プロテスタンティスムに共鳴するフルクロワよりも，カトリック教徒のフォンターヌが選ばれたのである。

31）帝国大学総長は，内務省の1部局長にすぎない公教育総局長（Directeur général de l'Instruction publique）に比べて，相対的に独立した地位である。

32）総視学官の巡回《トゥルネ》は，毎年，11月1日から15日の間に始められた。

33）「独身」と「共同生活」の義務は，大学の「世俗的教団」（congrégation laïque）という性格を象徴する。なお，1805年2月15日付けの「リセに関するノート」および1806

年付けのフルクロワの報告は，教員団が教育修道会，なかでもイエズス会とのアナロジーによって組織されたことを推測させる。

34) 女子の教育は，このデクレでは全く無視される。

35) この免状の証明料は，パンシヨンの校長の場合，各県で200フラン，パリで300フラン，またアンスティテュシヨンの校長の場合，それぞれ400フランと600フランである。

ところで，これらは，以上のほか，授業料収入の20分の1（第134条），および寄宿生，半寄宿生，通学生，免除学生について，一律に，寄宿料の20分の1を大学会計に払い込まなければならなかった（1808年9月17日付けデクレ）のであり，これらの私立施設は，経営面で，相当な負担を負わされていた。たとえばA. オラールは，大学独占に対する批判の最大の動機を，この税制に見る（A. Aulard, *op. cit.*, p. 117 et suiv.)。なお，小学校は免税の対象となっていたが，高等教育段階の私立講座は，文・理関係で年額50フラン，法・医関係で100フランを課されていた（1809年4月7日付け評議会布告，1810年2月26日付け総長通達)。

36) 初等教育がほとんど無視されているこの帝国大学法にあって，初等教員養成師範級の設置は注目に値する。ただし師範級は，1810年10月24日に，バ・ラン県知事ルゼ・マルネジアによってストラスブールに1校設置されたにとどまる。なお，この師範級は，ドイツやスイスで発達していたLehrerseminarienを模範としたものという（M. Gontard, *La question des écoles normales*, Toulouse, 1962, p. 18.)。

37) ラ・サル（Jean Baptiste de la Salle）の創設になる（1681～1684年）教育修道会。それは，大革命に際して（1792年8月18日）修士会の学校121校，生徒36,000人とともに解散させられたが，ナポレオンは1803年12月3日これを復活した。修士会は，1805年から1808年までに，大革命以前よりも多くの都市に学校を開設するにいたり，1810年8月4日，会則を承認され，帝国大学体制下にあって，初等教育の大半を担当した。ただし，この会の大学団への統合は不完全である。つまり，ここに定められている皇帝への忠誠の宣誓は，修士会の会長としての宣誓であり，会員個人はこの宣誓を免れうるからである。

38) 2年間の在学期間ののち，最優秀の学生10名が，博士号の準備等，修学のために第3年次を寮内で過ごし，アグレジェの称号と俸給を授与されて寮生の指導にあたったもの。

39) その起源は17世紀の法学部に求められるが，自由学芸に関しては，18世紀のイエズス会追放事件によって生じた自由学芸教師不足の打開策として，1766年5月3日付け開封勅許状によって設けられた試験制度にある。当時は，哲学級，文学級，文法学級各20，計60のポストを有資格者（フランス王国内の全大学の自由学芸教師―文法18歳以上，文学20歳以上，哲学22歳以上―）間の選抜試験に付し，その合格者は大学に「加入する」（agréger）ことを認められた。この制度は，大革命によって廃止されたが，このデクレによって復活し，試験の合格者アグレジェは教員団中に正規職員の地位をあたえられることになった。

40) 大革命時代の習慣とは異なり，帝国大学は国の予算から独立した固有の予算をもち，

この財政的自治は，大学の予算が国の予算に統合される1834年まで維持される。ただし，1812年を例にとると，大学の支出総額3,862,578フランのうち，国家負担額1,504,250フランに対して大学負担額は2,358,328フランであり，全体の約60%にとどまる。

第2章 「高等教育の自由に関する1875年法律」に関するラブーレ委員会法案と国民議会

1） A. de Laubadère, Traité élémentaire de droit administratif, Paris, 1971, T. III, p. 291.
2） A. de Beauchamp, *Recueil des lois et règlements.*, Paris, 1880, T. I, p. 89ff.
3） J. Delabrousse, *La décentralisation administrative et les universités régionales*, Paris, 1901, p. 116.
4） C. Fourrier, *Les institutions universitaires*, Paris, 1971, p. 86.
5） J. Capelle, *Education et Politique*, Paris, 1974, p. 180.
6） A. de Laubadère, *op. cit.*, T. III, Paris, 1971, p. 291.
7） J. Gadille, *La pensée et l'action politique des évêques français au début de la IIIème République*, T. I, Paris, 1967, p. 340.
8） Cf. E. Renan, *Questions contemporaines*, Paris, 1876; L. Pasteur, *Le budget de la science*, Paris, 1858.
9） L. Liard, *L'enseignement supérieur en France*, T. II, Paris, 1894, p. 301.
10） L. Liard, *op. cit.*, T. II, Paris, 1894, p. 303.
11） L. Liard, *op. cit.*, T. II, Paris, 1894, p. 303.
12） J. Rohr, *Victor Duruy, ministre de Napoléon III*, Paris, 1967, pp. 121-2.
13） J. Rohr, *op. cit.*, Paris, 1967, p. 123.
14） L. Liard, *op. cit.*, T. II, Paris, 1894, p. 304.
15） L. Liard, *op. cit.*, T. II, Paris, 1894, p. 306.
16） L. Liard, *op. cit.*, T. II, Paris, 1894, p. 309.
17） ギゾー委員会の答申については，cf. *Journal Officiel de la République Française,* 21 août 1871, p. 2838ff.
18） *Journal Officiel de la République Française*, 31 juillet 1871.
19） *Ibid.*, 27 août 1871, p. 2996; 6 oct., Annexe n° 508, p. 3841.
20） *Ibid.*, 13 déc. 1871, p. 4950.
21） 委員会法案および報告については，cf. *ibid.*, 9 nov., 1873, pp. 6803-6809.
22） *Ibid.*, 9 nov. 1873, p. 6803.
23） *Ibid.*, p. 6804.
24） *Ibid.*, p. 6805.
25） *Ibid.*, 10 juillet 1875, pp. 5152-5166.
26） *Ibid.*, 9 nov. 1873, p. 6809.
27） *Ibid.*, 4-8 déc. 1874.
28） *Ibid.*, 4 déc. 1874, p. 7972.

29） *Ibid.*, p. 7974.
30） *Ibid.*, p. 7975.
31） *Ibid.*, p. 7974.
32） *Ibid.*, p. 7974.
33） L. Liard, *op. cit.*, T. II, Paris, 1894, pp. 185-186.
34） *Journal Officiel de la République Française,* 4 déc. 1874, p. 7977.
35） *Ibid.*, 5 déc. 1874, p. 8007.
36） *Ibid.*, p. 8007.
37） *Ibid.*, p. 8006.
38） *Ibid.*, p. 8009.
39） *Ibid.*, p. 8008.
40） *Ibid.*, p. 8008.
41） J. Gadille, *op. cit.*, T. I, Paris, 1967, p. 341.
42） *Ibid.*, p. 342.
43） L. Liard, *op. cit.*, T. II, Paris, 1894, p. 313.
44） R. P. d'Alzon, *Avenir de l'enseignement chrétien*, cité dans J. Gadille, *op. cit.*, T. I, Paris, 1967, p. 342.
45） J. Gadille, *op. cit.*, T. I, Paris, 1967, p. 342.
46） のちにデュパンルーは，高等教育の自由をあらゆる個人に共通の権利と解するラブーレと妥協する。Cf. *Journal Officiel de la République Française,* 13 juin 1875, p. 4251.
47） *Ibid.*, 6 déc. 1874, p. 8045.
48） *Ibid.*, 5 déc. 1874, p. 8011.
49） *Ibid.*, p. 8012.
50） *Ibid.*, p. 8012.
51） *Ibid.*, 20, juin 1875, p. 4464.
52） *Ibid.*, p. 4465.
53） *Ibid.*, 29 mai 1875, p. 3818.
54） *Ibid.*, 5 déc. 1874, p. 8012.
55） *Ibid.*, 20, juin 1875, p. 4465.
56） *Ibid.*, 5 déc. 1874, p. 8012.
57） *Ibid.*, 20, juin 1875, p. 4467.
58） J. Gadille, *op. cit.*, T. I, Paris, 1967, p. 344.
59） *Journal Officiel de la République Française,* 6 déc. 1874, p. 8044.
60） *Ibid.*, p. 8044.
61） *Ibid.*, p. 8045.
62） ポール・ベール（Paul Bert），アンリ・ブリッソン（Henri Brisson），レオン・ガンベッタ（Léon Gambetta），ルドリュ＝ロラン（Ledru-Rollin），エドガー・キネ（Edgar Quinet），エドゥアール・ロクロワ（Edouard Lockroy）等。

63)　ジュール・シモン（Jules Simon），ジュール・フェリー（Jules Ferry），イポリット・カルノー（Hippolyte Carnot），ジュール・グレヴィ（Jules Grevy）等。
64)　高等教育の自由の原則および第2回審議への移行の可否を問う票決で，正統王朝派，オルレアン派，中道左派，および温健共和派はほぼ賛成票を投じ（531票），急進グループおよび社会主義者らは反対票（124票）を投じている（*Journal Officiel de la République Française,* 6 déc. 1874, p. 8047）。
65)　L. Capéran, *Histoire contemporaine de la laïcité française,* Paris, 1957, T. I, p. 7.
66)　*Journal Officiel de la République Française,* 5 déc. 1874, p. 8012.
67)　Cf. R. Rémond, *La droite en France de 1815 à nos jours,* Paris, 1954, p. 453 ff.

a)　高等教育の自由に関するラブーレ委員会法案（抄訳）

第1節　私立高等教育の講座（cours）および施設（établissements）。

第1条　高等教育は自由である。

第2条　本法律第7条に定める無能力処分のいずれをも受けたことのないすべての成人のフランス人，下記第9条に従い高等教育の目的をもって組織される結社，ならびに，県および自治体は，以下の諸条に規定する条件のみをもって，高等教育の講座および施設を自由に開設することができる。

第3条　各講座の開設には，まず第一に，当該講座の発起人署名の申請を必要とする。この申請は，申請者の氏名，資格，現住所，および，講義の行われる場所，ならびに，そこで行われる教育のひとつもしくは複数の目的を記すものとする。

申請は，学区本部の所在する県では学区長に，その他の県では学区視学官に届けられなければならない。その受理書は即刻あたえられる。

講座の開設は，受理書の交付より完全に10日をへたのちにしか行われることができない。

最初の申請の対象となった事項に関するすべての修正は，前項に指示した当局者に通報されなければならない。予定された修正は，受理書の交付から5日後にしか適用されることができない。

第4条　私立の高等教育施設は，少なくとも3名によって管理されなければならない。

本法律第3条に規定する申請は，上記3名の管理者によって署名されることを要する。そこには，彼らの氏名，資格，および住所，施設の所在地および規約，ならびに，前記第3条に指示する事項が記載されるものとする。

管理者の1名が死亡もしくは退職した場合には，6か月以内に後任手続きがとられなければならない。

その通報は，学区長もしくは学区視学官に行われるものとする。

教授名簿および講義予定表は，前項に指示した当局者に毎年通報されなければならない。

前記の施設にあっては，事前の許可を要することなく，特別なコンフェランスを行うことができる。

本法律第３条に定めるその他の手続きは，私立施設の開設および管理に適用されうるものとする。

第５条　前条に従って開設された高等教育施設は，それらが私人もしくは結社に所属する場合，私立文学部，理学部，法学部，医学部等を称することができる。

それらは，県もしくは自治体に属する場合，県立学部もしくは自治体立学部を称することができる。

……………中略……………

第２節　高等教育の目的をもって組織される結社。

第10条　刑法典第291条は，高等教育を奨励・普及する目的をもって組織された結社には適用されることができない。

第11条　本法律によって設立される高等教育施設あるいは組織される結社は，それらの要求に基づいて，公教育最高評議会の意見を徴してのち，公益施設（établissements d'utilité publique）を宣言されることができる。

これらは，ひとたび承認されると，有償取得および契約を行うことができる。またこれらは，法律の定める条件に基づいて，贈与および遺贈を受けることができる。

公益性の宣言は，法律によってしか取り消されることができない。

第12条　消滅もしくは廃止に際して，規約が，負債の決済および支払い後に残された，施設ないし結社の財産に関するいかなる規定も含まない場合，公教育最高評議会が，その定める比率に従って，同種の施設あるいは結社にこれらの財産を賦与する権利を有する。

ただし，贈与および遺贈に基づく財産は，贈与者ないし遺贈者によって明示された指示に従う。明白な指示のない場合，財産は贈与者あるいは相続資格を有する親族等，および遺言人の相続資格を有する親族等に返還される。

第３節　学位の授与。

第13条　私立大学および学部は，公教育最高評議会の意見に基づいて，法律により，学位授与権を得ることができる。

1°　公教育最高評議会の作成する規則が，各学部における講座および教授の数を決定する。ただし，その数は，国立学部の現有定員を超えることができない。

2°　学位の授与あるいは証書の公布に関する審査には，博士の学位を有する学部正教授あるいは代理教授《プロフェッスール・シュプレアン》しか列席することができない。

第14条　私立学部における審査は，とくに，学位・年齢・病院における研修・登録その他，志願者に課される前提条件，学課課程，各学位もしくは証書の間に置かれるべき義務的猶予期間，ならびに，徴収される料金に関して，国立学部における審査と同一の規則および規定に従うものとする。

……………以下略……………

＊）いうまでもなく，本稿執筆時点における「現代」である。

第Ⅲ部　ドイツ大学という鏡

第１章　「講義」,「学生」

1）　C. Digeon, *La Crise allemande de la pensée française, 1870-1914*, Paris, 1959, pp. 364-383. J. Droz, *Les relations franco-allemandes intellectuelles de 1871-1914*, Paris, C. D. U., p. 17 et suiv.

2）「概してドイツから着想を得ることは正しかった。(だが) 類似性を同一性に変えることは危険であろう。ドイツが擁しているような大学をもつことは良いことであろう。(だが) ドイツがもっている通りの大学をもとうとすることは良くないことであろう」(L. Liard, *Universités et facultés*, Paris, 1890, p. 200)。

3）　Cf. L. Liard, *L'enseignement supérieur en France (1789-1893)*, Paris, 1880-1894, 2 vol. A. Prost, *L'enseignement en France 1800-1967*, Paris, 1970. F. Mayeur, *De la Révolution à l'Ecole Républicaine*, tome III de l'Histoire générale de l'enseignement et de l'éducation dirigée par L. H. Parias, Paris, 1981. G. Weisz, *The Emergence of Modern Universities in France, 1863-1914*, Princeton, 1983. J. Verger (dir.), *Histoire des universités en France*, Toulouse, 1987.

4）　1878～1900 年間に *Le bulletin de la Société pour l'étude des questions d'enseignement supérieur* および *Revue internationale de l'enseignement* に掲載された外国の教育に関する基調論文の件数は独72，英37，米25，露14，伊14，ベルギー13，ハンガリー11，蘭10，西９で，独が圧倒的に多い。ただし，1878～90年間および1891～1900年間で比較すると，独51，21，英17，20，米11，14で，90年代には独の著しい減少が認められる（*Le bulletin*, 1878-1880. *Revue internationale de l'enseignement*, 1881-1900）。なお，この時期に，部分的ながら英国の大学から着想を得ていると考えられるのは，私立政治学院のみである。

5）　Cf. P. Lundgreen, The organization of Science and Technology in France. A German perspective, dans R. Fox et G. Weiz, *The organization of Science and Technology in France, 1808-1914*, Cambridge, Paris, 1980, pp. 311-332. H. W. Paul, *From Knowledge to Power. The Rise of the Science Empire in France, 1860-1939*, Cambridge, 1985, J. -L. Fabiani, *Les philosophes de la république*, Paris, 1988. P. Besnard, La formation de l'équipe de *l'Année sociologique, Revue française de sociologie*, XX, Paris, 1979. C. -0. Carbonnel, *Histoire de historiens*, 1976. Olivier-Motte, *Camille Jullian*, Paris, 1990. F. Hartog, *Le XIX*^{e} *siècle et l'histoire, le cas de Fustet de Coulanges*, Paris, 1988. *J. Bruhnes, autour du monde.*, catalogue de l'Exposition, Paris, 1993. E. Telkes, *Maurice Caullery*, Lyon, 1993. 田原音和『歴史のなかの社会学』木鐸社，1983．橋本征治「ブリューヌの人文地理学の体系と方法」，『史泉』第45号，1948．渡辺和行「19世紀後半のフランスの歴史家と高等教育改革」，『思想』n 1，1991．「科学と『祖国』」，谷川稔ほか『規範としての文化』，平凡社，1990.

6） Cf. H. W. Paul, *The Sorcerer's Apprentice. The French Scientist's Image of German Science*, Florida, 1972. F. Mayeur, Fustel de Coulanges et les questions d'enseignement supérieur, *Revue historique*, t. 274/2, 1985, pp. 387-408. J. Bollack, M. de W. -M (en France), Sur les limites de l'implantation d'une science, dans W. M. Calder et autres (hg.), *Willamowitz nach 50* Jahren, Darmstadt, 1985. pp. 468-512.

7）「高等教育問題研究協会」(Societé pour l'etudes des questions d'enseignement supérieur）は1878年に結成され，*Etude de 1878, 1879, 1880* を刊行するが，1881年，「高等教育協会」(Société de l'enseignement supérieur）と改称され，機関誌『国際教育評論』(*Revue internationale de l'enseignement*）を刊行する（1934年廃刊)。

8） Société pour l'étude des questions d'enseignement supérieur, *Constitution* (1878), p. 10. G. Weiz, *op. cit.*, p. 64.

9） 田原音和，上掲書，160。

10） 前者の例としては，J. Lachelier, L'enseignement de la philosophie dans les universités allemandes, *Revue philosophique*, février 1881, pp. 152-74. 後者の例としては，F. de Coulanges. De l'enseignement supérieur en Allemagne, *Revue des Deux Mondes*, 15 août 1879, pp. 813-33 が挙げられる。

11） 本報告の邦訳はE. デュルケーム　小関・山下訳『デュルケーム　ドイツ論集』，1993，行路社，pp. 163～216に収録されている。

12） E. Dreyfus-Brisac, L'Université de Bonn, *Le bulletin*, 1878, pp. 1-158. Cammartin, L'Univérsité de Heidelberg, *op. cit.*, pp. 218-249. Lindenlaub, L'Université de Heidelberg (seconde étude), *op. cit.*, pp. 250-263. Cammartin, L'Université de Heidelberg (seconde partie), *op. cit.*, 1879, pp. 1-40.

13） ヴュルツの公式報告書 Les hautes études pratiques dans les universités allemandes, Imprimerie Impériale，およびルナンの冊子 *Quelques réflexions sur la science en France*, Gauthier-Villars は1870年および1871年に刊行されている。

14） フランスにおける科学の状況については，注5）のほか，cf. R. Fox, The View over the Rhine, dans Y. Cohen und K. Manfrass (hg.), *Frankreich und Deutschland. Forschung, Technologie und industrielle Entwicklung im 19 und 20 Jahrhundert*, München, 1990, pp. 14-124.

15） 法学教育に関するブロンデルの最初の報告は，ドイツ憲政史に関する研究の目的で派遣されていたブロンデルに対して，時の高等教育局長アルベール・デュモン（Albert Dumont）が，法学に関する情報が文学に比して少ないことを考慮して作成を委嘱したものという。Cf. Olivier-Motte, Le voyage d'Allemagne. Lettres inédites sur les missions d'universitaires français dans les universités allemandes au 19e siècle, *Francia*, 14, 1986, pp. 561-566. なお，医学に関しては，情報提供が専門学術誌を通じて行われていたこと，教授が公的委員会の委員として中央行政に直接参画していたことを指摘しておく。Cf. C. Charle, *Les Elites de la République 1880-1900*, Paris, 1985, pp. 410-12. J. D. Ellis, *The Physician-Legislators of France, 1870-1914*, Cambrige, 1990.

16) 上掲報告中における記載のほか，以下により作成。Ch. Charle, *Les professeurs de la faculté des lettres de Paris,* Paris, 1985, 1986, 2 vol. C. Charle et E. Telkes, *Les professeurs de la faculté des sciences de Paris*, Paris, 1989. *Les professeurs du Collège de France*, Paris, 1988. F. Huguet, *Les professeurs de la faculté de médecine de Paris*, Paris, 1991. *Association amicale des anciens élèves de l'Ecole normale supérieur*, Paris, 1900～1960.

17) C. Digeon, *op. cit.*, p. 375.

18) C. Charle, Paris et Berlin, les réseaux intellectuelles de deux universités centrales (1880-1930), rapport de communication (inédit) p. 10.

19) M. Espagne et M. Werner, *Transfert*, Paris, 1988, p. 348.

20) G. Séailles, L'enseignement de la philosophie en Allemagne, *Revue internationale de l'enseignement*, t. 6, Paris, 1883, p. 957.

21) F. K. Ringer, *The Decline of the German Mandarins*, Cambridge [Mass.], 1969.

22) Cf. K. H. Jarausch (éd.), *The Transformation of Higher Learning, 1860-1930*, Stuttgart, 1983, pp. 57-88, pp. 149-179. C. MacClelland, *State, University and Society in Germany, 1700-1914*, Cambridge, 1980. F. K. Ringer, *Fields of knowledge*, Cambridge, Paris, 1992. H. Titze, *Der Akademikerzyklus*, Goettingen, 1990.

23) C. Seignobos, L'enseignement de l'histoire dans les universités allemandes, *Revue internationale de l'enseignement*, t. 1, Paris, 1881, p. 596.

24) E. de Martonne, Notes sur l'enseignement de la géographie dans les universités allemandes, *Revue international de l'enseignement*, t. 35, Paris, 1898, p. 261.

25) C. Seignobos, t. 1, Paris, 1881, p. 589; C. Jullian, Notes sur les séminaires historiques et philologiques des universites allemandes, *Revue intenationale de l'enseignement,* t. 8, Paris, 1884, p. 424.

26) M. Collignon, L'enseignement de l'archéologie classique et les collections de moulages dans les universites allemandes, *Revue internationale de l'enseignement*, t. 3, Paris, 1882, pp. 257-8; M. Caullery, La zoologie dans les universités allemandes, *Revue internationale de l'enseignement*, t. 27, Paris, 1894, pp. 406-8.

27) G. Blondel, De l'enseignement de droit dans les universites allemandes, *Revue internationale de l'enseignement*, t. 9, Paris, 1885, pp. 440-41.

28) E. Durkheim, La philosophie dans les universités allemandes, *Revue internationale de l'enseignement*, t. 13, Paris, 1887, p. 317.

29) C. Seignobos, *ibid.*, t. 1, p. 575.

30) M. Caullery, *ibid.*, t. 27, p. 410.

31) G. Séailles, *ibid.*, t. 6, p. 966.

32) E. Durkheim, *ibid.*, t. 13, p. 317.

33) G. Blondel, *ibid.*, t. 9, p. 530.

34) E. Durkheim, *ibid.*, t. 13, p. 320; G. Blondel, *ibid.*, t. 9, p. 530.

35) E. Durkheim, *ibid.*, t. 13, p. 319.

36） E. Durkheim, *ibid.*, t. 13, pp. 320-21.
37） G. Blondel, *ibid.*, t. 9, pp. 448-9.
38） C. Seignobos, *ibid.*, t. 1, p. 575.
39） G. Séailles, *ibid.*, t. 6, p. 968.
40） E. Durkheim, *ibid.*, t. 13, p. 317.
41） E. Durkheim, *ibid.*, t. 13, p. 316.
42） E. Durkheim, *ibid.*, t. 13, p. 317.
43） E. Durkheim, *ibid.*, t. 13, pp. 319-20; G. Blondel, *ibid.*, t. 9, p. 445, n. 2.
44） G. Blondel, *ibid.*, t. 9, p. 528. Cf. C. Seignobos, *ibid.*, t. 1, p. 565; G. Blondel, La réforme des études juridiques en Allemagne, *ibid.*, t. 13, Paris, 1887, p. 14; G. Séailes, *ibid.*, t. 6, p. 963 et p. 967.
45） G. Séailles, *ibid.*, t. 6, p. 963; E. de Martonne, *ibid.*, t. 35, p. 252.
46） M. Caullery, *ibid.*, t. 27, p. 414.
47） G. Séailles, *ibid.*, t. 6, p. 963.
48） C. Seignobos, *ibid.*, t. 1, p. 564; E. Durkheim, *ibid.*, t. 13, p. 316 et p. 323; G. Blondel, *ibid.*, t. 9, Paris, 1885, p. 542.
49） E. Durkheim, *ibid.*, t. 13, p. 323.
50） E. Durkheim, *ibid.*, t. 13, p. 423.
51） G. Blondel, *ibid.*, t. 9, p. 530.
52） E. Durkheim, *ibid.*, t. 13, p. 424; G. Blondel, *ibid.*, t. 9, p. 439 et p. 542; C. Seignobos, *ibid.*, t. 1, p. 564; M. Caullery, *ibid.*, t. 27, pp. 402-3.
53） C. Jullian, *ibid.*, t. 8, p. 424.
54） G. Blondel, *ibid.*, t. 9, p. 523.
55） G. Blondel, *ibid.*, t. 10, p. 100.
56） G. Blondel, *ibid.*, t. 9, p. 451.
57） C. Jullian, *ibid.*, t. 8, p. 424.
58） G. Blondel, *ibid.*, t. 9, p. 532; E. Durkheim, *ibid.*, t. 13, p. 435.
59） C. Seignobos, L'Université de Goettingue, *Etude de 1878*, Paris, 1878, p. 181.
60） E. Durkheim, *ibid.*, t. 13, p. 435.
61） E. Durkheim, *ibid.*, t. 13, pp. 436-7. Cf. E. de Martonne, *ibid.*, t. 35, p. 257. なお，セアイユはやや批判的である（G. Séailles, *ibid.*, t. 6, p. 972）。

第２章 「教授」，「ゼミナール」

1）「彼らは教授という称号より学者としての名声に固執する。彼らは口述の授業が彼らの知的生命を枯渇させることを望まない。彼らにとって，講義は，彼らの教育を……広め，他のライヴァル大学から新しい弟子を獲得する手段としての書物ほどには重要な意味をもたない」（G. Blondel, *ibid.*, t. 9, p. 450）。
2）「ドイツにおける一般的意見からすると，個人的研究によって自ら科学に進歩をもた

らしたことのない者は学者の名に値せず，人は学者としてしか大学に容れられるべきではないのである」(C. Seignobos, *ibid*., t. 1, p. 567)。

3）「ドイツの大学は教育機関というよりもむしろ学術団体である」(C. Seignobos, *ibid*., t. 1, p. 566)。M. Caullery, *ibid*., t. 27, p. 411.

4） Cf. C. Seignobos, *ibid*., t. 1, pp. 589, 595 et 600.

5） たとえば，M. Collingnon, *ibid*., t. 3, p. 259. E. Durkheim, *ibid*., t. 13, p. 316 等。なお，多くの報告はドイツ大学の特色のひとつとして「教える自由」に言及している。Cf. G. Blondel, *ibid*., t. 9, pp. 442-3.

6） J. E. Craig, *Scholarship and Nation Building. The University of Strasbourg and Alsatian Society*. 5. The government Intervenes, Chicago, 1984, pp. 135-65. とくにマルティン・シュパーン（Martin Spann）事件（pp. 145 et suiv.）を参照。そこでは，互選に際して，宗派的基準が重要な役割を演ずるのみならず，党派心が作用することが指摘されている。

7） G. Blondel, *ibid*., t. 9, p. 434.

8） G. Blondel, *ibid*., t. 9, p. 435.

9）「中等教育と高等教育のキャリアーは全く別のものであり，いったんどちらかを選べばそれで決まってしまう」(E. Durkheim, *ibid*., t. 13, p. 319)。セニョーボスについては，cf. 注11)。なお，この時期のフランスにおける高等教育改革の主題のひとつが，理学部および文学部における研究機能の確立と学問的水準の向上，ひいては，教師のリクルートにおける高等教育と中等教育との分離の方向にあったことを考えると，教授のリクルート面における高等教育と中等教育の断絶を批判する観点は，現実の高等教育改革政策と一見矛盾するように見える。しかし，彼らが説いているのは，中等・高等教育の制度的連続性ということよりも，ドイツにおける中等教育と高等教育の分離を人事面において象徴する私講師制が，コンクールに基づくメリトクラシーというフランス大学人の社会的論理に反するということである。

10） C. Seignobos, *ibid*., t. 1, pp. 589 et 600.

11） C. Seignobos, *ibid*., t. 1, p. 567.

12） C. Seignobos, *ibid*., t. 1, p. 568. Cf. G. Blondel, *ibid*., t. 9, p. 439.

13） C. Seignobos, *ibid*., t. 1, p. 569. なお，私講師制に対する学問的見地からのセニョーボスの批判については，cf. C. Seignobos, *ibid*., t. 1, pp. 568, 589, 595, 600.

14） ブロンデルは，フランスの法学部のアグレガシヨンとの対比においては，私講師制が学問の発展や教育の革新に対してもつ意義を指摘するが，その修練期についてはきわめて批判的であるのみならず，商工業の発展，軍隊の膨脹に伴う大学の教師の地位の魅力の相対的低下を指摘する。Cf. G. Blondel, *ibid*., t. 9, pp. 438-9.

15） E. Durkheim, *ibid*., t. 13, p. 319.

16） G. Blondel, *ibid*., t. 10, Paris, 1885, p. 105.

17） E. Durkheim, *ibid*., t. 13, p. 319.

18） E. Durkheim, *ibid*., t. 13, p. 320. なお，以下も参照。「われわれがドイツに優越してい

るのは，哲学研究に対してひとつの世論があることである。われわれのリセやコレージュの教授たちは，ある者は近くから，またある者は遠くから哲学の動向を追いつづけ，時にはかなり専門的な問題にすら関心を示す広範な大衆を実際に形づくっている」(E. Durkheim, *ibid.*, t. 13, p. 207.)

19) E. Durkheim, *ibid.*, t. 13, p. 320.

20) C. Seignobos, *ibid.*, t. 1, p. 567. これに対してデュルケムは，フランスにおける俗説とドイツの現実との乖離を指摘する。「……フランスの行政機構の融通のなさと比べて，本当にその制度の柔軟さを感嘆しないでいられようか。私自身フランスを出発するときには，こうした通念を抱いていた」(E. Durkheim, *ibid.*, t. 13, p. 318.)。

21) Statut sur l'agrégation des Facultés, le 16 novembre 1874, dans *Statuts et Réglements de l'Enseignement supérieur en France*, t. II, pp. 906-8. Règlement relatif au concours d'agrégation dans les Facultés de droit, *ibid.*, t. III, pp. 534-5.

22) G. Blondel, *ibid.*, t. 9, 1885, p. 437.

23) G. Blondel, *ibid.*, t. 9, p. 438.

24) Cf. G. Blondel, *ibid.*, t. 9, p. 443.

25) G. Blondel, *ibid.*, t. 9, p. 445.

26) 「中小大学の繁栄を説明してくれる原因はいくつかあるが……彼ら「教授」はキャリアーの終着点に到達するまでに，3ないし4の町を逐次経由しているのである」(G. Blondel, *ibid.*, t. 10 p. 101)。

27) C. Seignobos, *ibid.*, t. 1, p. 568.

28) たとえば，cf. E. Durkheim, *ibid.*, t. 13, pp. 316-317.

29) 「私が言いたいのはドイツ大学の名誉とされている，研究への熱心さの習慣のことで，学生たちもさることながら，とくに教員の熱心さである。……教授たちはというと，周知のように絶え間なく何かを生み出している」(E. Durkheim, *ibid.*, t. 13, p. 438)。

30) C. Seignobos, *ibid.*, t. 1, p. 569.

31) C. Seignobos, *ibid.*, t. 1, p. 570.

32) G. Blondel, *ibid.*, t. 10, p. 105.

33) とくにジュリアンは，高等師範学校とゼミナールがそれぞれの国の教育において果たしている役割の検討に基づき，フランスの教育は哲学的，文学的，ドイツのそれは科学的，文献学的と特徴づけている。Cf. C. Jullian, *ibid.*, t. 8, p. 422. E. Durkheim, *ibid.*, t. 13, p. 438.

34) E. Durkheim, *ibid.*, t. 13, p. 438.

35) E. De Martonne, t. 35, pp. 251, 260 et suiv. ブロンデルについては，cf. O.-Motte, Le voyage d'Allemagne, *Francia*, 14, 1986, pp. 562-3.

36) C. Seignobos, *ibid.*, pp. 576-89; M. Collignon, *ibid.*, t. 3, pp. 261-3; G. Séailles, *ibid.*, t. 6, p. 921; C. Jullian, *ibid.*, t. 8, pp. 289-310 et 403-24; G. Blondel, *ibid.*, t. 9, pp. 532-44, t. 10, pp. 96-8; E. Durkheim, *ibid.*, t. 13, pp. 427-33; A. Lefranc, Notes sur l'enseignement de l'histoire dans les universités de Leipzig et de Berlin, *Revue internationale de*

l'enseignement, t. 15, Paris, 1888, pp. 243-51 et p. 256; M. Caullery, *ibid.*, t. 27 pp. 411-20; E. De Martonne, *ibid.*, t. 35, pp. 254-61; J. Brunhes, Instituts géographiques et Chambres de commerce en Allemagne, *Revue internationale de l'enseignement*, t. 41, Paris, 1901, pp. 35-9.

37) C. Jullian, *ibid.*, t. 8. なお，第二帝政末期にデュリュイが創設した高等研究院（Ecole des Hautes Etudes, 1868 年）を嚆矢として，歴代の改革派文相がフランスに移植を試みた改革のひとつがゼミナールであった。この高等研究院で採用されたセミネールという形態は，それから10年後に，メートル・ド・コンフェランスの発足を通じて次第に普及されることになる。

38) M. Caullery, *ibid.*, t. 27, p. 418.

39) M. Caullery, *ibid.*, t. 27, p. 420.

40) M. Caullery, *ibid.*, t. 27, p. 411.

41) M. Caullery, *ibid.*, t. 27, p. 413.

42) M. Caullery, *ibid.*, t. 27, pp. 414-5.

43) M. Caullery, *ibid.*, t. 27, p. 412.

44)「これら二つの長所から，フランスの学生は大幅に利益を得ることができる。実際に，彼はとくに生徒に関する長所から直接に利益を得るであろう。教授に関する長所については，彼はそれを明らかに発見できるであろう。そして，彼がいささかでも反省的な精神を備えているならば，彼がフランスに帰国して，彼自身が教授に招聘されたとき，彼を支え彼を導くであろう決心以上のものを彼に鼓吹するであろう」(E. De Martonne, *ibid.*, t. 35, pp. 260-61)。ド・マルトンヌはこの若い時代の印象を後日実行しているように思われる。彼の創立した地理学アンスティテュはこの報告に描写されている組織のかなり忠実な再現である。

45)「……興味深いことであるが，これらのゼミナールの創設はほとんど常に博物学者に負っていることを記しておこう」(E. De Martonne, *ibid.*, t. 35, p. 254)。

46) E. De Martonne, *ibid.*, t. 35, pp. 254-7.

47) E. De Martonne, *ibid.*, t. 35, p. 257.

48) E. De Martonne, *ibid.*, t. 35, p. 258.

49) E. De Martonne, *ibid.*, t. 35, p. 259.

50) E. De Martonne, *ibid.*, t. 35, pp. 259-60.

51) E. De Martonne, *ibid.*, t. 35, p. 261.

52) E. De Martonne, *ibid.*, t. 35, p. 251.

53) E. De Martonne, *ibid.*, t. 35, p. 261.

54) C. Digeon, *op. cit.*, Paris, 1959, pp. 378-9.

55) M. Espagne et M. Werner, *Transfert*, Paris, 1988, p. 356.

56)「ドイツにおける歴史教育は化石化し，ひたすらテキスト批判をこととするにいたる運命にある……」(C. Seignobos, *ibid.*, t. 1, p. 600)。ジュリアンについては，cf. 注83)。

57) C. Seignobos, *ibid.*, t. 1, p. 600.

58） C. Seignobos, *ibid.*, t. 1, p. 589.
59） C. Seignobos, *ibid.*, t. 1, p. 588.
60） C. Seignobos, *ibid.*, t. 1, p. 589.
61） C. Jullian, *ibid.*, t. 8, p. 423.
62） C. Jullian, *ibid.*, t. 8, p. 424.
63） C. Jullian, *ibid.*, t. 8, p. 309.
64） C. Jullian, *ibid.*, t. 8, p. 310.
65） 「大学教育は……半ばルーティン化したギムナジウムの教育に代えられる方向に傾きつつある」（C. Jullian, *ibid.*, t. 8, p. 310）。
66） C. Jullian, *ibid.*, t. 8, p. 407.
67） C. Jullian, *ibid.*, t. 8, p. 410.
68） C. Jullian, *ibid.*, t. 8, p. 411.
69） C. Jullian, *ibid.*, t. 8, pp. 412-20.
70） C. Jullian, *ibid.*, t. 8, p. 412.
71） C. Jullian, *ibid.*, t. 8, p. 411.
72） F. de Coulanges, De l'ensegnement supérieur en Allemagne, d'après des rapports récents, *Revue des Deux Mondes*, t. XXIV, 15 août 1879, pp. 813-33.
73） F. de Coulanges, *ibid.*, 1879, pp. 832-3.
74） C. Jullian, *ibid.*, t. 8, p. 422.
75） G. Blondel, *ibid.*, t. 9, p. 542; C. Jullian, *ibid.*, t. 8, p. 423.
76） C. Jullian, *ibid.*, t. 8, p. 423.
77） クーランジュは，コンフェランスが高等師範学校のみならず古文書学校，ストラスブール，ナンシー，リヨン，ボルドー，カン，ドゥエ等の学部に1865年以来存在していることを指摘している（F. de Coulanges, *ibid.*, 1879, p. 833）。Cf. F. Mayeur, Fustel de Coulanges et les questions d'enseignement supérieur, *Revue Historique*, n. 556 oct. -déc., Paris, 1985, pp. 397-401.
78） G. Blondel, *ibid.*, t. 9, p. 543; E. Durkheim, *ibid.*, t. 13, pp. 423-4.
79） C. Jullian, *ibid.*, t. 8, pp. 417-22.
80） C. Jullian, *ibid.*, t. 8, p. 423. Cf. G. Blondel, *ibid.*, t. 9, p. 542.
81） C. Seignobos, *ibid.*, t. 1, pp. 599-600; M. Collignon, *ibid.*, t. 3, p. 270; G. Séailles, *ibid.*, t. 6, p. 956; C. Jullian, *ibid.*, t. 8, p. 424; G. Blondel, *ibid.*, t. 9, p. 422; E. Durkheim, *ibid.*, t. 13, pp. 438-9; A. Lefranc, *ibid.*, t. 15, p. 239; M. Caullery, *ibid.*, t. 27, p. 399; E. De Martonne, *ibid.*, t. 35, pp. 251 et 261; J. Brunhes, *ibid.*, t. 41, p. 35.
82） たとえば，ド・マルトンヌが挙げられる。Cf. 注44）
83） セニョーボス，ジュリアンがそうである。とくにセニョーボスについては，彼の報告に付された編集委員会の注記を参照（*Revue internationale de l'enseignement*, t. 1, Paris, 1881, p. 563, note (1)）。
84） ジュリアンの報告における以下の結語を参照。「率直そのものにいうと，わが国の場

合，大学教育が死なぬようにすることよりも，これを見事に蘇生させることの方が重要である。この5年以来，数多くの幸先の良い努力が試みられてきた。わが国の学部には，実り豊かな制度が導入されてきたし，また，導入されるであろう。……したがって，ドイツの大学で1年間生活したフランス人学生は，未来に対する信頼に満ちて祖国に帰国することができるのである」(C. Jullian, *ibid.*, t. 8, p. 424.)

85) 哲学者セアイユの一節は次の通り。「フランスに起こりうる最大の不幸は，ドイツを学び知る労を取りさえもせず，ドイツに熱中しこれを盲目的に模倣しようとすることであろう。ある哲学者はこう述べた。アフリカには猿がいる。ヨーロッパにはフランス人がいる，と。彼がそういうのももっともだといわれないようにしよう」(G. Séailles, *ibid.*, t. 6, p. 957.)

86) Cf. C. Digeon, *op. cit.*, Paris, 1959, p. 375.

87) L. Herr, *Choix d'écrits*, Paris, 1932, t. II, pp. 4-5.

88) ド・マルトンヌですら，ドイツ大学における研修がフランスの若い地理学者にもたらす長所を強調する反面，次のように述べる。「……われわれが指摘するこれらの長所のいくつかをわが国の教育に移植することは可能ではないだろうか——おそらく，それらのすべてについては不可能であろう。あるものは，明らかに習俗やドイツ人の性格に由来し，またあるものは……大学の古くからの諸制度の執拗な存続に由来している。純粋な形式のみ，つまり，言葉のみに終わる危険を冒すことなしに，われわれの観念や習慣に反することなく導入されうるものを検討しなければならないであろう」(E. De Martonne, *ibid.*, t. 35, p. 261)。

89) 第1章，2　報告の主題および執筆者 (pp. 110-113)。なお，彼らの軌跡に関しては，ちなみに彼らの社会・職業的出自および修学リセの所在地を考察すると，社会職業的出自は資産家層（1名），法曹・知識層（6名），中級官吏（2名），民衆的階級（1名）であり，リセ修学地はパリ（4名），県庁所在地（3名），その他（3名）である。

これを，彼らが教授に就任する1900年代初頭におけるパリ大学理学部，文学部，コレージュ・ド・フランスの教授たちの社会職業的出自およびリセ修学地と比較すると，社会職業的出自については，主として知識層，中産ブルジョワジー，法曹職，中級官吏（理：72%，文：76%，コレージュ・ド・フランス：64.1%)，わけても，教授，医師，芸術家，文人といった知識層（理：24%，文：44%，コレージュ・ド・フランス：34.9%）を中心として構成され，リセ修学地については，パリが50%以上（地方からパリへの転学を含む）となっている (cf. C. Charle, Le champs universitaire parisien à la fin du 19e siècle, *Acte de la recherche en sciences sociales* 39, Paris, 1983, pp. 78 et 83)。

このことは，彼らが，文化資本においては異常に豊かであったが経済資本は相対的にもたなかった，当時の理学部，文学部，コレージュ・ド・フランスの教授たちの社会職業的出自の構成をほぼ反映していることを物語る。

90) 被支配的学問分野の概念については，たとえば，cf. C. Charle, *ibid.*, p. 86.

91) 理科系の諸学問のキャリアー化については，cf. V. Karady, Educational Qualifications and University Careers; C. Zwerling, The Emergence of the Ecole

Normale Supérieure as a Center of Scientific Education in the nineteenth Century, dans R. Fox et G. Weisz, *The organisation of Science and Thechnology in France 1808-1914*, Cambridge and Paris, 1980, p. 121 et pp. 30-60.

92) この点については，転移そのものに伴う文化的障壁のみならず，ドイツ大学がよって立つ社会的基盤に対する根本的批判を看取するC. シャルル（Christophe Charle）の指摘はきわめて示唆的である。Cf. C. Charle, L'Université impossible (inédit).

第Ⅳ部　19世紀末フランス「知識界」の変容

はじめに

1）　P. Orly, J. -F. Sirinelli, *Les intellectuels en France, de l'Affaire Dreyfus à nos jours*, Paris, 1986, p. 11.

2）　C. Charle, Naissance des intellectuels contemporains (1860-1898), dans J. Le Goff et B. Köpeczi, *Intellectuels français et intellectuels hongrois XIII*^{e}*-XX*^{e} *siècles*, p. 185. Cf. P. ブルディユー（石井洋一郎訳）『芸術の規則』Ⅰ，藤原書店，1995，207～210頁.

3）　A. Boschetti et autres, *Vanguards of modernity*, Oslo, 1992, p. 19.

4）　C. Charle, *Histoire sociale de la France au XIX*^{e}*siècle*, Paris, 1991, p. 268.

5）　C. Charle, Approche historique et comparative, le cas des intellectuels en Eurpoe au XXe siècle, p. 2, Colloque franco-japonais sur les méthodologies comparées en sociologie, Tokyo, 1995 (rapports inédits).

第１章　「知識界」の形態学的変容

1）　「知識界」の概念については，cf. P. Bourdieu, *Les règles de l'art*, 1992; *Scolies 1 Cahiers de recherches de l'ENS*, 1971; C. Charle, Champ littéraire et champ du pouvoir, les écrivains et l'Affaire Dreyfus, *Annales. Economies, Sociétés, Civilisations*, n 2, Paris, 1977; Le champ de la production littéraire, 1830-1890, dans R. Chartier et H. -J. Martin (dir.), *Histoire de l'édition française*, tome 3, Paris, 1985, pp. 127-157; Trop près, trop loin, *Le Débat*, n 79, 1994, pp. 31-37.

2）　C. Charle, *Histoire sociale de la France au XIX*^{e} *siècle*, Paris, 1991, p. 268.

3）　A. Boschetti et autres, *op. cit.*, , Oslo, 1992, p. 22.

4）　J. Le Goff et B. Köpeczi, *op. cit.*, Budapest, 1985, p. 185.

5）　統計学者の社会的認識図式およびその変化については，1851～1936年間に行われた16回の調査（*Recencements*）を参照。

6）　*Recencement* de 1872.

7）　*Le grand dictionnaire Larousse du XIX*^{e} *siècle*, Paris, 1875, t. 13e, p. 218.

8）　A. Daumard, Projets de codes socio-professionnels pour 18e et 19e siècles, *Revue d'histoire moderne et contemporaine*, juillet-septembre, Paris, 1963, p. 206. なお，パリ・ブルジョワジーを５段階に分類する試みについては，cf. A. Daumard, *La Bourgeoisie parisienne de 1815 à 1848*, Paris, 1963.

9）　F. Ponteil, *Les institutions de la France de 1814 à 1870*, Paris, 1966, p. 158.

10）　A. Désrosières, Eléments pour l'histoire des nomenclatures professionnels, in *Pour une histoire de la statistique*, t. 1, Contributions, Paris, 1977, p. 168-169.

11）　*Recencement* de 1896, Introduction.

12）　A. Désrosières, *op. cit.*, Paris, 1977, p. 162.

13) 官吏（文官）の総数は，1848年における約7,000人から世紀末には1.3～1.4万人へとほぼ倍増している。Cf. C. Charle, *Les Elites de la République 1880-1900*, Paris, 1987, p. 43。

14) 1872～1906年間の *Recencements* に基づき，以下の諸著により補正。A. Prost, *L'Enseignement en France*, Paris, 1968, pp. 108, 234, 294, 371; G. Weisz, *The Emergence of Modern Universities in France*, Princeton, 1983, p. 318; J. Léonard, *Les médecins de l'Ouest au 19e siècle*, Lille, 1978; C. Charle, *Naissance des "intellectuels"*, Paris, 1990, p. 237. ただし，統計史料の都合上，高等教育教員については1865年，中等教育教員および法曹については1876年の就業者数を100とした。なお，標記の職業範疇の初期値は，文人・ジャーナリスト・学者3,826人，芸術家22,615人，初等教員110,000人，中等教育教員7,396人（1876年），高等教育教員488人（1865年），法曹30,341人（1876年），医師16,500人である。

15) C. Charle, *Naissance des "intellectuels"*, Paris, 1990, p. 239 所載のデータに基づいて作成。

16) C. Charle, *op. cit.*, Paris, 1990, p. 46.

17) C. Charle, *op. cit.*, Paris, 1990, p. 239 所載のデータに基づいて作成。

18) 中等教育教員および初等教員は，1点のみの著作者の比率が1876～85年間における56.3%から1891～99年間の41.2%へ低下する反面，4点以上の著作者の比率は平均値を超えて職業的著作者のグループに入っており，副業的著作者から職業的著作者へ移行する形勢を示している。

19) 1876～1914年間における学生数の増加率は，法学部2.14，医学部2.25にすぎない。Cf. G. Weitz, *The Emergence of Modern Universities in France, 1863-1914*, Princeton, 1983, p. 236.

20) 法曹については，1896年に大幅な就業者数の増加が見られるが，これは統計上の区分の変更によるものである。また，医師数の停滞は「保健士」（officier de santé）の減少によるものと思われる。なお，「保健士」は1893年に廃止される。

21) C. Charle, *La crise littéraire à l'époque du naturalisme*, Paris, 1979, pp. 34-35.

22) A. Prost, *Enseignement en France 1800-1967*, Paris, 1968, p. 234.

23) A. Prost, *op. cit.*, p. 234. G. Weitz, *op. cit.*, table 7. 2, p. 236.

24) なお，当時におけるフランス大学人の国際的競争の状況については，cf. C. Charle, *La République des universitaires 1870-1940,* Paris, 1994, pp. 343-395; C. Charle, Paris/Berlin, un réseaux intellectuels de deux universités centrales (1880-1930), rapports de colloque de Bochum, pp. 1-59 (inédit).

25) 共和派エリートの現実の社会的リクルートがその政治的イデオロギーと食い違う事実については，cf. C. Charle, *Les Elite de la République 1880-1900*, Paris, 1987.

26) A. Boschetti et autres, *op. cit.*, p. 21.

27) C. Charle, *Histoire sociale de la France au XIXe siècle*, Paris, 1991, pp. 270-71.

28) M. -C. Genet-Delacroix, Le statut social de l'artiste professionel aux 19e et 20e siècles,

dans *La condition sociale de l'artiste*, Saint-Etienne, 1987, pp. 87-104.

29) この時期における高等教育改革が新学問分野の登場とも相まって，とくに教授にいたる前段階のポスト，たとえば，メートル・ド・コンフェランス，助手等の拡充に努めることによって，既設の講座から派生した学問分野，あるいは新しい学問分野では，改革によって下級の高等教育教員のポストが増設され，とくに文，理の分野では中等教育の教授をへることなく高等教育にいたる経路が形成された。これによって，特定の分野の専門家としてもっぱら研究に基礎を置き，高等教育に限定されたキャリアーをもつ教授が輩出したことについても指摘しておく。

30) C. Charle, *La crise littéraire à l'époque du naturalisme*, Paris, 1979, p. 86.

31) C. Charle, Situation spatiale et position sociale, *Acte de la recherche en sciences sociales*, n 113, Paris, 1977, pp. 45-59.

32) C. シャルルは，前衛作家がアカデミー・フランセーズ会員に選任されえたにもかかわらず，商業的成功を得たゾラがそれに失敗したのは，こうした文学の場のセクター化現象の進行の結果であるという。Cf. J. Le Goff et B. Köpeczi, *op. cit.*, p. 180.

33) C. Charle, *Naissance des "intellectuels"*, Paris, 1990, p. 240 および O. Lorenz, *Catalogue de la librairie française*, Paris, 1876, 1886, 1924 所載項目 B に基づいて作成。ただし，上記 *Catalogue* の1924年版は D. Jordell によって継続されたものである。

34) C. Charle, *La crise littéraire à l'époque du naturalisme*, Paris, 1979, p. 104 et suiv.

35) J. Le Goff et B. Köpeczi, *op. cit.*, p. 178.

36) A. Boschetti et autres, *op. cit.*, p. 21.

第２章 「知識界」のイデオロギー的変容

1) 本稿では，「科学者」という言葉は19世紀フランスで広く普及した"savant"に対応する意味で使用する。とりあえず，辞書的意味について検討しておくと，この言葉は，実詞としては17世紀から使用されはじめる（Mersenne, 1634年）が，必ずしも自然学には限定されない，「教養（érudition）であれ科学（science）であれ，その如何を問わず深い造詣をもつ人」という意味をもつ（E. Littré, *Dictionnaire de la langue française*, p. 1947）。19世紀における専門分化をへたのちも，この広義における意味は温存され，「その知識（connaissances）と研究（recherches）によって科学（science）の進歩に貢献する人」（Robert, *Dictionnaire historique de la langue française*, t. 2, p. 1887）を指す。現代では，"savant"に代わって通常"scientifiques"，"chercheurs"が使用され，"savant"は古い語法とされるが，この言葉には「高い名声」という観念が含まれているという（Robert, *op. cit.*,）。

2) ル・ゴフは知識人を「思考しかつ自分たちが思考したことを教えるのを業とする人びと……」と定義し，「近代以前において，中世ほどこの環境がはっきりと規定され，かつまた自覚されたことはなかったであろう」という（J. Le Goff, *Les intellectuels au Moyen Age*, Paris, 1985 (réédit.), p. 4）。

3) R. Darnton, *Bohème littéraire et la Révolution, le monde des livres au XVIIIe siècle*,

Paris, 1983.

4） P. Bénichou, *Le sacre de l'écrivain (1750-1830)*, Paris, 1973, pp. 124-133 et p. 207. とくに，詩人については，cf. P. Bénichou, *Les mages romantiques*, Paris, 1988. P. Bénichou, *L'Ecole du désenchantement*, Paris, 1992.

5） P. Bénichou, *Le sacre de l'écrivain (1750-1830)*, Paris, 1973, p. 276.

6） C. Charle, *Naissance des "intellectuels"*, Paris, 1990, pp. 19-28. J. Le Goff et B. Köpeczi, *op. cit.*, Budapest, 1985, pp. 177-189.

7） E. Herriot, *Jadis Avant la première guerre mondiale*, Paris, 1948, t. 1, pp. 62-77.

8） E. Herriot, *op. cit.*, t. 1, pp. 75-76.

9） 当時のアカデミー・フランセーズ会長ルナンが，パストゥールのアカデミー入会演説に応えて行った歓迎演説には，"génie" という言葉が使われている。「……あらゆる真正のすばらしい作品に共通の基盤，この神的な炎，科学にも文学にも，また芸術にも霊感をあたえる定義しがたいこの息吹き，これを私たちはあなたに見出しました。すなわち，それは天才（génie）なのです」(Réponse de M. Renan au discours de M. Pasteur prononcé dans la séance du 27 avril 1882, Paris, 1882, Firman-Didot et Cie, p. 26)。

10） L. Pasteur, *Quelques réflexions sur la science en France*, Paris, 1871, Article 3, pp. 35-40. なお，邦訳については，cf. L. パストゥール（成定薫訳）「フランス科学についての省察」『化学史研究』化学史研究会編，第15号，1981年３月。

11） N. et J. Dhombres, *Naissance d'un pouvoir: sciences et savants en France (1793-1824)*, Paris, 1989, pp. 41-223. R. Hahn, Scientifics careers in Eighteenth-century France, dans M. Crossland, *The Emergence of Science in Western Europe*, New-York, 1976, pp. 127-138. D. Guedj, *La Révolution des savants*, Paris, 1988.

12） Louis Reybaud, *Jérôme Paturot à la recherche d'une position sociale*, Paris, 1842 は，より良い社会的地位を求める主人公パチュロがメリヤス屋，文学，サン＝シモン主義者，実業家，ジャーナリズム等々の世界を遍歴するプロセスを描いたもので，12歳から20歳の子どもを対象としたシリーズの一冊として出版された。そのうちの数章は，当時の知的職業人（評論家，医師，弁護士，科学者）に関する描写に充てられているが，とくに，専門的科学者は著者の揶揄の対象とされている（とくに，第13章，pp. 107-115）。本書は，まず1842年に Paulin 社より出版され，一時題名が若干修正されたが，再び原題に戻り，1861年に決定版が Michel Lévy 社より出版された。このことからも，科学者という社会的表象は1860年代まではほとんど変化しなかったことが裏付けられよう。

13） 初期のドイツの影響については，J. C. Digeon の古典的研究，*La crise allemande de la pensée française*, Paris, 1959 のほか，cf. 最近の研究成果の集成，M. Espagne et M. Werner, *Philologiques I-III*, Paris, 1990-1996. 1880～90年代におけるフランス大学人のドイツ大学観については，本書第Ⅲ部参照。

14） Cité dans C. Bernard, *Lettres à Madame R. , Saint-Julien-en-Beaujolais, 1869-78*, Jacqueline Sonolet et fondation Mérieux, 1974, pp. 171-172.

15） Cité dans C. Bernard, *op. cit.*, p. 172.

16）Challemel-Lacour, Discours prononcés dans la séance publique tenue par l'Académie française pour la récéption de M. Challemel-Lacour. Le jeudi 25 janvier 1894, Paris, Firmin-Didot et Cie, 1894, p. 15.

17）Réponse de M. Renan au discours de M. Pasteur prononcé dans la séance du 27 avril 1882, Paris, Firmin-Didot et Cie, 1882, p. 29.

18）L. Pasteur, Discours de M. Pasteur, Inauguration de l'Institut Pasteur, le 14 novembre 1888, en présence de M. Le Président de la République, Paris, Charaine et Fils, 1888, p. 29.

19）科学者という社会的表象がクロード・ベルナール，パストゥール，ルナン，テーヌ等といった，傑出したいわゆるエリート的科学者をモデルとして創り上げられたことを見落としてはならないであろう。このエリート性こそ，「知識界」の新たな民主主義的状態を前提とする「知識人」と科学者とを決定的に分かつ点のひとつである。

むしろ当時，平均的な大学人はますます中産階級化するとともに専門分化し，世間からも隔絶してゆく傾向にあり，社会的表象としての科学者と現実の平均的な科学者の隔たりは拡大しつづけていた。それゆえにこそ，科学者という人物像は，高等教育改革に共鳴する若い大学人からますます理想化されたのである。

20）Challemel-Lacour, *op. cit.*, p. 15.

21）クロード・ベルナールが政治に対して常に一定の距離を置き，科学者の政治関与に対して懐疑的であったことは，ラッファロヴィッチ（Raffalovich）夫人宛ての私信からも裏付けられる。たとえば，1870年10月20日付けの書簡には，フランス人の政治的態度における科学性の欠如に言及しつつ，「わが国の統治者たちは概して科学的精神の厳密さには無縁の輩であり，幻想の種を播き不幸しか生み出さないお見事で空疎な演説のみが重視されている」（C. Bernard, *Lettres à Madame R.*, p. 38）と記されている。さらに，彼の教え子でソルボンヌにおける後継者であったポール・ベールのノール県知事選出について，1871年２月17日付けの書簡で，彼は「ベールに学問的期待を懸けていただけに非常につらい幻滅を味わった」と洩らし，「彼が知事になった以上，彼を動かしていたのは科学ではないと結論せざるをえない」と書き送っている（*Ibid.*, p. 78)。

22）G. Vincent, *Science Po. Histoire d'une réussite*, Paris, 1981, pp. 43-54. F. Leger, *Monsieur Taine*, Paris, 1993, p. 428sqq.

23）J. Jacques, *Berthelot 1827-1907 Autopsie d'un mythe*, Paris, 1987, p. 129.

24）たとえば，すでにクロード・ベルナールは，ドイツ人とフランス人の科学に対する態度を論じ，「今日では，政治的問題をあたかも科学の問題を解くかのように扱うべきである」と書き送っている（1870年10月20日付け）（*Ibid.*, p. 38)。

25）M. Berthelot, *Science et philosophie*, Paris, 1886, pp. I -II (préface).

26）P. Gaxotte, *L'Acaémie française*, Paris, 1965, pp. 101-102.

27）ここに挙げた科学者たちについて，迎える側と迎えられる側で交換された演説の表題は以下の通りである（Bibliothèque de l'Institut, Institut, Académie française, AA 34 a)。

ルナン

Discours prononcés dans la séance publique tenue par l'Académie française pour la réception de M. E. Renan. Le 3 avril 1879, Paris, Firmin-Didot et Cie, 1879.

M. Renan, ayant été élu par l'Académie française à la place vacante par la mort de M. Claude Bernard, y est venue prendre séance le 3 avril 1879, et a prononcé le discours qui suit........

Réponse de M. Mézières, directeur de l'Académie française, au discours de M. E. Renan prononcé dans la séance du 3 avril 1879.

テーヌ

Discours prononcés dans la séance publique tenue par l'Académie française pour la réception de M. Taine. Le 15 janvier 1880, Paris, Firmin-Didot et Cie, 1880.

M. Taine (Hippolite-Adolphe), ayant été élu par l'Académie française à la place vacante par la mort de M. de Loménie, y est venu prendre séance le 15 janvier 1880, et a prononcé le discours qui suit........

Réponse de M. J. -B. Dumas, directeur de l'Académie française, au discours de M. Taine prononcé dans la séance du 15 janvier 1880.

パストゥール

Discours prononcés dans la séance publique tenue par l'Académie française pour la réception de M. Pasteur. Le 27 avril 1882, Paris, Firmin-Didot et Cie, 1882.

M. Pasteur, ayant été élu par l'Académie française à la place vacante par la mort de M. Littré, y est venu prendre séance le 27 avril 1882, et a prononcé le discours qui suit........

Réponse de M. Renan, directeur de l'Académie française, au discours de M. Pasteur prononcé dans la séance du 27 avril 1882.

シャルメル＝ラクール

Discours prononcés dans la séance publique tenue par l'Académie française pour la réception de M. Challemel-Lacour. Le jeudi 25 janvier 1894, Paris, Firmin-Didot et Cie, 1894.

M. Challemel-Lacour, ayant été élu par l'Académie française à la place vacante par la mort de M. Renan, y est venu prendre séance le jeudi 25 juin 1894, et a prononcé le discours suivant.

Réponse de M. Gaston Boissier (Directeur) au discours de M. Challemel-Lacour prononcé dans la séance du 25 janvier 1894.

28）1878～1906年間におけるアカデミー・フランセーズ会員

ローマ数字は「席」（fauteuil）番号，アラビア数字は選出年，＊は空席を示す（E. Grassier, *Les Cinq Cents Immortels, Histoire de l'Académie Française 1634-1906*, Paris, 1906, pp. 478-482.）

I	Freycinet (de) 1891
II	Theuriet (A.) 1896
III	Cherbulier (V.) 1881, Faguet (E.) 1899

IV	Mazade (de) 1882, Hérédia (J. -M. de) 1893
V	Rousse 1880
VI	Jurieu de la Granvière 1888, Lavisse (E.) 1892
VII	Olivier Emile 1870 *
VIII	Mun (comte de) 1876
IX	Sardou (Victorien) 1877 *
X	Coppée (Francis) 1884
XI	About (Edmond) 1884, Say (Léon) 1885, Vandal (Albert) 1896
XII	Pailleron (Edouard) 1884, Hervieu (Paul) 1899
XIII	Loti (Pierre) 1891
XIV	Leconte de Lisle 1886, Houssaye (Henry) 1894
XV	Labiche 1880, Meilhac (Henri) 1888, Lavendan (Henri) 1897
XVI	Audifret-Pasquier (duc de) 1878
XVII	Pasteur 1881, Paris (Gaston) 1895, Masson (Frédéric) 1903
XVIII	Vogüé (marquis M. de) 1901
XIX	Hervé (Edouard) 1886, Deschanel (Paul) 1899
XX	Duruy (V.) 1884, Lemaître (Jules) 1895
XXI	Guillaume (Eugène) 1897, Lamy (Et.) 1905
XXII	Halévy (Ludovic) 1884
XXIII	Mézières 1874
XXIV	Sully-Prudhomme 1881
XXV	Taine 1878, Sorel (Albert) 1893
XXVI	Boissier (Gaston) 1876
XXVII	Haussonville fils 1887
XXVIII	Brunetière (Ferdinand) 1893
XXIX	Renan (Ernest) 1878, Challemel-Lacour 1893, Hanotaux 1899
XXX	Bazin (René) 1903
XXXI	Bornier (Henri de) 1892, Rostand (Edmond) 1902
XXXII	Costa de Beauregard 1895
XXXIII	Du Camp (Maxime) 1880, Bourget (Paul) 1894
XXXIV	Gréard 1886, Gebhart 1904
XXXV	Charetie (Jules) 1888
XXXVI	Perraud (cardinal) 1882
XXXVII	Thureau-Dangin 1892
XXXVIII	Martin (Henri) 1878, Lesseps (de) 1884, France (Anatole de) 1896
XXXIX	Vogüé (vicomte E. -M. de) 1888
XL	Bertrand (Josephe) 1884, Berthelot (Marcelin) 1901

29）モナ・オズフ『革命祭典』岩波書店，1988 年，5頁，20-32頁。

30） A. Ben-Amos, Les funérailles de Victor Hugo, dans P. Nora, *Les lieux de mémoire, I, La République*, Paris, 1984, p. 474.

31） *Ibid.*, p. 473.

32） 1877年10月選挙における共和派の決定的勝利より1907年にいたる被国葬者（国費による葬儀，およびアンヴァリッドもしくはパンテオン移葬を含む）

1878 Claude Bernard, colonel Denfert-Rochereau

1880 Adolphe Crémieux, général Aymard

1881 général Clinchant

1882 Louis Blanc

1883 Léon Gambetta (f. n.), général Changy, Henri Martin

1885 Victor Hugo (f. n., Panthéon), amiral Courbet

1887 Paul Bert

1889 vice-amiral Jaurès, Eugène Chevreul, Baudin, Marceau, Lazare Carnot, La Tour d'Auvergne (Panthéon), général Faidherbe

1891 Jules Grévy

1892 Ernest Renan

1893 Jules Ferry, maréchal Mac-Mahon (Invalides), Charle Gounod

1894 Sadi Carnot (f. n., Panthéon), Auguste Burdeau

1895 maréchal Canrobert (Invalides), Albert Martin, Louis Pasteur (f. n.)

1896 Jules Simon

1897 Armand Rousseau

1899 Félix Faure (f. n.)

1902 Noël Ballay, général Amoux (Invalides)

1904 le coeur de La Tour d'Auvergne (Invalides)

1905 Pierre Savorgnan de Brazza

1907 Marcelin Berthelot et Mme Berthelot (f. n., Panthéon)

（A. Ben-Amos, *op. cit.*, Paris, 1984, pp. 516-518 により作成）

33） その典型的な例は，『ルヴェ・ブランシュ』誌（*Revue blanche*）における少壮大学人と前衛作家の投稿に見られる。なお，著名教授たちもさまざまな日刊新聞に頻々と執筆するようになっている。

34） 「実験小説」の理論におけるゾラ自身の臨床的視線については，cf. P. ブルディユー（石井洋一郎訳），『芸術の規則』Ⅰ，藤原書店，1995 年，189-190頁。

35） P. Bourget, *Essais de psychologie contemporaine*, Paris, 1993 (éd. par A. Guyaux), pp. 25-61, pp. 124-167. 以下を参照。「……ブールジェはいまひとつの19世紀に属する。本書はそのことを最も良く理解させるもののひとつである。……ひとつの断絶が19世紀に生じた。新しい宗教が現れたのである。その宗教は科学《シャンス》もしくは現実《レエル》と呼ばれるであろう。その教義が科学主義，レアリスム，実証主義にほかならない」(*op. cit.*, p. viii, préface)。なお，本書の成立における H. テーヌの関与については，cf. M. Mansuy, *Un moderne*

Paul Bourget, Paris, 1968, pp. 322-325.

36) Cf. Z. Sternhell, *Barrès et le nationalisme français*, Paris, 1972.

37) ただし，文芸評論家や文学史研究者は，これらの作家の科学への依拠の真摯さについては，なお疑問の余地があるとする。いうまでもないことながら，文学作品は，たとえ文学理論が作家自身のものであったとしても，文学理論を限りなく超えているからである。

38) L. Pinto, La vocation de l'universel, *Acte de la recherche en sciences sociales*, 55, 1984, p. 24.

39) たとえば，*L'œuvre de Maurice Barrès*, t. III, Paris, 1965, introduction, p. xii における A. モーロワの指摘を参照。なお，ブーテイエの人物像の原型がジュール・ラニョー（Jules Lagnaux）であるか，それともオーギュスト・ビュルドー（Auguste Burdeau）であるかについては，cf. J. -F. Sirinelli, Littérature et politique: le cas Burdeau-Bouteiller, *Revue historique*, t. CCLXXII, 1, 1985, pp. 97-118.

40) Cf. C. Charle, *Les intellectuels en Europe au XIX*[e] *siècle, Paris,* 1996, p. 208.

41) たとえば，H. Bérenger et al., *Les Proletaires intellectuels en France,* Paris, 1898 (4e éd.), pp. 125-145; P. Bourget, *Le disciple,* Paris, 1889; M. Barrès, *Les déracinés*（とくに，Chap. V. Un prolétariat de bacheliers et de filles），Paris, 1897.

42) 「知的生産過剰」というテーマは，R. シャルチェ（Rogers. Chartier）が指摘したように，17世紀以来周期的に現れているが（R. Chartier, Espace sociale et imaginaire sociale, *Annales. Economies, Sociétés, Civilisations,* 2, Paris, 1982, pp. 389-400），この時期の保守派の理論家，および社会主義，とくにマルクス主義の理論家における「知的生産過剰」論については，L. Pinto, Les intellectuells vers 1900, dans G. Lavaud, G. Grunberg, N. Mayer, *Univers potlitique des classes moyennes,* Paris, 1983, pp. 140-155. を参照。さらに，この時期における「知的プロレタリアート」というテーマの全欧的波及については，A. Leroy-Beaulieu, Le paupérisme dans les universités allemandes, *Revue internationale de l'enseignement,* t. 10, Paris, 1885, pp. 264-275 および C. Charle, *Les intellectuels en Europe au XIX*[e]*siècle,* Paris, 1996, pp. 173-179 を参照。

43) A. Boschetti et autres, *Vangurds of modernity,* Oslo, 1992, p. 23.

第V部　世紀転換期フランス大学人の変貌

第１章　世紀転換期仏エリート大学人の同質化

1) 高等研究実習院および高等師範学校の教官については，職制の基本的相違および他機関との兼務関係があることを考慮して，考察の対象を法学部，医学部，理学部，文学部，コレージュ・ド・フランス，自然史博物館，古文書学校，東洋語学校，高等薬科学校の教授に限定する。

2) C. Charle, *La République des universitaires,* Paris, 1994, p. 107.

3) C. Charle, *Les Elites de la République 1880–1900,* Paris, 1987, p. 74. Cf. C. Charle, Le champ universitaire parisien à la fin du 19e siècle, *Acte de la recherche en sciences sociales*, 47–48, Paris, 1983, p. 78.

4) A. Daumard, *Les fortunes français au 19e siècle*, Paris La Haye, 1973, pp. 212–219.

5) C. Charle, *Les Elites de la République 1880–1900*, Paris, 1987, p. 89. Cf. C. Charle, Le champ universitaire parisien à la fin du 19e siècle, *Acte de la recherche en sciences sociales*, 47–48, Paris, 1983, p. 80.

6) A. Daumard, *op. cit.,* Paris La Haye, 1973, pp. 208–209.

7) *Ibid.*

8) C. Charle, *Les Elites de la République 1880–1900*, Paris, 1987, p. 90. Cf. C. Charle, Le champ universitaire parisien à la fin du 19e siècle, *Acte de la recherche en sciences sociales*, 47–48, Paris, 1983, p. 81.

9) P. ハリガンによれば，1865年における学費のフランス全体の平均は，リセの場合で年額739フラン，コレージュの場合で649フランである。ちなみに，その当時における小学校教員や労働者の賃金は年額1,000フランにすぎない。５万フランという家族的資本は，この学資をどうにか捻出しうる程度のものであったと思われる。Cf. P. Harrigan, *Mobitity, Elits and Education in the French Society of the Second Empire*, Waterloo (Ontario), 1980, pp. 100–106.

10) Archives nationales, F17 25806.

11) Archives nationales, F17 21906: “La liberté”, le 10 mars 1902 の記事による。

12) Archives nationales, F17 21906: Etre chargé de cours de paléontologie au Muséum, à Monsieur du Mesnil.

13) とくに，法学に関しては，C. Charle, *La République des universitaires,* Paris, 1994, p. 244 et pp. 261–263.

14) *Dictionnaire de biographie française*, t. 11, Paris, 1967, article Dieulafoy. F. Huguet, *Les professeurs de la faculté de médecine de Paris,* Paris, 1991, pp. 158–159.

15) M. Caullery, Nécrologie d'Alfred Giard, *Association amicale de secours des anciens élèves de l'Ecole normale supérieure, 1909*, Paris, 1909, pp. 109–117. C. Charle et E. Telkes, *Les professeurs de la Faculté des sciences de Paris*, Paris, 1989, pp. 136–137.

16） C. Charle, *La République des universitaires,* Paris, 1994, pp. 104-105.

17） C. Charle, *Les professeurs de la faculté des lettres de Paris,* vol. 1, Paris, 1985, pp. 38-40. Archives nationales, BB61167. *Dictionnaire de biographie française,* article F. Buisson. C. Bouglé, *Un moraliste laïque, Ferdinant Buisson,* Paris, 1933.

18） C. Charle, E. Telkes, *Les professeurs de la Faculté des sciences de Paris,* Paris, 1989, pp. 209-211. C. Charle, *La République des universitaires,* Paris, 1994, p. 161.

19） C. Charle, E. Telkes, *Les professeurs de la Faculté des sciences de Paris,* Paris, 1989, pp. 148-150.

20） *Ibid.,* pp. 226-229.

21） 公教育省総視学官の巡察時における英才の発見と庇護については，たとえば，cf. P. Gerbod, Les inspecteurs généraux et l'inspection générale de l'Instruction publique de 1802 à 1882, *Revue historique,* juillet-sept. Paris, 1960, pp. 79-106.

22） F. Huguet, *Les professeurs de la faculté de médecine de Paris,* Paris, 1991, pp. 476-478.

23） C. Charle, *Les professeurs de la faculté des lettres de Paris,* vol. 1, Paris, 1985, pp. 31-33.

24） Archives nationales, F14 2544 (Gréhant).

25） Archives nationales, F17 24182 (L. E. Bouvier).

26） *Recueil de l'Institut,* 9, Paris, 1926, p. 4 (L. Maquenne).

27） 教育をもっぱら家族の社会的上昇のための手段として捉えた典型としては，パストゥールの後継者として理学部教授となったエミール・デュクロ（Emile Duclaux）の父親の例が挙げられる。

彼の父 J. デュクロ（J. Duclaux）は，当時のオーヴェルニュ出身者の多くがそうであったように，スペインへ出稼ぎに行くが，さしたる財をなすこともなく帰郷し，郷土オーリヤックで裁判所の守衛の職に就く。しかし彼は，「晩婚であったのみならず，残された人生の日々をこの単調で先の見えた」仕事で過ごすことに甘んぜず，「自らの一切の想いを最初の息子に託した。……この息子は彼の排他的情熱の対象，彼の人生の目的となった」（G. Bloch, Nécrologie d'Emile Duclaux, *Association amicale des anciens élèves de l'Ecole normale supérieure,* Paris, 1905, p. 83）。そこで，父親は毎朝5時に起床してしっかりした基礎教育を息子に行い，エミール・デュクロが6歳になると，その教育を私的教師に託し，自らは復習役を買って出る。次いで，エミール・デュクロはオーリヤックのコレージュに就学するが，彼の父は，軍人や官吏として輝かしい将来が約束されているエコル・ポリテクニクへの進学を熱望し，その準備のために，学資がかさむにもかかわらず，彼をパリのバルベ（Barbet）の寄宿学校に送り，息子のために個室を借りたのみならず，彼のオーヴェルニュ方言を矯正すべく発声法講座に通わせる。エミール・デュクロはエコル・ポリテクニクと高等師範学校にいずれも首席で合格するが，バルベの影響もあって，父親の意に反し，高等師範学校に入学する。高等師範学校の2年間にはパストゥールとブリオ（Briot）の薫陶を受け（彼の最初の妻はブリオの娘である），やがてリヨンの理学部をへてパストゥールの後継者となり，アンスティテュ・パストゥールの運営を委ねられるにいたる。なお，彼は熱心なドレフュス擁護派であった

のみならず，民衆大学の積極的な推進者でもあったことを付記しておく（G. Bloch, Nécrologie d'Emile Duclaux, *Association amicale des anciens élèves de l'Ecole normale supérieure*, Paris, 1905, pp. 81-93. Cf. C. Charle et E. Telkes, *Les professeurs de la Faculté des sciences de Paris*, Paris, 1989, pp. 114-116; Mme Emile Duclaux, *La vie d'Emile Duclaux*, Laval, 1906.）。

28） 一例として，パリ文学部および理学部を挙げると，1909年以前の時期では，文学部では46～51歳，理学部では36～45歳の年齢層で教授に就任する者が最も多い。Cf. C. Charle, *La République des universitaire*s, Paris, 1994, p. 91.

29） C. Charle, Le champ universitaire parisien à la fin du 19e siècle, *Acte de la recherche en sciences sociales,* 47-48, Paris, 1983, p. 79. Cf. C. Charle, *Les Elites de la République 1880-1900,* p. 97. 就労可能人口，中等教育教授，高等師範学校学生については，cf. V. Karady, Normalians et autres enseignants à la Belle Epoque, *Revue française de sociologie,* XIII, 1, 1972, p. 40. なお，中等教育教授は，1900～1914間に教職に就いていた1850～1890年生まれの教授，高等師範学校学生は，ウルム街高等師範学校の1871～1914年における文科系同期入学者。大規模リセ生徒については，cf. P. Harrigan, *Lycéens et collègiens sous le Seconc Empire*, Paris, Lillle, 1979, tableau 2.

30） ソルボンヌの教授に関する研究では，「蔑視」という解釈さえ試みられている。Cf. C. Charle, *La République des universitaire*s, Paris, 1994, p. 128.

31） V. Karady, Normaliens et autres enseignants à la Belle Epoque, *Revue française de sociologie*, XIII, 1, 1972, pp. 35-58. C. Charle, Le champ universitaire parisien à la fin du 19e siècle, *Acte de la recherche en sciences sociales,* 47-48, Paris, 1983, p. 82. Cf. C. Charle, *Les Elites de la République 1880-1900,* Paris, 1987, p. 85.

32） C. Charle, Le champ universitaire parisien à la fin du 19e siècle, *Acte de la recherche en sciences sociales,* 47-48, Paris, 1983, p. 83. Cf. C. Charle, *Les Elites de la République 1880-1900,* Paris, 1987, p. 102.

33） Archives nationales, F17 21866 (Villiers-Moriamé, Edmond Edouard).

34） F. Larnaude, *Marc Sauzet*, Nancy, 1914, pp. 5-30.

35） E. Lavisse, *Souvenirs de jeunesse*, Paris, 1917, p. 177. Cf. C. Charle, *Les professeurs de la faculté des lettres de Paris*, vol. 1, Paris, 1985, pp. 114-116.

36） *Ibid*., p. 178.

37） *Ibid*., p. 189.

38） C. Charle, Le champ universitaire parisien à la fin du 19e siècle, *Acte de la recherche en sciences sociales,* 47-48, Paris, 1983, p. 82.

39） G. Weisz, Les transformations de l'élite médicale en France, *Acte de la recherche en sciences sociales,* 74, Paris, 1988, pp. 34-35. G. Weisz, *The Medical Mandarin*s, New York, Oxford, 1995, pp. 237-265. なお，具体的には，医学におけるコンクールと賞の体系の重みの一端は，たとえば産科学講座の教授選考（1884年）における候補者（P. Adolphe, G. Budin, etc.）の経歴からもうかがうことができる。Cf. Archives nationales, AJ16 6310

folio: chaires 1883-1884.

40) たとえば，*Association amicale des anciens élèves de l'Ecole normale supérieure, Association amicale de secours des anciens élèves de l'Ecole normale supérieure* 所載の物故者略伝（ネクロロジー）等を参照。

41) G. Weisz, *ibid.*, *Acte de la recherche en sciences sociales,* 74, Paris, 1988, pp. 33-46. C. Charle, Le champ universitaire parisien à la fin du 19e siècle, *Acte de la recherche en sciences sociales,* 47-48, Paris, 1983, p. 84. C. Charle, *La République des universitaires,* Paris, 1994, p. 244-245. C. Charle, *Les Elites de la République 1880-1900,* Paris, 1987, pp. 410-421.

42) C. Charle, *Les Elites de la République 1880-1900*, Paris, 1987, p. 67. Cf. C. Charle, Le champ universitaire parisien à la fin du 19e siècle, *Acte de la recherche en sciences sociales,* 47-48, Paris, 1983, p. 78.

43) アンシアン・レジームにおける代表的な教授の家系としては，モンペリエ大学医学部におけるシコワイノー（Chicoyneau）家，ナンシー大学法学部におけるデュマ（Dumat）家が挙げられる。カオール大学法学部における教授の家系をめぐる王権との確執については，cf. P. Ferté, *L'Université de Cahors au XVIIIe siècle (1700-1751),* Toulouse, 1974, pp. 133-134.

44) C. Charle, Le champ universitaire parisien à la fin du 19e siècle, *Acte de la recherche en sciences sociales,* 47-48, Paris, 1983, p. 78.

45) C. Charle, *Les Elites de la République 1880-1900*, Paris, 1987, p. 70.

46) この同質性は次の世代にも受け継がれる。それは以下の３点に要約される。①大学人の子どもや女婿の過半数は教授となるか，自由業に就業する。②大学人の子弟の実業界への移動は，高級官吏の子弟の実業界への移動よりも少なく，その反面，実業家の子弟は大学界よりも官界へ移動する。③大学界は実業界，官界に対して被支配的位置にある。Cf. C. Charle, *Les Elites de la République 1880-1900*, Paris, 1987, pp. 326-330.

47) 「界」(champ) の概念については，cf. P. Bourdieux, Champs du pouvoir, champ intellectuel et habitus de classe, *Scolie*, 1, 1971, pp. 7-26 および La reproduction de la croyance, contribution à une économie des biens symboliques, *Acte de la recherche en sciences sociales,* 13, Paris, 1977, pp. 3-43. P. ブルディユーの仮説によれば，「界」の機能，とりわけ「知識界」の機能は，より広く他のさまざまな「界」全体，なかんずく，さまざまなエリートが支配する「権力界」の中に再定位されなければ理解されえない。

第２章　世紀転換期仏エリート大学人の差異化

1) Cf. C. Charle, *Les Elites de la République1880-1900*, Paris, 1987, p. 227.

2) Cf. L. Pinto, La formation de la représentation de l'intellectuel vers 1900, *Acte de la recherche en sciences sociales*, 55 Paris, 1984, pp. 23-32. H. Bérenger, Les prolétaires intellectuels en France, *Revue des revues*, 15 janvier, Paris, 1898, pp. 125-145.

3) C. Charle, Le champs universitaire parisien à la fin du 19e siècle, *Acte de larecherche en*

sciences sociales, 47-48, Paris, 1983, p. 84. C. Charle, *Les Elites de la République 1880-1900,* Paris, 1987, p. 231.

4) したがって，合格順位を上げるために，アグレガシヨン合格者が再受験するケースが見られる。

5) Archives nationales, F17 25688 (Audibert).

6) たとえば，学問の伝統的ヒエラルキーに忠実な教授は，ローマ法や民法といった彼らの目から見て威信の高い講座に就任するために待機を続けるほうを選ぶ。

7) 経済学や商法がそうである。なお，経済学の制度化に関しては，cf. L. Levan-Lemesle, La promotion de l'économie politique en France jusqu'à son institutionnalisation dans les facultés, 1815-1881, *Revue d'histoire moderne et contemporaine* avril-juin, Paris, 1980, pp. 270-294; L'économie politique à la conquête d'une légitimité, 1896-1937, *Acte de la recherche en sciences sociales*, 47-48, Paris, 1983, pp. 113-117.

8) Archives nationales, F17 25771 (Estoublon). C. Charle, *La République des universitaires,* Paris, 1994, p. 329.

9) Archives nationales, F17 21980 (Léveillé).

10) Archives nationales, F17 22678 (Brissaud). Archives nationales, F17 25728 (Chantemesse). F. Huguet, *Les professeur de la faculté de médecine de Paris*, Paris, 1991, pp. 70-72, et pp. 95-96.

11) Archives nationales, F17 23797 (Richet); F17 22164 (Duval); F17 25679 (Gariel). Cf. R. Fox, The savant confronts his peers, dans R. Fox et G. Weisz (ed.), *The Organization of Science and Technology in France 1808-1914*, Cambridge and Paris, 1980, pp. 276-277.

12) Archives nationales, RJ16 4746 Registres des actes et délibérations de la Faculté, n°. 2.

13) Archives nationales, AJ16 4746 et 4747.

14) Archives nationales, F17 22251 (Faguet). C. Charle, *Les professeurs de la faculté des lettres de Paris*, vol. 1, Paris, 1985, pp. 73-75.

15) A. Lechat, Les professeurs du Collège de France au 19e siècle, dans C. Charle et R. Ferré, *Le personnel de l'enseignement supérieur aux XIXe et XXe siècles*, Paris, 1983, pp. 67-68. C. Charle, Le Collège de France, dans P. Nora (dir.), *Les Lieux de mémoire,* Ⅱ. *La Nation*, vol. 3, Paris, 1986, pp. 389-424.

16) Archives nationales, F17 21996b (Boissier)

17) C. Charle, *Les professeur de la faculté des lettres de Paris*, vol. 1, Paris, 1985, pp. 37-38.

18) V. Karady, Educational Qualifications and University Careers, dans R. Fox and G. Weisz (ed.), *op. cit.*, Paris, Cambridge, 1980, p. 121.

19) C. Zwerling, The Emergence of the Ecole Normale Superieure as a Centre of Scientific Education in the 19th Century, dans Fox et Weisz (ed.), *op. cit.*, Paris, Cambridge, 1980 pp. 30-60.

20） ピカール，アッペル，ケーニック，ダルブーについては，cf. C. Charle, E. Telkes, *Les professeurs de la Faculté des sciences de Paris*, Paris, 1989, p. 226, p. 25, p. 172, p. 97. なお，アッペルについては，cf. Archives nationales, F17 23810; S. Dautheville, Nécrologie de Paul Apelle, *Association amicale des anciens élèves de l'Ecole normale supérieure 1931*, Paris, 1931, pp. 21-25. ダルブーについては，cf. Archives nationales, F17 23271; E. Picard, Nécrologie de Gaston Darboux, *Association amicale de secours des anciens élèves de l'Ecole normale supérieure 1918*, Paris, 1918. ケーニックについては，cf. Archives nationales, F17 23271; 61 AJ 228. ピカールについては，cf. Archives nationales, F17 24124; 61 AJ 11.

21） V. Karady, Educational Qualifications and University Careers, dans R. Fox and G. Weisz (ed.), *op. cit.*, Paris, Cambridge, 1980, pp. 119-123. C. Charle, *La Republique des universitaires*, Paris, 1994, p. 149 et suiv.

22） Archives nationales, F17 23011. C. Charle, E. Telkes, *Les professeur de la Faculté des sciences de Paris*, Paris, 1989, pp. 209-211.

23） プリュニエは医学博士で病院の薬剤師であったが，医学のアグレガシヨンを目ざしていたために，薬学のアグレガシヨンを受験したのは38歳の時のことである（Archives nationales, F17 25891 (L. Prunier)). ルルーは15年間エコル・ポリテクニクの復習教師の職にあったが，他の機関に就職口がなかったために38歳にして薬学のアグレガシヨンを受験している（Archives nationales, F17 21911A (P. Leroux))。ベアルは理学部のメートル・ド・コンフェランスであったが，彼の志望していた化学講座にはアレール（Albin Haller）が選任された（Archives nationales, F17 24340 (A. Béhal)）ため，薬学に転向した。

24） J. Léonard, *La France médicale au XIX*[e] *siècle*, Paris, 1978.

25） Ministère de l'Instruction publique, *Statistique de l'Enseignement Supérieur 1878-1888*, Paris, 1889, p. 140.

26） 第１章，表１。

27） Archives nationales, F17 22307 (P. Meyer).

28） Cf. *Centenaire de l'Ecole des Chartes 1821-1921*, Paris, 1921. *Les Chartistes dans la Vie Moderne*, Paris, 1938.

29） Nécrologie de Robert de Lasteyrie, *Bibliothèque de l'Ecole des Chartes*, t. LXXXII, Paris, 1921, pp. 238-240. Archives nationales, F17 25682 (P. Viollet). Nécrologie de Jules Roy, *Bibliothèque de l'Ecole des Chartes*, t. LXXV, pp. Paris, 197-202. Archives nationales, AJ16236 (A. Molinier).

30） Archives nationales, F17 26755 (L. Havet). M. Croiset, Notice sur la vie et les travaux de Gaston Paris, *Comptes rendus des séances et travaux de l'Académie des inscriptions et belles-lettres*, Paris, 1904, pp. 66-112.

31） Archives nationales, F17 25872 (H. Derembourg). Hartwig Derembourg, *Opuscules d'un Arabisant 1868-1905*, Paris, 1905, p. 301 et pp. 310-311.

32） たとえば，アルトヴィク・ドゥランブール（H. Derembourg）の祖父でオリエンタリストであったハルトヴィッヒ・デレンブルク（Hartwig (Serbi Hirsch) Deremburg）の名は，マグデブルクにある巡礼の聖地デレンブルク（Deremburg）に因んだものであり，アルトヴィク・ドゥランブールの父親ジョズフ（Joseph）はギーセンおよびボンの両大学に学び，アルトヴィク・ドゥランブール自身も1866年にゲッティンゲン大学で哲学博士号を取得している（Hartwig Derembourg, *op. cit.*, Paris, 1905, p. 295, pp. 298-299, et p. 309）。

33） E. David, *Gaston Maspero 1846-1916*, Paris, 1999. Archives nationales, F17 25852 (G. Maspero). M. Croiset, Nécrologie de Gaston Maspero, *Association amicale des anciens élèves de l'Ecole normale supérieure 1917*, Paris, 1917, pp. 20-22. René Cagnat, La vie et travaux de Gaston Maspero, *Revue internationale de l'enseignement*, t. 72, Paris, 1918, pp. 100-113.

34） G. Perrot, Notice sur la vie et les travaux d'Auguste Longnon, *Travaux de l'Académie des inscriptions et belles-lettres*, Paris, 1913, pp. 596-653.

35） Archives nationales, AJ16 6310, Rapport sur la création de chaires cliniques spéciales à la Faculté de médecine, Commissaires: MM. Richet, Hardy, Jaccoud, Guyon, Léon Le Fort, *rapporteur*, lu dans la séance du 18 avril 1878.

36） *Ibid.*, pp. 3-7.

37） *Ibid.*, p. 7.

38） Archives nationales, F17 23211. F. Huguet, *op. cit.*, Paris, 1991, pp. 52.

39） 上記 Rapport sur la création..., p. 15.

40） Archives nationales, F17 23478 (S. J. Pozzi).

41） Archives nationales, F17 23478, p. 25, rapport de S. J. Pozzi.

42） 上記 Rapport sur la création..., p. 14. F. Huguet, *op. cit.*, Paris, 1991, p. 190, et p. 676.

43） Archives nationales, F17 21905 (A. J. Fournier), lettre du doyen du 2 janvier 1880. Cf. F. Huguet, *op. cit.*, Paris, 1991, pp. 190-191.

44） J. Léonard, *Le médecin entre les pouvoirs et les savoirs*, Paris, 1981, pp. 269-270 et p. 323. A. Corbin, *Les Filles de noces*, Paris, 1978, pp. 362 et suiv. G. Weisz, *The Emergence of Modern Universities in France, 1863-1914*, Princeton, 1983, pp. 269-270.

45） Archives nationales, F17 25986 (A. Réville), *L'Estafette*.

46） 1892～1903年。*Annuaire du Collège de France*, Paris, 1982, p. 34.

47） Archives nationales, F17 22933, carte adressée à L. Bourgeois, cachet de la poste du 18 mars 1892.

48） ジャン・イズーレの学位論文，*La cité moderne et la métaphysique de la sociologie*, Paris, 1894 のほか，*Rentrée de Dieux dans l'Ecole et dans l'Etat*, Paris, 1924 等を参照。J. イズーレは初等教員の息子であったが，彼の伝記については，cf. J. Bocquillon, *Izoulet et son œuvre*, Paris, 1943, p. 36. また，本書 pp. 22-23では，トゥールーズ大学哲学教授から公教育総視学官に転じ，やがて議員となっていたガブリエル・コンペイレ（Gabriel

Compayré）が，イズーレの *La cité moderne......* に言及する（1895年3月9日付）とともに，コレージュ・ド・フランスにおけるイズーレの講義を称賛している。

49） Archives nationales, F17 13556. この講座の設置をめぐるイデオロギー的背景については，G. Weisz, L'idéologie républicaine et les sciences sociales, *Revue française de sociologie*, XX, 1, Paris, 1979, pp. 84-100 を参照。なお，イズーレは1881～1882年にポール・ベールの秘書官を務めている。

50） Archives nationales, F17 25893. E. Lavisse, Nécrologie d'Alfred Rambaud, *Annuaire de l'association amicale des anciens élèves de l'Ecole normale supérieure 1906*, Paris, 1906, pp. 69-75. C. Charle, *Les professeurs de la faculté des lettres de Paris*, vol. 1, Paris, 1985, pp. 151-152.

51） E. Lavisse, *Souvenirs de jeunesse*, Paris, 1912. C. Charle, *Les professeurs de la faculté des lettres de Paris*, vol. 2, Paris, 1985, pp. 114-116.

52） マリヨンのための講座の創設については，Archives nationales, AJ16 4747, Registres des actes à la Faculté des Lettres de Paris, n°= 3, pp. 382-383.

53） *Revue internationale de l'enseignement*, t. 2, Paris, 1883, p. 1263.

54） 1880年代初頭におけるフェリーとビュイッソンの教育事業とマリヨンの結び付きについては，C. Charle et R. Ferré, *Le personnel de l'enseignement supérieur en France au XIXe et XXe siècles*, Paris, 1983, pp. 153-154 を参照。

55） C. Charle, *Les professeurs de la faculté des lettres de Paris*, vol. 1, Paris, 1985, p. 20-21.

56） *Revue internationale de l'enseignement*, t. 1, Paris, 1886, p. 31.

57） Archives nationales, AJ 16 4747.

58） Archives nationales, F17 22600 (A. Aulard). C. Charle, *Les professeurs de la faculté des lettres de Paris*, vol. 1, Paris, 1985, pp. 20-21.

59） 第1章，p. 227

60） Cf. A. Martin-Fugier, *La vie élégante ou la formation du Tout-Paris*, Paris, 1990, pp. 242-274. C. Charle et R. Ferré, *op. cit.*, Paris, 1983, pp. 151-161.

補遺　世紀転換期ヨーロッパにおける国際的大学市場の出現

1） J. C. Tapia, *Colloques et Sociétés*, Paris, 1980, p. 46.

2） *Le Congrès international de l'Enseignement supérieur et de l'Enseignement secondaire en 1889*, Paris, 1890, préface, p. v.

3） *Op. cit.*, Paris, 1890, p. viii.

4） *Troisième Congrès international d'Enseignement supérieur tenu à Paris du 30 juillet au 4 août 1900*, Paris, 1902, p. iv.

5） 筆者の調査の限りでは，『報告書』は現存しない。

6） *Op. cit.*, Paris, 1890, pp. 125-127. *Congrès international de l'Enseignement supérieur tenu à Lyon*, Lyon, 1896, pp. 10-12. *Op. cit.*, Paris, 1902, pp. viii-x.

7） *Op. cit.*, Paris, 1890, p. 8. *Op cit.*, Lyon, 1896, p. 11. *Op cit.*, Paris, 1902, p. xi.

8） *Op. cit.*, Paris, 1902, pp. x-xii.

9） *Op. cit.*, Paris, 1890, pp. vii-viii.

10） 「本会議が学位の等価性の問題を重視していると思われるから，この主題に関して高等教育部会で行われた討議の詳細な分析を公にすることにする」（*Op. cit.*, Paris, 1890., p. 159). Cf. *Op. cit.*, Paris, 1890, pp. 159-182.

11） *Op. cit.*, Paris, 1902, p. iii.

12） 紙幅の関係上，部会および総会における討議の詳細については別の機会を待ちたい。

13） *Op. cit.*, Paris, 1890, pp. 213-214.

14） *Op. cit.*, Paris, 1890, p. 35.

15） *Op. cit.*, Paris, 1890, p. 36.

16） *Op. cit.*, Lyon, 1896, pp. 181-194.

17） *Op. cit.*, Lyon, 1896, pp. 230-232.

18） *Op. cit.*, Lyon, 1896, p. 181.

19） *Op. cit.*, Lyon, 1896, p. 183.

20） *Op. cit.*, Lyon, 1896, pp. 186-188.

21） *Op. cit.*, Lyon, 1896, pp. 188-192.

22） *Op. cit.*, Lyon, 1896, pp. 231-232.

23） *Op. cit.*, Paris, 1902, pp. iii-iv.

24） *Op. cit.*, Paris, 1902, pp. 18-20.

25） *Op. cit.*, Paris, 1902, p. 18.

26） C. Charle, J. Verger, *Histoire des Universités*, Paris, 1994, p. 45. Cf. D. Julia, J. Revel, R. Chartier (sous la direction de), *Histoire sociale des populations étudiantes*, t. 1, Paris, 1986, t. 2, 1989.

27） H. de Ridder-Symoens (éd.), *A History of the University in Europe*, t. 2, Cambridge, 1996, pp. 441-444.

28） F. K. Ringer, *Education and Society in Modern Europe*, London, 1979, p. 152.

29） V. Karady, Student mobility and Western Universities (article inédit.) p. 8.

30） *Yearbook of the Universities of the Empire*, London, 1910, passim.

31） *Statistiche sul Mezzogiorno d'Italia, 1861-1953,* Roma, 1953.

32） *Bolletino ufficiale dello Ministerio della Istruzione Pubblica*, Roma, 1912, p. 2160-2167.

33） 下記により作成。The Yearbook of the universities of the Empire, London. *Statistiche sul Mezzogiorno d'Italia, 1861-1953,* Roma, 1953. *Bolletino ufficiale dello Ministerio della Istruzione Pubblica,* 1912, Roma. *Österreichisches statistisches Handbuch. Statistisches Handbuch der Republik Österreich,* Wien, 該当年度. *Schweizerische Hochschulstatistik, 1890-1935,* Bern, 1935. J. Conrad, *Universitätsstudium in Deutschland während der letzen 50 Jahre,* Jena, 1884. H. Titze (et al.), *Datenbuch zur deutschen Bildungsgeschichte, Das Hochschulstudium in Preussen und Deutschland 1820-1944*, Band 1, Hochschulen, 1. Teil, Göttingen, 1987. *Annuaire statistique de la*

France, Paris, 1946. *Situation de l'enseignement supérieur*, Bruxelles, 1929. *Rapport annuel* du Bureau de statistique universitaire, Bruxelles, 1937. V. Karady, Relations inter-universitaires et rapports culturels en Europe (1871-1945), Paris, 1992 (rapport inédit).

34) V. Karady, La République des lettres des temps modernes, *Acte de la recherche en sciences sociales* 121-122, Paris, 1998, pp. 92-103.

35) C. Charle, *Paris, fin de siècle*, Paris, 1998, pp. 21-48. V. Karady, *ibid.*, *Acte de la recherche en sciences sociales*, 121-122, pp. 94

36) V. Karady, *ibid.*, *Acte de la recherche en sciences sociales*, 121-122, Paris, 1998, p. 94.

37) たとえば，当時では，A. Leroy-Beaulieu, *Le paupérisme dans les universités allemandes, Revue internationale de l'enseignement*, t. 10, Paris, 1885, pp. 264 et suiv. Cf. R. Chartier, Espace sociale et imagnaire sociale, *Annales. Economies, Sociétés, Civilisations*, 2, 1982, pp. 389-400.

38) Nicolas Manitakis, Etudiants étrangers, universités françaises et marché du travail intellectuel (fin du XIXe -années 1930), dans Eric Guichard & Gérard Noiriel (sous la direction de), *Construction des nationalités et immigration dans la France contemporaine*, Paris, 1997, pp. 131-135.

39) C. Weil, *Les Étudiants russes en Allemange 1900-1912*, thèse de l'EHESS, Paris, Juin, 1990, p. 117, pp. 141-142, et p. 179.